Michael Köhlmeier

Moses

Geschichten von der Bibel

Piper München Zürich

Von Michael Köhlmeier liegen in der Serie Piper außerdem vor:
Der Peverl Toni (381)
Die Figur (1042)
Spielplatz der Helden (1298)
Die Musterschüler (1684)
Moderne Zeiten (1942)
Sagen des klassischen Altertums (2371)
Neue Sagen des klassischen Altertums von Eos bis Aeneas (2372)
Telemach (2466)
Trilogie der sexuellen Abhängigkeit (2547)
Dein Zimmer für mich allein (2601)
Neue Sagen des klassischen Altertums von Amor und Psyche bis Poseidon (2609)
Der Unfisch (2765)
Die Nibelungen (2882)
Calling (2918)
Kalypso (2947)
Tantalos (2997)
Geschichten von der Bibel (3162)
Bevor Max kam (3217)
Der Blick in die Weite (3288)
Der Menschensohn (3312)
Bleib über Nacht (3462)

Originalausgabe
1. Auflage November 2001
2. Auflage Dezember 2001

Umschlag: Büro Hamburg
Isabel Bünermann, Meike Teubner
Umschlagabbildung: Gustave Doré (»Mose steigt vom Sinai«, Archiv für Kunst und Geschichte, Berlin)
Foto Umschlagrückseite: Franz Hubmann
Satz: EDV-Fotosatz Huber/Verlagsservice G. Pfeifer, Germering
Druck und Bindung: Clausen & Bosse, Leck
Printed in Germany ISBN 3-492-23417-8

Inhalt

Zephu

Von Josef, der alles gut gemacht hat – Von einem Händler und einem Hauptmann – Von der Karawane des Aeneas – Von der schönen Jania und dem armen Troilos – Von König Turnus II. – Von Aeneas, dem Krieger – Von Aeneas, dem Friedlichen – Von den Edomitern – Von einem dreifachen Verrat – Vom Ende einer Völkerfreundschaft

Was ist geschehen? Josef, der Israelit, hat Ägypten gerettet! Mit Verstand, mit seinem durchgreifenden Organisationstalent und dem Glauben an seine hellsehende Kraft, den er sich aus der Kindheit bewahrt hat, wendete er eine Hungerkatastrophe ab. Josef – sein Name wurde mit Bewunderung und Liebe ausgesprochen. Josef, der Stellvertreter des Pharao, der Vizekönig. In den Jahren des Überflusses bereitete er den Staat auf die Jahre der Entbehrungen vor. So hat er Ägypten gerettet.

Was aber war geschehen, daß sein Name in Ägypten mit Haß und Verachtung ausgesprochen wurde? Keine zwei Generationen waren vergangen, seit der Pharao zum Dank das Volk des Josef nach Ägypten eingeladen hat. Damit es teilhabe am Überfluß für immer. Mit Jubel sind die Brüder des Vizekönigs empfangen worden, die elf Brüder mit ihren Familien und Sippschaften und ihrem Gesinde, ihren Herden und ihrem Hausrat, die Stämme Ruben, Simeon, Levi, Jehuda, Issachar, die Stämme Gad und Ascher, die Stämme Dan, Naftali, Sebulon und der mächtige Stamm Benjamin. Und mit ihnen war Jakob gezogen, der Stammvater, begleitet von den drei Frauen, die ihm geblieben waren, Lea, Silpa und Bilha. Und der Pharao hatte den greisen Mann umarmt, hatte seine Fingerspitzen geküßt, hatte seine Hand auf das Geschlecht des Alten gelegt und ihm gedankt, daß er den Josef gezeugt hat.

Josef – was für ein Name!

Die Wohltaten des Josef wirkten lange und über seinen Tod hinaus. Sein Andenken wurde in Ehren gehalten, sein Volk geliebt. In Frieden und Eintracht, ja, in Freundschaft lebten Ägypter und Israeliten nebeneinander. Die einen respektierten die anderen, die Religion der anderen, die Bräuche der anderen, die Sprache der anderen. Schon begannen sich die beiden Völker zu vermischen. Ehen wurden geschlossen, große Feste gefeiert, ein ägyptisches für die Braut, ein israelitisches für den Bräutigam. Oder umgekehrt.

Und dann, auf einmal, war alles anders.

Am Ende der Genesis, dem ersten Buch Moses, werden Josef und seinem Volk in Ägypten noch alle Ehren zuteil. Am Beginn des zweiten Buches, genannt Exodus, heißt es, daß die Ägypter das Volk Israel hassen und verachten, daß sie es vernichten wollen. Israel stöhnte unter der Tyrannei eines neuen Pharao. Israel betete zu seinem Gott und schrie nach einem Mann, der es aus dem Elend erlösen sollte, der es herausführen sollte aus der Knechtschaft. Die Sehnsucht nach einem Erlöser sprach aus jedem Wort, aus jedem Gedanken, aus jedem Gebet.

Was war geschehen?

In der Bibel finden wir keinen Hinweis auf die Ursachen dieses Hasses. Aber eine hebräische Sage gibt uns Antwort.

Es war einmal ein Händler, ein Mann aus Ägypten, der kannte alle Nachbarländer seiner Heimat, und er kannte auch die Nachbarländer der Nachbarländer, und all diese Länder waren erst ein kleiner Teil der Welt, die er betreten, wo er Waren gekauft und Waren verkauft hatte. Unentschuldbarerweise hat die Sage vergessen, uns den Namen des Mannes zu überliefern.

Zu jener Zeit war er auf der Heimreise in die Hauptstadt Ägyptens, mit seiner kleinen Karawane zog er durch die Wüste, viele Monate war er unterwegs gewesen. Himmel und Erde der letzten Tagesreisen waren ihm vertraut und das, obwohl der Himmel immer derselbe war, das Land aber immer ein anderes, denn der Wind formt die Wüste nach seiner Laune von Tag zu Tag, von Stunde zu Stunde neu. Der Weg war gut ausgesteckt. Aber auch wenn Räuber die Stecken verstellt oder gar im Sand vergraben hätten, der Händler hätte den Weg gefunden, mit geschlossenen Augen sogar, denn er war ein Reisender, und ein Reisender trägt eine Karte der gangbaren Wege in sich – jedenfalls jener Wege, die ihn nach Hause führen.

Am letzten Abend vor seiner Ankunft in der Stadt – gerade hatte er Befehl gegeben, bei einem Brunnen das Lager aufzuschlagen – sah er einen Reiter über die Dünen kommen. Der Fremde winkte einen Gruß, der Händler winkte zurück, und bald darauf standen sich Händler und Fremder gegenüber und vollzogen ihr Begrüßungsritual. Der Fremde fragte, ob er sich der Karawane anschließen dürfe, er habe dasselbe Ziel, nämlich die Hauptstadt Ägyptens.

Von allem Anfang an empfand der Händler wärmste Sympathie für diesen Fremden. Die Augen dieses Mannes, deren Blick immer etwas erstaunt wirkte, auch wenn es gar nichts zu staunen gab, schauten einen so offen und unbewaffnet und ohne Hintergedanken an, daß es leicht fiel, über Dinge zu reden, die man mit einem Fremden niemals besprechen hätte wollen.

Die beiden speisten zusammen, tranken zusammen, erzählten, schwiegen, erzählten wieder, und als sie sich zur Nachtruhe verabschiedeten, war dem Händler, als habe er den Abend mit einem Freund verbracht, einem alten Freund, einem Bruder. Noch nie in seinem Leben war ihm ein Mensch begegnet, der in solcher Harmonie mit ihm schwang, der die Welt und die Menschen ebenso sah und deutete wie er, der über dasselbe lachte, sich über dasselbe Sorgen machte, dieselben Hoffnungen in sich trug. Dieser Mann, dachte der Händler voll Erstaunen, war ein Spiegelbild seiner selbst. So selbstverständlich war ihm während des Abends seine Gegenwart gewesen, daß er ganz vergessen hatte, ihn nach seinem Namen zu fragen.

»Zephu«, antwortete der Fremde, als ihn der Händler am nächsten Morgen fragte.

Er habe nie einen solchen Namen gehört, sagte der Händler und fragte, aus welcher Sprache er stamme.

»Man trägt einen Namen und denkt nicht darüber nach«, sagte der Fremde. »Als ich darüber nachdachte, haben meine Eltern schon nicht mehr gelebt, und ich konnte sie nicht fragen.«

Und dann, als die Karawane weiterzog, begann Zephu ein Gespräch.

»Du stammst aus Ägypten?«

»Ja«, sagte der Händler. »Ich bin in Ägypten geboren und auch aufgewachsen. Ich habe die ganze Welt gesehen, aber ich möchte nirgendwo anders leben als in Ägypten.«

»Und was ist der Grund für deinen Stolz?«

Die beiden ritten hinter der Karawane her, so ließ es sich leichter reden, denn im Troß war ein Geschrei, die Leute freuten sich auf zu Hause, zu lange waren sie schon unterwegs, und in fremden Gegenden hält man besser den Mund. Nun war die Heimat nur noch wenige Stunden entfernt.

»Der Grund für meinen Stolz«, sagte der Händler, »ist der Friede. Ägypten lebt in Frieden mit all seinen Nachbarn. Ich bin ein Mann der Wirtschaft. Die Wirtschaft aber kann nur im Frieden blühen.«

»Du bist ein Mann der Wirtschaft, das ist wahr«, spann Zephu das Gespräch weiter. »Du sagst, Ägypten lebt mit seinen Nachbarn in Frieden. Das will ich glauben. Aber heißt das auch, daß die Nachbarn mit Ägypten in Frieden leben?«

Dieser Gedanke war dem Händler noch nicht gekommen.

»Ich weiß nicht, was du meinst«, sagte er.

»Ägypten ist reich, wie ich höre, und wie ich weiter höre, profitieren alle Menschen, die in Ägypten leben, von diesem Reichtum.«

»Ja.«

»Wirklich alle?«

»Alle.«

»Auch jene, die eine andere Sprache sprechen, eine andere Religion haben, andere Bräuche?«

»So ist es.«

»Und alle sind glücklich?«

»Alle sind glücklich.«

»Das muß doch den Neid der Nachbarn erregen.«

»Tut es aber nicht.«

»Und woher nimmst du deine Gewißheit?«

Da lächelte der Händler.

»Hast du je von Josef gehört? Vor vielen Jahren war er Vizekönig in Ägypten. Der Pharao überließ ihm das Regieren. Weil Josef so klug war, so weitblickend. Und er hat klug regiert, hat den Menschen Wohlstand gebracht und hat sie gelehrt, den Wohlstand zu halten.

Das war weitblickend. Und seine Außenpolitik war ebenso klug und weitblickend wie seine Innenpolitik, und das hat dazu geführt, daß Ägypten keine Feinde hat. Innen nicht und außen nicht.«

»Ah, Josef«, sagte Zephu, »Josef! Ja, ja, ich habe von ihm gehört. Nur das Beste. Nur das Allerbeste.«

Und nach einer Weile fing Zephu wieder an.

»Angenommen«, sagte er. »Einfach einmal angenommen, rein theoretisch und wirtschaftlich betrachtet: Gibt es ein Volk, das für Ägypten rein theoretisch und wirtschaftlich betrachtet eine Gefahr darstellen könnte? Könnte – ich sage absichtlich: könnte.«

Der Händler meinte, Zephu wolle ihm und sich selbst mit einem Was-wäre-wenn-Spielchen die Zeit verkürzen. Solche Spielchen waren zu jener Zeit sehr beliebt, an den Schulen wurden sie in den Unterricht eingebaut, die Lehrer meinten, es fördere die Intelligenz, wenn die Schüler zu allem Bestehenden eine Alternative zu denken in der Lage wären. Manche behaupteten, dazu hätte sie Josef angehalten. Alles, was in Ägypten für gut gehalten wurde, führte man auf Josef zurück.

»Ja, also wenn du so fragst«, sagte der Händler zu Zephu, »dann würde ich antworten: Am ehesten könnte – könnte! – König Turnus II. von Benevent eine Gefahr darstellen, rein wirtschaftlich betrachtet. Die Handwerker in seinem Land erzeugen in etwa das Gleiche wie unsere Handwerker, ihr Überschuß dürfte nicht weit unter unserem liegen. Der Handel gedeiht. Das heißt, wir sind unmittelbare Konkurrenten. König Turnus II. ist der Sohn von König Turnus I., mit ihm haben wir auf allen Gebieten blendend zusammengearbeitet ...«

»Trotz aller Konkurrenz?«

»Trotz aller Konkurrenz ...«

Zephu vermied es, dem Händler ins Gesicht zu sehen, er hatte den Kopf leicht erhoben und blinzelte unter den Lidern hervor. Damit machte er deutlich, daß es sich bei ihrem Gespräch um eine Spintisiererei handelte, worum es sich nicht gehandelt hätte, würden sich die beiden in die Augen gesehen haben.

»Und warum«, fragte er, »warum könnte, jetzt einmal theoretisch gesprochen, König Turnus II. eine Gefahr für Ägypten sein, wirtschaftlich betrachtet?«

»Sein Vater ist vor nicht langer Zeit gestorben, plötzlich verstorben.«

Auch der Händler blickte ins Leere, es gefiel ihm, wie der Fremde, der ja doch eigentlich sein Freund war, das Spielchen vorantrieb, und er fuhr fort.

»Man befürchtet, er hat seinen Sohn nicht richtig, das heißt, nicht vollständig auf das Amt des Königs vorbereitet. Turnus II. ist noch ledig. Das hat sicher nichts zu bedeuten, aber es erscheint in Wirtschaftskreisen nicht von Vorteil, wenn ein König ledig ist, da hat er Flausen im Kopf. Da kann es geschehen, daß Entscheidungen nicht aus logischen Schlüssen und stringenten Analysen resultieren, sondern aus dem Hormonspiegel, und der ist bekanntlich bei Unverheirateten schwankend. Er ist für uns unberechenbar, der junge König, er könnte ein wunderbarer König werden, wir wissen es aber nicht. Er ist ein Unsicherheitsfaktor, es wäre gut, wenn er bald heiraten würde.«

»Und du meinst«, fragte Zephu nun in einem Ton, als sei für ihn mit der Beantwortung das Spielchen beendet, »wenn König Turnus II. die richtige Frau findet, wird auch keine Gefahr mehr für Ägypten bestehen, auf wirtschaftlichem Gebiet?«

»So ist es. So ist es.«

Und beide, der Händler und Zephu, nickten zufrieden.

In der Hauptstadt trennten sich Zephu und der Händler.

Zu Hause erzählte der Händler seiner Frau von dem Mann, und er sprach so begeistert von ihm, daß die Frau sagte: »Du redest, als hättest du die Klugheit und Liebenswürdigkeit, den Scharfsinn und die Güte in einer Person kennengelernt. Wenn er jetzt auch noch eine Schönheit ist, dann glaube ich es!«

»Aber so ist es«, rief der Händler aus, »ganz genau so ist es.«

Und als er merkte, daß er, ohne es beabsichtigt zu haben, in Wortwahl und Ausdruck die Art des Fremden nachgeahmt hatte, lächelte er und nahm sich vor, dabei zu bleiben.

Zephu war in einer Herberge abgestiegen und schlenderte nun durch die Stadt. Es war Abend, da kam er zum Palast des Pharao. Es war die Zeit der Wachablöse. Er ging auf den Hauptmann zu, der gerade sein Tagwerk beendet hatte, grüßte ihn in selbstbewußt höflicher Weise, stellte ihm einige Fragen dessen Beruf betreffend, es entspann sich ein Gespräch, und dem Hauptmann ging es ähnlich wie dem Händler: Auch er meinte, noch nie im Leben sei ihm ein Mensch begegnet, der in solcher Harmonie mit ihm schwang, der die Welt und die Menschen ebenso sah und deutete wie er, der über dasselbe lachte, sich über dasselbe Sorgen machte, dieselben Hoffnungen in sich trug.

Zephu fragte, ob er den Hauptmann ein Stück begleiten dürfe, es sei so angenehm, mit ihm zu plaudern. Und das war dem Hauptmann recht, sehr recht sogar.

»Du bist doch ein Fachmann in militärischen Fragen«, begann Zephu bald ein neues Gespräch. »Sehe ich das richtig?«

»Ohne unbescheiden zu sein: Das ist richtig.«

»Dann möchte ich dich etwas fragen: Wer ist Ägyptens Hauptfeind?«

Der Hauptmann antwortete prompt: »Niemand. Wir haben keine Feinde. Josef, der vor vielen Jahren unser Vizekönig war, hat das Land so prächtig regiert, daß wir weder innerhalb des Landes noch außerhalb des Landes Feinde haben.«

»Ah, Josef«, sagte Zephu, »Josef! Ja, ja, ich habe von ihm gehört. Nur das Beste. Nur das Allerbeste.«

Und nach einer Weile fing er wieder an.

»Angenommen«, sagte er, »einfach einmal angenommen, rein theoretisch und militärisch betrachtet: Gibt es einen König, der für Ägypten rein theoretisch und militärisch betrachtet eine Gefahr darstellen könnte? Könnte – ich sage absichtlich: könnte.«

Der Hauptmann überlegte: »Also rein theoretisch ... Aeneas, der König von Dinara, er vielleicht. Er ist sehr mächtig, er und sein Volk haben ein grausames Schicksal hinter sich. Ihre Heimat ist verbrannt worden. Es heißt, der König habe seit damals nicht mehr gelacht. Seit damals vertraue er niemandem mehr, vertraue nur noch auf seine militärische Stärke. Aber es heißt auch, Aeneas habe einmal eine Ausnahme gemacht, einem einzigen Mann habe er vertraut, und es heißt, er habe das nicht bereut ...«

»Darf ich raten, wer dieser Mann war?« unterbrach Zephu den Hauptmann.

Dabei schaute er ihn an, und sein Blick wirkte etwas erstaunt, obwohl es ja gar nichts zu staunen gab, denn wer anders hätte das Vertrauen des alten Königs Aeneas gewinnen können als ...

»Es war euer Josef. Habe ich recht?«

»Ja, du hast recht«, lachte der Hauptmann. »Inzwischen aber ist Aeneas hoch in den Jahren, er hat das

Regieren satt, und wohl das Leben satt, nun will er seine Macht an seinen Sohn Nibulus übergeben. Von diesem Sohn aber wissen wir wenig. Manche behaupten, er sei friedlich wie ein Lamm. Andere erzählen ganz anderes.«

Nun waren die beiden beim Haus des Hauptmanns angekommen. Der Hauptmann wollte Zephu zum Abendessen einladen, aber Zephu lehnte ab. Der Hauptmann blickte Zephu nach, als der durch die Dunkelheit den Weg zurück ging, und ihm war, als habe er nicht mit einem Fremden einen Abendspaziergang gemacht, sondern mit einem Freund, einem alten Freund, einem Bruder ...

Und seiner Frau erzählte der Hauptmann das Gleiche, was der Händler seiner Frau erzählt hatte, und die Frau des Hauptmanns sagte das Gleiche, was die Frau des Händlers zu ihrem Mann gesagt hatte, nämlich daß man den Eindruck haben könnte, er habe den Abend mit der Klugheit und Liebenswürdigkeit, dem Scharfsinn und der Güte in einer Person verbracht, und wenn er jetzt auch noch eine Schönheit sei, dann glaube sie ihm das.

»Aber so ist es«, sagte der Hauptmann, »ganz genau so ist es.«

Und als er merkte, daß er die Art des Fremden nachgeahmt hatte, war ihm das ganz recht.

Der Zufall aber wollte es, daß die Frau des Händlers und die Frau des Hauptmanns Schwestern waren. Die beiden trafen sich, und sie erzählten einander die Geschichten, die ihre Männer ihnen erzählt hatten, und da wunderten sich diese beiden Frauen.

»Wie ist es möglich«, sagten sie, »daß unsere Männer, die so verschieden sind, wie man verschiedener nicht sein kann, die sich auf den Tod nicht ausstehen können, daß sie beide in ein und demselben Mann einen Bruder sehen, der die Welt und die Menschen deutet wie sie, der über dasselbe lacht, sich über dasselbe seine Sorgen macht, dieselben Hoffnungen in sich trägt?«

Die Frau des Hauptmanns sagte: »Wenn dieser Fremde so ist wie mein Mann, dann kann er nicht sein wie deiner.«

Und die Frau des Händlers gab ihrer Schwester recht.

Wer war dieser Zephu?

Er war der Sohn des Eliphas, der Enkel des Esau. Esau war der Bruder des Jakob, er war von Jakob um sein Erstgeburtsrecht und somit um den Segen des Vaters Isaak betrogen worden. Aber Esau war, entgegen der Meinung so mancher Erzähler, die den Betrug des Jakob rechtfertigen wollen, ein großzügiger, ja, ein edler Charakter. Er vergab seinem Bruder, forderte nicht einmal Genugtuung.

Anders verhielt es sich bei Eliphas, seinem Sohn. Es hatte ihn verletzt, daß mit seinem Vater so umgesprungen worden war. Nicht nur Esau, sondern dessen ganze Familie sei von Jakob gedemütigt worden, sagte er. Sagte es täglich. Das war sein Ceterum censeo, wenn er zu seinen Söhnen sprach.

»Wir werden nichts gegen Jakob und seine Sippe unternehmen«, verkündete er. »Das würde das Andenken an Esau trüben, der ein vornehmer Mann war. Seine Großzügigkeit werden wir respektieren, über sein Grab hinaus. Deshalb werden Jakob und die Seinen von unserer Seite nichts zu befürchten haben. Aber vergessen werden wir nicht. Wir werden keinen Handel mit dem Geschlecht Jakobs treiben, wir werden einer ehelichen Verbindung zwischen einem unserer Söhne oder einer unserer Töchter mit Nachkommen des Jakob nicht zustimmen, wir werden Dritten gegenüber unsere Verwandtschaft leugnen. Der Stamm der Edomiter hat nichts gemeinsam mit dem Stamm Israel.«

Und die Söhne des Eliphas nickten mit grimmigen Mundwinkeln und ballten die Fäuste in den Taschen, aber sie versprachen zu handeln, wie ihr Vater es wünschte.

Nicht so Zephu. Zephu hatte zwar ebenso wie seine Brüder dem Vater sein Wort gegeben, nichts gegen Jakob und dessen Sippe zu unternehmen. Aber ein Ehrenwort war ihm nichts wert, und Wortbruch betrieb er, wo immer es ihm nützlich war.

Nein, Zephu war nicht der freundliche, der offene, der charmante, liebenswürdige Mensch, als der er allen erschien – dem Händler ebenso wie dem Hauptmann. Sein Auge war nicht das Spiegelbild seiner Seele. Er war getrieben von Haß. Es war aber ein besonderer Haß, ein Haß, der nur einen einzigen Adressaten kannte, so daß er ganz in der Seele seines Absenders verborgen blieb, wenn der mit jemandem sprach, der keine Rolle in dieser grausigen Leidenschaft spielte. Deshalb hielten die Leute Zephus Wesen für liebenswürdig und ohne Falsch – solange sie ihn nicht näher kannten.

Und was flüsterte dieser Haß dem Zephu ein?

»Daß wir Edomiter ein unbedeutendes Volk sind, daß wir arm sind, daß unseren Männern manchmal nichts anderes übrigbleibt, als in den Städten zu betteln, und unseren Frauen nichts anderes als die Hurerei, daran ist nur einer schuld – nämlich Jakob. Jakob und sein Volk Israel.«

Zephu hatte zwar nie in seinem Leben einen Israeliten zu Gesicht bekommen, die waren ja vor langer Zeit fortgezogen, nach Ägypten; aber das tat seinem Haß keinen Abbruch. Im Gegenteil.

»Jakob hat Esau mit dem Erstgeburtsrecht auch den Segen des Isaak gestohlen. Der Segen hat ihn reich gemacht. Hat ihn in das reichste Land der Welt geführt. Hat sein Volk dort zu Ansehen und Macht verholfen. Das alles hätte uns, den Edomitern, zugestanden!«

In Wahrheit aber dachte Zephu nur an sich. Seine Leute galten ihm nichts, zur schmalbrüstigen Rechtfertigung für seinen Haß mußten sie ihm herhalten.

»Ich«, sagte er sich, »ich bin so begabt, ich bin so klug, ich bin so weltgewandt, und ich habe dennoch nicht die geringste Chance. Wie leicht es mir doch fällt, die Gunst, sogar die Liebe der Menschen zu gewinnen! Und was hat es mir genützt? Was ist aus mir geworden? Ein armer Schlucker mit einem gut geölten Mundwerk!«

Daß er die Gunst, die Liebe der Menschen ebenso schnell wieder verlor, wie er sie gewonnen hatte, das führte er nicht darauf zurück, daß man ihn, wann immer er länger irgendwo blieb, durchschaute, sondern daß er, der Edomiter, ohne Segen war.

Der Neider will so viel haben wie der andere; der Mißgünstige wünscht, der andere möge so wenig haben wie er. Zephu war ein Mißgünstiger, und in seinem Herzen gedieh die Mißgunst, als wäre sie dort zu Hause. Und was ist der Mißgunst letztes Wort? Zerstörung.

Zephu machte sich auf den Weg nach Ägypten. Er wollte das Volk des Jakob, das Volk Israel suchen. Das war der Zweck seiner Reise. – Und dann? Was hatte er vor? Was war sein Plan? Hatte er überhaupt einen Plan?

Wer die Zerstörung will, der braucht keinen Plan. Nie ist ein Mensch freier in allem, was er denkt und tut, als wenn Ziel und Ende seines Trachtens Zerstörung heißen. Ihn brauchen keine Wahrheit zu kümmern, keine Logik, weder Strategie noch Taktik, gewiß nicht Moral, er kennt keine Hemmung. Was zerschlagen ist, läßt sich nicht mehr zusammenfügen. Nur der ungebundene, reine Zerstörungswille setzt die Phantasie in ungebundener, reiner Form frei. Konstruktives Denken und konstruktives Handeln machen Fehler, der Irrtum ist dem Konstruktiven inhärent. Zwischen dem konstruktiven Gedanken und seiner Materialisierung entstehen zwangsläufig Indifferenzen. Nie wird etwas genau so, wie es gedacht war.

Anders beim destruktiven Gedanken. Die Zerstörung in der Tat gleicht der Zerstörung im Gedanken aufs Haar. Der konstruktive Mensch ist immer und unausweichlich Bedingtheiten ausgesetzt, deshalb werden ihn der Zweifel und die Unzufriedenheit nie verlassen. Zweifelsfrei und zufrieden ist nur der Zerstörer. Er ist bedingungslos, das macht ihn attraktiv. Über Zephu wird die Welt sagen: »Er ist ein Genie!«

Nein, er hatte keinen Plan. Ebenso wie der Gesegnete darauf vertraut, daß ihm das Gute auf seinem Weg entgegenfliegt und ihm die Richtung weist, so verließ sich Zephu auf seinen Haß, und sein Haß war so gewaltig und gab ihm so viel Kraft, daß er sich einbildete, er allein könne die Vernichtung Israels betreiben.

Bereits am nächsten Tag verließ er die Hauptstadt Ägyptens und machte sich wieder auf den Weg hinaus in die Wüste. Er ging den Menschen aus dem Weg, hatte ihn doch die Erfahrung gelehrt, daß ihm die Menschen ihrerseits aus dem Weg gingen, wenn sie ihn erst näher kennengelernt hatten. Da traf er in der Wüste abermals auf eine Karawane, und er schrieb es der Gunst jener Kraft zu, die ihre Macht und Stärke im Haß offenbart, daß diese Karawane im Auftrag von

König Aeneas unterwegs war, nämlich um im Namen seines Sohnes Nibulus im Lande Kittim am Hof des mächtigen Königs Uzi um die Hand der Prinzessin Jania zu werben.

König Aeneas, der des Regierens müde war und wohl auch des Lebens, hatte seinen Kanzler geschickt, hatte ihn ausgestattet mit wertvollen Geschenken.

»Vom Land Kittim habe ich nur Gutes gehört«, sagte er, »und von König Uzi nur das Beste. Seine Tochter wird er gut erzogen haben. Ich wünsche mir, daß Nibulus Jania heiratet.«

Ob auch Nibulus Jania heiraten wollte, stand gar nicht zur Debatte.

Einmal meldete sich der junge Königssohn zu Wort: »Ist sie denn auch schön?« fragte er.

»Was spielt das für eine Rolle?« fuhr ihn Aeneas an.

»Wenn sie nicht schön ist, dann will ich sie nicht«, versuchte Nibulus zu trotzen.

Darauf gab ihm Aeneas keine Antwort. Mit einem Wink entließ er den Kanzler.

Aber Nibulus lief dem Kanzler nach.

»Wenn sie nicht wenigstens hübsch ist«, wiederholte er, »dann will ich sie nicht.«

»Es ändert nichts, ob du sie willst oder nicht«, sagte der Kanzler.

»Oh, doch«, beharrte Nibulus. »Wenn sie mir nicht gefällt, werde ich nicht gut zu ihr sein, und wenn ich nicht gut zu ihr bin, wird sie es ihrem Vater melden, und der wird zornig sein, und dann haben wir uns mit der Heirat nicht einen Verbündeten geschaffen, sondern einen Feind.«

Das sah der Kanzler ein, und er versprach Nibulus, daß er ihm ein Bild von Prinzessin Jania mitbringen wird.

»Ein Bild ist ein Bild«, nörgelte Nibulus weiter, »und ein gutes Bild ist ein gutes Bild, aber man hat schon erlebt, daß ein Maler besser malen kann als die Natur.«

»Also, was soll ich tun?«

»Bring mir ein Bild mit von Prinzessin Jania, aber schau sie dir vorher an!«

Der Kanzler versprach es und machte sich mit seinem Troß auf den Weg.

Dieser Karawane schloß sich Zephu an. Und – wir wundern uns nicht – er befreundete sich mit dem Kanzler. Der Kanzler jedenfalls nannte es Freundschaft. Schon nach dem ersten Abend, den er im Gespräch mit Zephu verbrachte, war dem Mann, als sei ihm in seinem an Erfahrungen reichen Leben noch nie ein Mensch begegnet, der in solcher Harmonie mit ihm schwang, der die Welt und die Menschen ebenso sah und deutete wie er, der über dasselbe lachte, sich über dasselbe Sorgen machte, dieselben Hoffnungen in sich trug ...

»Ich habe eine heikle Mission zu erfüllen«, vertraute der Kanzler Zephu an. »Ich wünschte, ich hätte jemanden wie dich an meiner Seite.«

Zephu sagte, er werde ihn gern nach Kittim begleiten. Das sei ihm eine Freundespflicht.

»Freundespflicht«, wiederholte der Kanzler mit einem Anflug von Sentiment.

Und Zephu »befreundete« sich auch mit Troilos, dem Sohn des Kanzlers, einem gutgewachsenen, hübschen, durchaus auch klugen Mann. Der zugegebenermaßen etwas naiv war. Wer aber mußte sich hinterher, wenn er Zephu erst näher kennengelernt hatte, nicht vorwerfen, naiv gewesen zu sein?

Schließlich erreichten sie Kittim und wurden am Hof von König Uzi empfangen. Nach dem Gastmahl ließ der König seine Tochter rufen. Aber er erlaubte es nicht, daß sie ihr Gesicht vor den Fremden entblößte. Nur in die Augen durften sie ihr schauen.

»Ein Bild, gut, ein Bild lasse ich von Jania malen«, sagte König Uzi. »Das muß genügen.«

Nun begann die Diplomatie. Der Kanzler argumentierte, ein Bild sei ein Bild, und ein gutes Bild sei ein gutes Bild, aber man habe schon erlebt, daß ein Maler besser malen kann als die Natur, was in diesem Fall nicht unterstellt werden solle, aber schließlich sei sein Herr Aeneas einer der reichsten und mächtigsten Könige, und eine Verbindung mit Kittim, das müsse König Uzi doch wohl zugestehen, könne in erster Linie für ihn als Vorteil verbucht werden, weshalb sein Herr zweifellos verlangen dürfe, daß alle Voraussetzungen dieses Geschäftes offengelegt würden.

»Ein Geschäft?« brauste König Uzi auf. »Die Heirat meiner Tochter ist ein Geschäft?«

»Nun ja«, sagte der Kanzler, »ein Geschäft freilich nicht für die jungen Leute, für Jania und Nibulus, die sollen und werden sich lieben, ein Geschäft aber sicher für die Väter.«

So ging es den ganzen Abend. Schließlich machte König Uzi den Vorschlag, der Kanzler allein solle das ganze Gesicht von Jania zu sehen bekommen.

»Das ist ein guter Vorschlag«, sagte der Kanzler. »Aber weißt du, mein Herr, der König Aeneas, ist ein alter Mann, und er ist mißtrauisch, womöglich wird er denken, ich sei von dir bestochen worden. Deshalb wünsche ich, daß dieser Freund« – er zeigte auf Zephu – »ebenfalls das Gesicht deiner Tochter sehen darf.«

Auch damit war König Uzi einverstanden.

Nun aber ergriff Zephu das Wort: »Ich bin ein junger Mann«, sagte er, »ich kann mich an Erfahrung weder mit König Uzi noch mit dem Kanzler von König Aeneas messen. In meinem Alter hat man Launen, hat man Gefühle, und Launen und Gefühle können einem den Blick trüben. Gefühle können jubeln, wo es wenig zu jubeln gibt, Launen können kritisieren, wo es wenig zu kritisieren gibt. Deshalb wünsche ich mir diesen Freund« – er zeigte auf Troilos, den Sohn des Kanzlers – »an meiner Seite. Er ist in meinem Alter, auch er hat Gefühle und Launen, so daß ein Ausgleich mit meinen Gefühlen und Launen zu erwarten ist. So sind wir zu zweit und können neben dem König und dem Kanzler als einer gelten.«

König Uzi war auch damit einverstanden.

Nun betraten sie zu viert das Zelt der Königstochter. Auf Befehl ihres Vaters nahm Jania den Schleier vom Gesicht. Oh, sie war sehr schön, die Augen des erfahrenen Kanzlers öffneten sich weit, und in den Gesichtern von Zephu und Troilos zeigten sich nur Gefühle und gar keine Launen, und der Vater des Mädchens war sehr stolz.

Am selben Abend bat Zephu Troilos, mit ihm einen Spaziergang zu machen. Sie verließen die Stadt, setzten sich draußen beim Brunnen unter eine Dattelpalme.

Lange sagte Zephu nichts. Dann seufzte er.

»Warum seufzt du?« fragte Troilos.

»Es wird schwer werden«, sagte Zephu.

»Was wird schwer werden?«

»Für Prinzessin Jania wird es schwer werden.«

»Ich verstehe dich nicht.«

»Hast du denn keine Augen im Kopf, Troilos? Hast du sie denn nicht angesehen? Was bist du doch für ein herzloser Mensch! Siehst nicht das Leid im Gesicht einer jungen Frau, die keine Armeslänge von dir entfernt steht!«

»Was redest du denn da! Ich bin kein herzloser Mensch! Und warum sollte Prinzessin Jania leiden?«

»Weil sie verliebt ist, unglücklich verliebt ist.«

»Aber wie kann sie denn verliebst sein? Sie kennt Nibulus ja noch gar nicht, sie hat ihn nie gesehen, wir haben kein Bild von ihm mitgebracht! Und außerdem, wenn sie, angenommen, doch in ihn verliebt ist, warum sollte sie dann unglücklich sein? Sie kriegt ihn ja!«

»Nicht in Nibulus ist sie verliebt, du Esel! Nicht seinetwegen ist sie unglücklich!«

»In wen ist sie denn verliebt?«

»In dich!«

Zephu hatte im Zelt von Prinzessin Jania den Troilos sehr genau beobachtet. Und er hatte gesehen, daß sich der junge Mann in Jania verliebt hatte. Daß er sich sehr in sie verliebt hatte, so sehr, daß er es nach dem ersten Blick gar nicht mehr wagte, sie anzusehen. Und wenn Zephu zu Troilos gesagt hatte, Jania leide, dann war es in Wahrheit Troilos, der litt.

Ach, Troilos ließ sich gern von Zephu einen Esel nennen, wenn der nur wiederholte, daß sich Jania in ihn verliebt hatte. Und Zephu wiederholte es, und sagte es immer wieder, und nicht nur das sagte er.

»Die Liebe kommt von Gott«, sagte er. »Weißt du das, Troilos, daß die Liebe von Gott kommt?«

»Ich weiß es nicht, aber wenn du es mir sagst ...«

»Ja, ich sage es. Die Liebe ist heilig, sie ist Gottes größtes Heiligtum, und wenn Jania dich liebt und wenn du Jania liebst, dann ist es Gottes Wille, daß König Uzi und König Aeneas kein Geschäft miteinander machen!«

Er werde, sagte Zephu, ein Treffen, geheim, diskret, mit Jania arrangieren, dann dürften sie sich gegenseitig ihre Liebe gestehen.

»Aber wie soll ich ihr, der Prinzessin, gegenübertreten?« fragte Troilos.

»Als Mann«, sagte Zephu. »Ihr seid nicht Prinzessin und Sohn des Kanzlers, ihr seid ein Mann und eine Frau.«

»Aber was soll ich anziehen? Wie soll ich mich schmücken?«

»Einfache Kleidung, kein Schmuck. Und deinen Dolch, den laß da. Frauen mögen das Militärische nicht. Gib mir deinen Dolch, ich werde ihn verwahren.«

Und dann lockte Zephu Prinzessin Jania in der Nacht unter einem Vorwand zu dem vereinbarten Ort.

Und Troilos und Jania standen sich gegenüber.

»Was willst du von mir?« fragte sie.

Als Troilos ihr seine Liebe gestand, lachte sie und nannte ihn ebenfalls einen Esel, aber diesmal hörte das Troilos nicht gerne, und sie sagte, sie habe ihn in ihrem Zelt gar nicht bemerkt, nicht einen Gedanken habe sie an ihn verwendet, und er solle verschwinden und zwar auf der Stelle, dann werde sie so gütig sein, und ihn nicht an ihren Vater verraten. Sie drehte sich um und ließ Troilos stehen.

Troilos hatte keine Gelegenheit mehr, die peinliche Situation zu erklären, Jania zu erzählen, was für ein Spiel Zephu mit ihr und mit ihm trieb. Denn plötzlich ertönte ein Geschrei aus dem Palast. Soldaten umringten Troilos, nahmen ihn fest, warfen ihn in den Kerker. Auch sein Vater wurde verhaftet und mit ihm alle Männer, die zur Karawane von König Aeneas gehörten.

König Uzi war ermordet worden. Die Tatwaffe wurde sichergestellt: der Dolch des Troilos. Das Motiv stand außer Diskussion. Jania war Kronzeugin. Sie hatte den Sohn des Kanzlers abgewiesen, der Mord an ihrem Vater war die Rache.

Troilos wußte, und auch wir wissen: Es war Zephu. Er hatte König Uzi ermordet. Dem Troilos glaubte niemand, und wir können in die Geschichte nicht eingreifen. Warum hatte Zephu das getan? War dieser Mord Teil seines Planes? Wie gesagt, Zephu hatte keinen detaillierten Plan, er hatte ein Ziel, die Vernichtung des Volkes Israel, im einzelnen aber verließ er sich auf seine Inspiration, tat, was der Haß ihm eingab, dem er vertraute wie einem Gott, den allein er als Former und Leiter seiner Talente anerkannte.

Politisch gesehen war die Situation prekär. Das Volk von Kittim war ohne Führung, und wie es immer und überall ist, im Chaos kommen die radikalsten Kräfte am schnellsten wieder zu Sinnen, und sie finden die stärksten Worte. Krieg wurde gefordert, Krieg gegen König Aeneas, der als Anstifter des Mordes bezeichnet wurde. Der Kanzler, dieser bis zur Herzlosigkeit loyale Mann, verhinderte die politische Katastrophe, indem er eine private Katastrophe anrichtete: Aus seiner Gefängniszelle heraus verhandelte er, und am Ende schlug er vor, die Tat durch den Tod seines Sohnes Troilos zu sühnen, und gab sich, weiß im Gesicht, einverstanden, als die radikalen Kräfte im Land Kittim verlangten, er selbst, der Vater, müsse die Hinrichtung vollziehen.

Zephu aber war verschwunden. Und mit ihm das Bild von Prinzessin Jania.

Allein ritt Zephu durch die Wüste, trieb sein Tier an, und bald erreichte er das Land Benevent und kehrte ein am Hof von König Turnus II. Sehr gut war ihm in Erinnerung geblieben, was jener Händler gesagt hatte, nämlich daß es nur einen gebe, der – »einfach einmal angenommen, rein theoretisch und wirtschaftlich betrachtet« – für Ägypten eine Gefahr darstellen könnte, nämlich König Turnus II., der, weil »der Hormonspiegel bei Unverheirateten schwankend ist«, als unberechenbar galt.

Auf die altbewährte Weise schlich sich Zephu in das Herz des jungen, lebenslustigen Königs.

»Ich habe gehört, du willst heiraten«, sagte er.

»Wenn ich die Richtige finde.«

»Ich habe die Richtige für dich«, sagte Zephu und zeigte ihm Janias Bild.

Entweder Zephus Gott war wirklich sehr mächtig, oder Jania war tatsächlich die Richtige, König Turnus II. verliebte sich auf der Stelle in die schöne Prinzessin aus Kittim.

»Ich werde«, rief er aus, »noch heute werde ich aufbrechen und um ihre Hand anhalten!«

Er bat Zephu, ihn zu begleiten, er werde ihn über alle Maßen beschenken, wenn er in den Verhandlungen das Wort führe. O nein, nach Kittim wollte Zephu gewiß nicht!

»Niemand kann besser verhandeln als du«, sagte er.

Und König Turnus II. war gerührt von so viel Bescheidenheit und dachte bei sich, noch nie sei ihm ein Mann begegnet, der in solcher Harmonie mit ihm schwang, der die Welt und die Menschen ebenso sah und deutete wie er, der über dasselbe lachte, sich über dasselbe Sorgen machte, dieselben Hoffnungen in sich trug ...

Aber der junge König war kein guter Verhandler. Die Bürger von Kittim ließen ihn abblitzen. Ganz gleich, was geschehen war, sagten sie, die Prinzessin ist dem Sohn des Aeneas versprochen, Kittim habe die Brautgeschenke angenommen, die Braut sei bereits unterwegs, wenn Turnus II. auf seinem Wunsch bestehe, Jania zu heiraten, dann müsse er das mit Aeneas und dessen Sohn ausmachen, sie gehe das nichts mehr an.

Niedergeschlagen kehrte der junge König nach Hause zurück.

»Was soll ich tun? Ich kann ohne sie nicht leben!«

»Hol sie dir!« sagte Zephu.

»Wie denn?«

»Krieg!«

»Gegen den starken Aeneas?«

Zephu sagte: »Er wird überall für so stark gehalten, daß er seine tatsächliche Stärke gar nie zeigen mußte. Aber Stärke bleibt stark nur, wenn sie immer aufs neue bewiesen wird. Ich behaupte, Aeneas ist gar nicht stark.«

Und Turnus II. erklärte Aeneas den Krieg.

Was tat Zephu? Er schlug sich auf die Seite von Aeneas. Er gewann das Vertrauen des alten Königs. Und Aeneas, der nie mehr in seinem Leben Krieg führen wollte, führte Krieg gegen Turnus II. Und er besiegte ihn, schlug dessen Armee, vernichtete die blühende Wirtschaft des Landes Benevent. Am Ende war Jania die Gemahlin von Nibulus, und Aeneas hatte den Beweis für Zephus These geliefert, nämlich daß Stärke nur stark bleibt, wenn sie bewiesen wird: Seine Armee war mächtiger als jemals zuvor. Auch wenn die Völker unter dem Krieg leiden, die Armeen macht er stark.

Nach dem Krieg war das Gleichgewicht der internationalen Beziehungen zerstört. Die militärische Macht des Aeneas war unverhältnismäßig. Eine gefährliche Situation, bedenkt man, welchen Einflüsterer der König an seiner Seite hatte.

Kenner der griechischen Mythologie werden sich längst gefragt haben: Ist dieser Aeneas jener berühmte Flüchtling, der als einziger zusammen mit seinem Sohn und einem Haufen Getreuer die brennende Stadt Troja verlassen konnte? Ich habe in den Sagen keinen Beleg dafür gefunden, gleichwohl aber einige Hinweise, die dafür sprechen. Die Mythenerzähler, die diesen Stoff behandelten, wollten wohl zwei große Sagenkreise miteinander verknüpfen, sei es aus mythologischer Komplettierungssucht, sei es, um ihrer Geschichte mehr Gewicht zu geben.

Wie auch immer. Aeneas war jedenfalls ein anderes Kaliber als jener ägyptische Händler, den wir am Beginn unserer Geschichte kennenlernten, oder der ägyptische Hauptmann oder all die anderen, die über Zephu meinten, noch nie in ihrem Leben hätten sie mit einem Mann in solcher Harmonie geschwungen und so weiter. Aeneas hatte Zephu zwar zu seinem Berater gemacht, hatte sich von ihm in einen Krieg hetzen lassen, aber der Einfluß des Einflüsterers hatte seine Grenzen, das sollte Zephu bald zu spüren bekommen.

»Was ist Macht?« fragte er den König eines Tages – mit einem philosophischen Unterton in der Stimme, was ein Gespräch über unverbindlich Allgemeines erwarten ließ, wie man es führt, wenn zwar nicht alles besprochen, aber alles getan ist.

»Macht ist Ruhe«, gab Aeneas ohne Zögern zur Antwort. »Wozu sollte Macht sonst dienen, wenn nicht dazu, dem Mächtigen ein Leben in Ruhe zu gönnen?«

»Das ist eine gute Antwort«, sagte Zephu. »Aber: Was ist Ruhe?«

»Ruhe heißt, keine Sorgen zu haben.«

Es war klar: Hier sprachen Lehrer und Schüler miteinander. Der Schüler wollte wissen, der Lehrer wußte. Der Lehrer antwortete, der Schüler fragte. Scheinbar war es so ...

»Und was sind die Sorgen eines Königs?«

»Die Sorgen des Königs, das sind die Sorgen seines Reiches.«

»Das heißt, er sorgt sich nicht nur um sein eigenes Wohlergehen und das Wohlergehen seiner Familie, sondern um das Wohlergehen eines jeden Untertans?«

»Das heißt es.«

»Und wo endet die Sorge eines Königs?«

»Sie endet nie.«

»Was ist nach dem Tod des Königs? Reicht die Sorge des Königs über seinen Tod hinaus?«

»Ja.«

»Das heißt, ein König hat nie Ruhe?«

»Ja, Zephu, das heißt es wohl.«

»Aber dann hat er ja auch nie Macht.«

Aeneas merkte, daß ihn Zephu in einen Widerspruch geführt hatte. Oder besser: daß er sich von Zephu in einen Widerspruch hatte führen lassen.

»Du bist ein scharfer Denker«, sagte er. »Worauf willst du hinaus? Du führst dieses Gespräch doch nicht nur der Worte halber.«

»Ich mache mir Gedanken über deine Macht«, sagte Zephu.

»Und zu welchem Schluß bist du gekommen?«

»Du mußt Krieg führen.«

»Was redest du da!« polterte Aeneas los. »Was Krieg führen! Ich habe erst einen Krieg geführt. Ich komme aus einem Land, das vom Krieg verwüstet worden ist. Aus meiner brennenden Heimatstadt bin ich geflohen, habe meinen alten Vater auf den Schultern getragen, meinen Sohn an der Hand gehalten. Ich hasse den Krieg. Ich wünsche mir, daß nie wieder Krieg geführt wird auf der Welt! Ich hasse es, wenn Soldaten Soldaten gegenüberstehen!«

»Deshalb mußt du den letzten großen Krieg führen«, sagte Zephu.

»Und gegen wen?«

»Gegen Ägypten. Ägypten verfügt über die letzte große Armee. Du mußt Ägypten niederringen, dann werden nicht mehr Soldaten Soldaten gegenüberstehen. Weil es nur noch deine Soldaten gibt. Erst dann, erst dann kannst du sagen, deine Macht reicht über deinen Tod hinaus.«

Da wurde der alte Aeneas unsicher. Was wäre gewesen, wenn damals der König seiner Heimatstadt seine Feinde geschlagen hätte, bevor sie ihn angegriffen haben? Wieviel Leid wäre erspart geblieben! Und er, Aeneas, hätte nicht durch die Welt irren müssen, und er hätte ein Grab gefunden in der heimatlichen Erde. Vielleicht hatte Zephu recht? Er war ein scharfer Denker.

Aeneas ließ einen Seher rufen. Den besten Seher, Bileam ben Beor. Von ihm werden wir noch viel hören. Damals war er erst fünfzehn Jahre alt, aber bereits ein Star, er war so etwas wie der Superstar unter den Hellsehern seiner Zeit, goldene Haare, goldene Haut und, wie es hieß, eine goldene Stimme.

Aeneas fragte Bileam ben Beor: »Was rätst du, Seher? Was siehst du? Soll ich einen Krieg führen gegen Ägypten?«

Und Bileam ben Beor antwortete: »Nein, tu es nicht, tu das nicht! In Ägypten lebt das Volk Israel, und Israel wird sich mit Ägypten verbünden, denn die beiden Völker sind befreundet. Israel aber hat einen großen Gott, der wird dafür sorgen, daß du diesen Krieg verlierst.«

»Das siehst du?«

»Das sehe ich«, sagte Bileam ben Beor. »Das und noch mehr.«

»Was siehst du noch?«

»Es wird dir nicht gefallen. Wenn du einer bist, der den Boten für die Botschaft schlägt, dann wirst du mich schlagen. Du wirst deinen Ratgeber aus deinem

Reich vertreiben! Das sehe ich. Du hättest ihn nie aufnehmen dürfen. Du wirst dafür bezahlen, ihn aufgenommen zu haben. Das sehe ich.«

Nein, Aeneas war nicht einer, der den Boten für die Botschaft schlägt. Er hat den Rat des Hellsehers befolgt. Er hat keinen Krieg gegen Ägypten angefangen. Und: Er hat Zephu verjagt.

Das war eine Niederlage für Zephu. Gewiß. Aber freuen wir uns nicht zu früh. Ein Charakter wie Zephu gewinnt aus Niederlagen mehr Kraft noch als aus Siegen. Denn die Niederlage schürt den Haß, und der Haß war sein Meister.

Zunächst allerdings schien es, als habe Zephu aufgegeben. Er sattelte sein Tier und ritt in die Wüste hinaus, kehrte nach Hause zurück, ins Land der Edomiter. Das war ein weiter Weg. Zephu hatte viel Gelegenheit nachzudenken.

»Ich habe ein neues Bild von der Welt gewonnen«, sagte er, als er angekommen war und bei seinen Brüdern saß, »vor allem ein neues Bild vom Volk Israel.«

»Was soll das heißen?« fragten die Edomiter. »Sind sie noch schlimmer, als wir denken?«

»Nein«, sagte Zephu, »sie sind besser.«

Da lachten die einen, die anderen ballten die Fäuste und stießen sie gegen Zephus Schulter.

»Kommt alle her!« riefen sie. »Zephu ist wieder da! Die Wüste hat ihm das Hirn verbrannt. Er behauptet, dem Jakob seine Leute seien ihm lieb geworden!«

»Ich war in Ägypten«, sagte Zephu, »ich habe mit den Männern und Frauen Israels gesprochen. Sie leben in Wehmut und Trauer. Und sie kennen keine größere Sehnsucht, als sich mit uns zu versöhnen.« Und mit der sanften Stimme des Wolfes fuhr er fort: »Was gewesen ist, ist gewesen. War ich nicht der erste, wenn es darum ging, Israel zu hassen? Aber nun sage ich euch: Sie sind unsere Brüder. Sie sehnen sich danach, daß wir nach Ägypten kommen und uns mit ihnen vereinen und mit ihnen im Wohlstand leben. Sie wollen uns teilhaben lassen an ihrem Glück. Sie wollen wiedergutmachen, was uns ihre Vorfahren angetan haben. Israel und Edom sind Söhne Isaaks, Söhne Abrahams. Und Ägypten ist das Land, in dem Milch und Honig fließen. Es ist das Land, das uns Abraham versprochen hat. Das Gott dem Abraham versprochen hat. Es ist unser Land. Das Land der Söhne Abrahams. Edom und Israel gemeinsam werden die Ägypter besiegen und aus ihrem Land treiben!«

Hat sich Zephu auf seinem langen Ritt durch die Wüste doch einen Plan zurechtgelegt? Es sieht ganz danach aus. Er will seine Brüder umgarnen, wie er immer alle Menschen umgarnt hat, von denen er sich einen Vorteil versprach. Erst lachen sie ihn aus, die Brüder, winken ab, aber dann werden sie still, lauschen seinem geölten Mundwerk, können bald die Augen nicht mehr von ihm lassen. Der eine oder andere schaut ihn bereits mit einem neuen Blick an. So kenne ich Zephu ja gar nicht, denkt sich der eine oder andere, er ist ein anderer geworden in der Fremde, und am Ende des Abends, nachdem man zwei bis drei Stunden der süßen Stimme Zephus gelauscht hat, gesteht sich der eine oder andere ein, daß man sich gründlich in Zephu getäuscht hat, als man meinte, niemals könne man mit diesem in Harmonie schwingen oder die Welt und die Menschen so sehen und deuten wie er oder über dasselbe lachen, dieselben Sorgen haben, dieselben Hoffnungen ...

Auch das Böse soll planvoll vorgehen, das wünschen wir uns. Warum? Weil es dadurch berechenbar wird.

Auch der Haß ist auf seine Art ein Gebäude, sagen wir uns. Soll er sich etwa nicht mit einem Haus vergleichen lassen? Und wir sagen: Wer ein Haus baut, kann nicht mit dem Giebel beginnen. Wieder suchen wir Trost in dem Gedanken, daß auch die Destruktion einen Plan benötigt. Aber zugleich wissen wir: Wer ein Haus zerstört, der braucht sich an keine Reihenfolge zu halten.

Die Edomiter glaubten ihm. Wählten ihn zu ihrem Anführer. Und hielten ihn ganz und gar nicht für verrückt, als er ihnen einzureden versuchte, sie müßten Aeneas angreifen – den übermächtigen Aeneas! –, denn Aeneas sei ein Verbündeter Ägyptens, und nur wenn dessen Armee besiegt sei, könne ein Krieg gegen Ägypten gewonnen werden. Und die Brüder griffen nach Hauen und Spaten, nach Sicheln und Sensen, nach Peitschen und Knüppel.

Voller Begeisterung zogen sie in den Krieg gegen die Armee des Aeneas.

Am Abend vor der Schlacht, so schien es, kam Zephu dann doch noch zur Vernunft. Zweifel packten ihn, Zweifel und Verzweiflung. Niemand kannte die Stärke der feindlichen Armee besser als Zephu, außer Aeneas. Keiner seiner edomitischen Lumpensoldaten würde am Leben bleiben. Und Zephu fiel auf die Knie und rief zu Gott. Er rief den Namen Gottes, und die Stimme versagte ihm nicht dabei.

Und Gott sprach mit Zephu. Das heißt, zunächst hörte Gott zu. Denn Zephu redete. Mit leiser Stimme redete er. Mit vor Zerknirschung leiser Stimme. Einer Zerknirschung, wie Gott bisher noch keine gehört hatte. Einer Zerknirschung, die den Menschen erniedrigte und Gott erhöhte. Eine gute Stunde lang dauerte diese Zerknirschung. Eine weitere Stunde lang flehte Zephu,

Gott möge ihn vernichten, seine Brüder aber verschonen. So inbrünstig atemlos flehte Zephu, daß Gott gar nicht zu Wort kam, also auch nicht sagen konnte, er nehme Zephus Opfer gern an.

Am Ende der Suada war Gott erschöpft. Wurde aber gleich wieder frisch, denn in Zephus Rede folgten nun einige kritische Bemerkungen über Gott und sein Werk. Vorgetragen allerdings in einem freundschaftlichen, durchaus solidarischen Ton, der es Gott möglich machte, das eine oder andere Eingeständnis zu machen. Rede und Widerrede zwischen den beiden wurden lockerer. Gott kam ins Erzählen. Wer hat mehr zu erzählen als er! Zephus Augen, die so sympathisch erstaunt wirkten – schließlich gibt es ja auch viel zu staunen, wenn Gott erzählt –, schauten so offen und unbewaffnet und ohne Hintergedanken, daß es dem Herrn der Welt leicht fiel, über Dinge zu reden, die er mit einem Menschen niemals besprechen wollte.

Und wovon erzählte Gott? Vom Menschen und von den Schwierigkeiten, die sich bereits bei der Erschaffung des Adam eingestellt hatten. Von der Erschaffung der Eva erzählte er. Daß er drei, ja sogar vier Anläufe hatte nehmen müssen, bis Adam endlich zufrieden gewesen sei. Von der Sünde erzählte er, von der Verführung durch Samael. Von der Vertreibung aus dem Paradies. Da wurde die große Seele Gottes schwer. Zephu zeigte Verständnis. Und er zeigte großes Interesse, ein Interesse, wie dem Werk Gottes seit dem seligen Henoch nicht mehr entgegengebracht worden war.

Und als die Morgenröte ihre rosigen Finger über den Horizont schob, dachte Gott bei sich, erst einmal in seinem ewigen Dasein war ihm einer begegnet, der in solcher Harmonie mit ihm schwang wie dieser Zephu, nämlich Luzifer, und der hatte ihn verraten, und man hatte ihn verstoßen müssen. Wenn Luzifer der große Trauernde unten in der Hölle genannt wird, dann ist Gott der große Trauernde oben im Himmel. Luzifer war sein Liebling gewesen. Das nächtliche Gespräch mit Zephu hatte in Gott eine alte Traurigkeit geweckt, und als er wieder allein mit sich selbst war, sprach er weiter, ganz so, als wäre jemand da, der ihm zuhörte, und als er merkte, daß er, ohne es beabsichtigt zu haben, in Wortwahl und Ausdruck Zephus Art zu sprechen nachgeahmt hatte, lächelte er und gestattete sich, noch eine kleine Weile dabei zu bleiben ...

Nur eine Nacht hatte Zephu benötigt, um Gott herumzukriegen. In altgewohnter Weise, wie er vor ihm den ägyptischen Händler, den ägyptischen Hauptmann, wie er den Kanzler des Aeneas, den Sohn des Kanzlers, wie er König Turnus II., wie er König Aeneas und schließlich wie er seine Brüder herumgekriegt hatte.

Am Morgen hatte Gott dem Zephu versprochen, er werde den Edomitern in der Schlacht gegen Aeneas beistehen. Ergebnis: Das unbesiegbare Heer des Aeneas wurde von dem zerlumpten Haufen aufgerieben. Und die Welt hat es gesehen.

Und die Welt sagte: »Zephu ist ein Genie!«

Hatte sich Zephu bisher auf doppeltes Spiel verstanden, so steigerte er sich nun: Er spann eine dreifache Intrige.

Den Edomitern sagte er: »Nun laßt uns gemeinsam mit Israel Krieg gegen Ägypten führen!«

Dann verbreitete er bei den Ägyptern das Gerücht, die Edomiter wollen Ägypten angreifen, sie wollen sich mit den Israeliten gegen Ägypten verbünden.

»Mit den Israeliten?« sagten die Ägypter. »Israel ist doch ein Freund Ägyptens.«

»Nur scheinbar«, ließ Zephu wissen, »nur scheinbar!«

»Und was sollen wir tun?« fragten die Ägypter.

»Stellt Israel auf die Probe«, hieß es. »Wenn die Edomiter kommen, laßt die Israeliten allein gegen sie kämpfen. Seid neutral! Seht zu!«

Und zuletzt brachte es Zephu sogar fertig, daß die Israeliten auf ihn hörten.

»Die Edomiter«, sagte er, »die Bezwinger des großen Aeneas, wollen nun euch vernichten. Und Ägypten gibt euch preis.«

»Was sollen wir tun?« fragten sie Israeliten.

»Wer nicht euer Freund ist, ist euer Feind«, sagte Zephu. »Vergeßt das nicht.«

Chaos brach aus. Steckte hinter Zephus Machenschaften weiterhin ein System? Keiner vertraute dem anderen. Freunde gingen einander aus dem Weg. Der ägyptische Arzt behandelte die israelitische Patientin nicht mehr, der israelitische Richter weigerte sich, einen Streit unter Ägyptern zu schlichten. Auf der Straße wurde nicht mehr gesprochen. Feind hörte mit. Alles war aus den Fugen geraten. Das Wort vom guten Menschen wurde zum Schimpfwort. Wer sich für den Namen seines Vaters schämte, predigte Vaterlandsliebe. Die Lüge wurde zum Markenzeichen von Fleiß und Anständigkeit. Und dann war Krieg.

Die Edomiter fielen über Ägypten her. Und die Israeliten kämpften. Und die Ägypter sahen zu. Und Gott schämte sich. Er schämte sich, weil er zum zweiten Mal in seinem ewigen Dasein geglaubt hatte, ein anderes Wesen schwinge in Harmonie mit ihm, und er kam zur Einsicht, zur schmerzlichen Einsicht, daß es kein Wesen auf der Welt geben kann, das zur göttlichen Harmonie fähig ist.

Gott besann sich auf sein Volk und stand Israel im Kampf bei. Die Edomiter wurden geschlagen und aus Ägypten vertrieben. Und der Sieg gehörte Israel. Denn die Ägypter waren neutral geblieben. Und da erinnerten sich die Israeliten daran, was Zephu, der Teufel, ihnen eingeblasen hatte, nämlich: Wer nicht euer Freund ist, ist euer Feind. Und sie richteten ein Massaker an unter den Söhnen Ägyptens.

Und Zephu? Der hatte sich längst aus dem Staub gemacht. Wohin? Niemand wußte es. Manche sagten, er sei in Ruhe und ohne Sorgen alt geworden. Ein Mann, der sein Ziel erreicht hat: Bevor er nach Ägypten kam, waren Ägypter und Israeliten Freunde. Als er Ägypten verließ, waren sie Feinde. Das Gift der Zwietracht hatte seine Wirkung getan, ein neuer Pharao kam, und der baute seine Herrschaft auf den Haß. Israel wird stöhnen unter seiner Tyrannei, es wird beten zu seinem Gott und schreien nach einem Mann, der es herausführen soll aus der Knechtschaft. Die Sehnsucht nach einem Erlöser wird aus jedem Wort sprechen, aus jedem Gedanken, aus jedem Gebet ...

Pharao Malul

Von einem großen Großvater – Von lustigen Gesetzen – Von loyalen Ministern – Von Zwangsarbeit – Von einer Erzählerin – Von einem Trick, die Liebe aufzufrischen – Von zwei Hebammen – Von einer Feuersbrunst – Vom Traum des Pharao – Von einem goldenen Hellseher – Von der eigenen Idee des Pharao – Vom Pöbel – Von einem Knaben in einem Körbchen

Zu jener Zeit bestieg Malul den ägyptischen Pharaonenthron. Er war der Enkel jenes weisen und gütigen Pharao, der einst Josef, den Israeliten, zum Vizekönig gemacht und dessen Volk ins Land geholt hatte. Malul hatte seinen Großvater nicht gekannt. Er hatte von ihm nur aus Erzählungen gehört. Man erzählte von dem großen Mann, alle erzählten von ihm, und sie taten es mit gesenktem Blick, wie sie Zeit seines Lebens mit ihm gesprochen hätten, als wäre sein Geist allgegenwärtig.

Malul genoß eine besonders sorgfältige Erziehung, sein Vater wünschte, daß der Geist des großen Ahnen über das Kind komme, und im Geiste dieses Ahnen wurde Malul erzogen.

»Dein Großvater hat ...« So begann jede Schulstunde, ganz gleich ob der Lehrer nun Geographie oder Geschichte, ob er Geometrie und Arithmetik oder ob er die schönen Künste durchnehmen wollte. »Dein Großvater hat ...«

Dem Enkel erschien dieser Mann bald als Inkarnation all dessen, was von ihm erwartet wurde, und zugleich aber auch als Inkarnation all dessen, was er mit Sicherheit nicht erfüllen zu können glaubte. Wen wundert's – als Malul ein junger Mann geworden war, war aus dem Vorbild ein Feindbild geworden.

Maluls Vater hatte an der Politik der friedlichen Koexistenz nichts geändert, so war es den Menschen, die am Nil lebten, gleich ob Ägypter oder Israelit, möglich gewesen, die Früchte eines gewaltigen wirtschaftlichen Aufschwungs zu genießen. Dann, kurz vor dem Krieg gegen die Edomiter, starb Maluls Vater. Er war ein guter Pharao gewesen. Er beließ alles so, wie er es bei seinem Machtantritt vorgefunden hatte. Er galt als Philosoph.

»Etwas Gutes wird meistens schlechter, wenn man es besser machen will.«

Das war sein kategorischer Imperativ. An dem Tag, an dem sein Sohn die erste Frage stellte, übergab er ihn postwendend den Lehrern. Besser als die konnte es keiner machen. Seinem kategorischen Imperativ zu Ehren ließ der Pharao Vaterliebe nicht aufkommen.

Malul hatte eine Amme, die liebte ihn. Sie liebte ihn, ohne etwas von ihm zu erwarten. Sie wußte, er würde eines Tages Pharao werden. Der Lebensweg eines Pharao ist nicht der Lebensweg eines Menschen. Pharao ist die Vor-Existenz eines Gottes. Ein Gott aber geht auf keinem Lebensweg, er selbst ist der Weg. Die Amme gab keine Ratschläge und wußte keine Antworten, sie befragte ihre Träume und erzählte Geschichten, und es waren Geschichten, in denen nicht irgendein mächtiger Großvater die Hauptrolle spielte, sondern einfache Geschichten von einfachen Leuten.

Wenn Malul seine Schulstunden hinter sich gebracht hatte, rief er seine Amme und sagte: »Erzähl mir eine Geschichte!«

»Was für eine Geschichte willst du hören?« fragte sie dann.

Und immer sagte er: »Eine lustige Geschichte.«

Malul hatte nämlich sehr bald erkannt, daß es nur ein Gebiet gab, auf dem weder sein Vater und schon gar nicht sein Großvater Nennenswertes zu bieten hatten, nämlich der Humor. Das Feld des Humors aber ist weit und bietet vieles. Witze mit tieferem Sinn interessierten Malul wenig, Ironie verstand er nicht, und wo der Humor einfach Ausdruck von Lebensfreude war, dort fand er nichts, was ihn komisch oder lustig oder auch nur erheiternd dünkte. Seine Vorliebe galt den Albernheiten. Und weil seine Amme ihn liebte, suchte sie in ihrem Schlaf nach albernen Träumen und erzählte ihrem Liebling alberne Geschichten.

Malul war ein junger Mann, als er Pharao wurde, erst achtzehn Jahre war er alt, was für das Land und die Menschen kein Problem war – oder kein Problem gewesen wäre, wenn er die Ratschläge seiner Minister befolgt hätte. Unter seinem Großvater, dem Weisen, Gütigen, war ein breites Regierungsgremium gebildet worden, denn der Pharao war der Meinung, aus vielen Köpfen erwachse mehr Weisheit und aus vielen Herzen mehr Güte.

»Dein Großvater hat ...«, sagten nun auch die Minister, und alle Vorschläge, die sie dem jungen Pharao unterbreiteten, begannen mit eben dieser Formel. Malul ärgerte das, und so ließ er kurzerhand die Nennung des Namens seines Großvaters unter Strafe stellen. Er sei ein zu großer Mann gewesen, als daß jeder Beliebige seinen Namen im Mund mit irgendwelchen alten Essensresten herumwälzen dürfe, so argumentierte er zum bassen Erstaunen der Minister – und befahl dann auch gleich, überhaupt das Wort Großvater aus dem Wortschatz Ägyptens zu streichen.

»Aber dein Großvater ...«, setzte einer an, doch ehe er den Satz fortsetzen konnte, hatte Malul bereits die Wachen gerufen, und der Mann war verhaftet.

Ohne Zweifel, alberne Zeiten standen bevor. Im Kopf und im Herzen war Malul immer noch ein Kind, und er blieb ein Kind. Er sah allerdings sehr männlich aus, zweimal am Tag mußte er sich die Wangen schaben lassen, wollte er am Abend nicht dastehen wie ein Rauchfangkehrer.

Eine Zeitlang spielte Malul mit der Macht des Pharao. Es reizte ihn, ein albernes Gesetz nach dem andern zu erlassen, es brachte ihn zum Lachen, wenn er sich den panischen pseudofachmännischen Disput seiner Beamten anhörte. So ließ er den Gesundheitsminister und dessen Staatssekretäre zu sich kommen.

»Was haltet ihr von meinem neuen Gesetz, das die Würzung der Suppen regelt?« fragte er und mußte sich auf die Lippen beißen, um nicht herauszuplatzen.

Dann hörte er sich an, wie sich die höchsten Beamten des Staates eifrig vor ihm demütigten, und lief mitten in der Debatte hinaus, um sich in seinen Gemächern vor Lachen auf den Boden zu werfen.

Die Menschen nannten ihn Malul den Lustigen. Niemand fürchtete ihn. Malul aber wollte, daß sich die Menschen vor ihm fürchteten. Ein Lustiger wird keine Spuren in der Geschichte Ägyptens hinterlassen, sagte er sich und dachte sich: Es liegt an meinen Beratern. Also schickte er alle Minister in den Ruhestand und alle Beamten dazu, die sein Vater und sein Großvater eingesetzt hatten. Und er bestellte sich neue Berater an seine Seite.

Diese neuen Berater waren junge Männer, nicht viel älter als Malul selbst. Sie waren geprägt durch den Krieg gegen die Edomiter. In ihren Köpfen und ihren Herzen war die Saat der Zwietracht, die Zephu gesät hatte, aufgegangen.

»Was gibt es zu tun im Land?« fragte Malul.

»Eines vor allem«, sagten die neuen Männer.

»Sagt es mir!«

»Gegen Israel!« war die Antwort.

Malul hatte sich bis dahin nicht für Politik interessiert. Er hatte sich weder Gedanken über den Krieg noch Gedanken über das Volk Israel gemacht, und über Zephu und seine Machenschaften wußte er wenig, denn der Geschichtsunterricht war ihm beim einen Ohr hinein und beim anderen wieder hinausgeflogen. Aber trotz aller Verrücktheiten hatte er ein Gespür für Herrschaft. Dieses Gespür sagte ihm, daß Herrschaft einen Gegner braucht, daß Herrschaft für sich nichts ist, daß einer da sein muß, der beherrscht wird.

»Gegen Israel?« fragte er.

»Jawohl!«

»Aber mein Großvater hat doch ...« begann er vorsichtig. Und wurde auf der Stelle in kaltem, gleichgültigem Ton unterbrochen:

»Das Wort ist verboten!«

Schon wollte Malul aufbrausen und erwidern, er selbst habe schließlich dieses Wort verbieten lassen, so ein Gesetz sei nichts weiter als eine Albernheit wie alle anderen Gesetze auch, die er erlassen hat – das Gesetz über die Würzung der Suppen, das Gesetz zur Regelung der Behandlung von Mückenstichen, das Gesetz gegen das nächtliche Schnarchen bei offenem Fenster. Er wollte sagen, von nun an wolle er keinen Unsinn mehr machen, er wolle Politik machen, denn er wolle nicht als Malul der Lustige in der Geschichte untergehen.

Da sah er in den Gesichtern seiner neuen Minister, daß ihnen völlig gleichgültig war, was er wollte, nämlich wörtlich gleichgültig, daß ihnen alles, was er wollte, gleich viel galt. Eben weil er der Pharao war. Daß sie alles tun würden, was er ihnen befahl. Daß sie alles auf sich nehmen würden. Daß sie nach den langen Jahren des freien Austauschs der Meinungen endlich keine eigene Meinung mehr haben wollten. Daß es für sie nur eine Meinung gab, nämlich seine Meinung. Weil er der Pharao war.

Und Malul dachte bei sich: Diese Männer verehren mich. Sie halten alles, was ich sage, für weise. Sie halten mich für weise. Sie halten mich für einen großen Mann. Wenn ich es will, dann werden sie dafür sorgen, daß ich als ein großer Pharao in die Geschichte eingehe. Größer noch als mein ...

»Also gegen Israel«, sagte er.

»Ja, gegen Israel«, wiederholten die Minister. »Israel ist stark und wird von Tag zu Tag stärker. Bald wird dieses Volk stärker sein als das ägyptische. Dann wird man uns aus unserem eigenen Land vertreiben.«

»Gut«, sagte Malul.

Noch mal: Malul hatte nichts gegen Israel. Wo hätte er auch Ressentiments lernen sollen? Sein Großvater hatte besonderen Wert darauf gelegt, daß alle Bürger und Bürgerinnen in seinem Reich gleich behandelt wurden, die gleichen Rechte und die gleichen Pflichten hatten, und sein Vater hatte daran nichts geändert. Im Haus des Pharao gab es keine Ressentiments, weder gegen die Hebräer noch gegen sonst jemanden, daran hatte auch der Krieg gegen die Edomiter nichts geändert. Zephus Gift hatte im Haus des Pharao keine Wirkung getan. Hätten die neuen Minister einen anderen Gegner genannt, Malul wäre genauso darauf eingegangen. Herrschaft braucht einen Gegner, um sich zu entfalten. Und es spielt kein Rolle, wer dieser Gegner ist.

In einem Augenblick entschied Malul, daß der Gegner seiner Herrschaft Israel heißen wird. Malul wird ein sehr alter Mann werden, und seine Herrschaft wird vierundneunzig Jahre dauern, und die Feindschaft mit Israel wird die alles bestimmende Antriebskraft dieser Regentschaft sein. Unter der Politik dieses Pharao wird Israel stöhnen. Die Tyrannei Maluls wird im Volk Israel eine mächtige Sehnsucht wecken, die Sehnsucht nach einem Erlöser. Israel wird zu seinem Gott beten, wird schreien nach einem, der es herausführt aus dieser Knechtschaft. – Und es war doch nur ein winziger Augenblick, in dem sich Malul zu dieser Politik der Unterdrückung entschloß.

Er zog sich zurück in seine Gemächer. Rief seine Amme. Sagte zu ihr: »Erzähl mir eine Geschichte! Aber diesmal erzähl mir die traurigste Geschichte, die du kennst.«

Die Amme wunderte sich. Sie wunderte sich, daß ihr Liebling keine lustige Geschichte zu hören wünschte wie sonst immer. Aber sie war auch froh darüber, denn sie wollte ja, daß Malul ein großer Pharao würde, einer der in die Geschichte Ägyptens einging, und in die Geschichte geht man nur ein, wenn man auch die traurigen Seiten des Lebens kennt. Dennoch mißtraute sie diesem Sinneswandel. Sie dachte lange nach.

Dann sagte sie: »Also gut, ich werde dir die traurigste Geschichte erzählen.«

Aber es war nicht die traurigste Geschichte, es war nur eine traurige Geschichte. Die Amme war eine gute Erzählerin, und sie wußte, daß traurige Geschichten viel mehr in der Lage sind, ein Menschenherz zu erregen als lustige Geschichten, und obwohl sie Malul mehr liebte als alles auf der Welt, mußte sie sich doch eingestehen, daß er ein liederliches Gemüt hatte, und ein liederliches Gemüt zu erregen, kann gefährlich sein.

»Die traurigste Geschichte«, begann sie, »ist die von dem armen Mann und der armen Frau, die sich sehr liebten und keinen größeren Wunsch hatten, als eine kleine Familie zu gründen. Um sich das zu erfüllen, mußten sie viel arbeiten. Die Frau arbeitete am Tag auf dem Feld, der Mann arbeitete in der Nacht als Nachtwächter. So kam es, daß sie sich gar nicht mehr sahen. Mit der Zeit erlosch ihre Liebe und ihre Lust, sie bekamen kein Kind, sie bekamen kein Haus, und sie wurden keine Familie. Das ist die traurigste Geschichte dieser Gattung, die ich kenne«, sagte die Amme.

»Ich habe einen Entschluß gefaßt«, verkündete Malul seinen Ministern am nächsten Tag. »Vor den Städten Ramses und Pithom werden wir Wehranlagen errichten lassen!«

»Brauchen wir solche Wehranlagen?« fragten die Minister.

»Nein«, sagte Malul. »Wir brauchen nicht die Wehranlagen, wir brauchen die Arbeit an den Wehranlagen. Wir werden die Israeliten zur Arbeit heranziehen. Sie werden Lohn bekommen, aber jeden Tag weniger. Je weniger Lohn sie bekommen, desto mehr müssen sie arbeiten. Die Männer sollen ihre Frauen nur einmal im Jahr sehen, nur ein einziges Mal, und nur für eine Nacht. So wird Israel klein werden und schwach.«

Der Bauminister gab die Pläne in Auftrag. Der Sozialminister ließ verlautbaren, wo sich die Männer Israels versammeln sollen. Der Heeresminister schritt die Soldaten ab, sonderte die Söhne Israels von den Söhnen Ägyptens, und die einen trieben die anderen zusammen.

»Was gibt's?« fragte ein Israelit einen Ägypter.

»Arbeit«, antwortete dieser.

»Wir haben Arbeit.«

»Jetzt bekommt ihr neue.«

»Und wer macht unsere alte Arbeit?«

»Eure Frauen, wer sonst!«

»Und wer betreut unsere Kinder?«

»Habt ihr nicht einen Gott, der über Engel verfügt? Sagt ihm, er soll einen schicken, damit er auf die Kinder aufpaßt!«

»Und wer hat überhaupt den Befehl zu diesem Unsinn gegeben?«

»Malul der Lustige!«

Israel stöhnte unter der Fron. Die Frauen stöhnten unter der Männerarbeit, die Männer wurden von ihren Lieben weggerissen. Sie wurden aus ihren Dörfern geholt, aus ihren Häusern in den Städten, auf den Feldern wurden sie eingefangen wie wilde Tiere, aus den Büros wurden sie gezerrt, aus ihren Werkstätten. Ganz gleich, was für einen Beruf einer vorher ausgeübt hatte, ob er Schneider oder Lehrer, Musikant oder Obstverkäufer gewesen war, von nun an gab es nur einen Männerberuf im Volk Israel, den Beruf des Ziegelbrenners. Die Männer wurden vor die Städte Ramses und Pithom geschafft, und am Rand dieser Städte, wo die Wüste begann, wurden Öfen errichtet, und in der heißen Wüstensonne arbeiteten die Männer an den heißen Öfen, brannten aus Lehm Ziegel – für ein Bauwerk, dessen Errichtung keinen anderen Sinn hatte, als sie zu quälen.

Und die Männer sahen ihre Frauen nicht mehr und sahen ihre Kinder nicht mehr und hatten Sehnsucht nach ihren Frauen und ihren Kindern. Und wenn Männer über eine lange Zeit ohne Frauen sind, dann werden sie roh, und ihre Einbildungen werden roh, und ihre Sehnsucht wird wie Hunger und am Ende wie Gier. Davor fürchteten sich die Männer, und auch die Frauen zu Hause fürchteten sich davor. Sie fürchteten, daß keine Liebe mehr sein wird zwischen ihnen, wenn sie sich endlich sähen, keine Zärtlichkeit, sondern nur Hunger und Gier. Fürchteten, daß aus Gier und Hunger keine gute Nachkommenschaft erwachse. Fürchteten, daß sie am Ende gar nicht mehr bei den Männer liegen wollen, denn Hunger und Gier machen häßlich.

»Ich weiß gar nicht mehr, wie meine Frau aussieht«, sagte einer, da war ein Jahr fast um.

»Ich auch nicht«, sagte der andere. »Aber es ist mir egal.

»Mir auch«, sagte ein dritter.

Und sie schämten sich.

Wenn es eine Geschichte war, die Malul zu dieser bizarren Maßnahme inspiriert hatte, dann haben die Erzähler der Gegenseite ebenfalls eine Geschichte gefunden oder erfunden, in der geschildert wird, wie die Männer und Frauen Israels sich gegen diese Form der Unterdrückung zur Wehr gesetzt haben.

Da sei nämlich, heißt es, ein findiger Bursche gewesen, der habe sich etwas ausgedacht.

»Wenn ihr nach Hause kommt«, sagte er zu den Männern, »zieht eure Frauen nicht sofort aufs Lager.«

»Warum nicht?« riefen die Hungrigen, Gierigen. »Wir haben ein Jahr lang gewartet, und wir haben wenig Zeit. Wenn wir uns nicht beeilen, wird in Israels Nachkommenschaft ein Jahrgang fehlen!«

Der Bursche aber kannte die traurigste Geschichte, die die Amme des Pharao ihrem Liebling erzählt hatte.

»Es muß eine Liebe sein«, sagte er.

»Liebe hin oder her!« riefen da die Gierigen, Hungrigen.

»Laßt ihn reden«, sagten die Besorgten und fragten den Burschen: »Wie kann in wenigen Stunden eine Liebe wachsen, die in einem langen Jahr verroht und verdorrt ist?«

»Wenn ihr in euer Haus kommt«, sagte der Bursche, »nehmt zwei Spiegel, den einen gebt eurer Frau, den anderen aber behaltet. Dann setzt euch nebeneinander auf das Bett. Und dann schaut euch im Spiegel an.«

»Der Mann soll die Frau anschauen, und die Frau den Mann?«

»Nein«, sagte der Bursche. »Der Mann soll sich selber anschauen, und die Frau soll sich selber anschauen. Der Mann soll sich im Spiegel anschauen und zu sich selbst sagen: Oh, bin ich schön! Ich bin so schön! Ich bin ein schöner Mann! Und die Frau soll sich im Spiegel anschauen und zu sich selbst sagen: Oh, bin ich schön! Ich bin so schön! Ich bin eine schöne Frau!«

Die Männer Israels haben dem jungen Burschen geglaubt, denn er hatte gute Argumente, ein Engel sei ihm im Traum erschienen und habe ihm aufgetragen, er solle so zu den Männern Israels sprechen.

Und der Engel hatte einen guten Ratschlag gegeben. Die Männer taten genauso, und der Hunger wurde erträglich und die Gier geduldig, und die Liebe war wieder da. Alle israelitischen Ehefrauen waren nach dieser Nacht schwanger, und neun Monate später brachte jede von ihnen nicht nur ein Kind zur Welt, sondern Zwillinge oder gar Drillinge. Und Männer und Frauen, so erzählt diese Geschichte, waren um eine Erfahrung reicher, nämlich daß Liebe nicht sein kann ohne Eigenliebe.

Pharao Malul rief abermals seine Amme zu sich und sagte: »So, du hast mir die traurigste Geschichte erzählt, erzähle mir nun die zweittraurigste Geschichte, die du kennst!«

Die Amme sagte: »Die zweittraurigste Geschichte, die ich kenne? Ach ja, ich kannte einmal eine Frau, und diese Frau liebte nichts so sehr wie Kinder. Kinder, das war ihr Glück. Sie heiratete, aber sie konnte keine eigenen Kinder kriegen, das war ihr größtes Unglück. So wurde sie Hebamme, weil sie wenigstens am Glück anderer Frauen teilhaben wollte. Aber das Glück der anderen Frauen machte sie nicht glücklicher, sondern nur noch unglücklicher. Denn da war Mißgunst. Die Mißgunst machte, daß, wenn es ein Knabe war, sie nachlässig und lasch ihren Beruf ausübte, daß sie das Neugeborene liegen ließ, daß sie vergaß, das Fenster zu schließen, so daß Zugluft hereinkam, daß sie manchmal stolperte und das Kind zu Boden fiel. Das ist die zweittraurigste Geschichte, die ich kenne«, sagte die Amme.

»Gut«, sagte Malul. »Ruft mir die Hebammen!«

Es waren zwei. Ihre Namen werden in der Bibel genannt: Schifra und Pua.

»Hört zu!« sagte Malul. »Ihr Hebammen! Wenn ihr zu einer israelitischen Frau geht, und es ist ein Knabe, dann sollt ihr euren Beruf nachlässig und lasch ausüben, dann sollt ihr das Neugeborene liegen lassen, dann sollt ihr vergessen, das Fenster zu schließen, so daß Zugluft hereinkommt, dann sollt ihr manchmal stolpern, so daß das Kind zu Boden fällt!«

Schifra und Pua hatten Angst vor dem Pharao, aber sie nahmen ihren Beruf sehr ernst und taten nicht, was der Herrscher Ägyptens von ihnen verlangte.

Nach einer Zeit traten sie vor ihn hin und sagten: »Siehst du, das funktioniert nicht, die Hebräerinnen, die sind wie die Tiere, die bringen ihre Kinder zur Welt und erst, wenn sie da sind, rufen sie nach uns, und da nützt es nichts mehr, wenn wir unseren Beruf nachlässig und lasch ausüben, wenn wir die Knaben liegen lassen und vergessen, das Fenster zu schließen, so daß

Zugluft hereinkommt, oder wenn wir manchmal stolpern und das Kind zu Boden fällt.«

Gott hat Schifra und Pua dafür beschenkt, so steht es in der Bibel: Sie bekamen jede ein Haus.

Und das Volk Israel wuchs und wurde stark und war bald stärker als je zuvor.

Malul rief seine Amme ein drittes Mal zu sich.

»Du hast mir die traurigste und hast mir die zweittraurigste Geschichte erzählt, erzähl mir nun die dritttraurigste Geschichte, die du kennst!«

»Ja, die dritttraurigste Geschichte«, sagte die Amme, »ist die, als ich ein Kind war. Da war eine Feuersbrunst bei uns in der Nachbarschaft. Die Eltern waren bei der Arbeit, und die Kinder waren allein im Haus, als das Feuer ausbrach. Die Kinder sind verbrannt.«

»Diese Geschichte ist doch viel trauriger als die anderen beiden«, sagte Malul. »Warum nennst du sie die dritttraurigste Geschichte.«

»Weil ich sehe, was du aus meinen Geschichten machst«, sagte die Amme. »Und weil ich hoffte, daß es nicht bis ans Ende gebracht wird, habe ich dir die traurigsten Geschichten in verkehrter Reihenfolge erzählt.«

»Gut«, sagte der Pharao und befahl, die Häuser und Hütten der Israeliten anzuzünden.

Aber der Spott jenes ägyptischen Soldaten, der damals dem armen hebräischen Mann den Rat gegeben hatte, der Gott Israels möge doch einen Engel schicken, der auf die Kinder aufpassen soll, dieser zynische Rat war im Himmel durchaus aufgegriffen worden. Gott schickte einen Engel, und der Engel Gottes verwandelte die Kindlein, die in den Wiegen lagen, in kleine pelzige Tiere, und er rollte sie aus ihren Wiegen und grub sie in die Erde ein, und die kühle Erde nahm sie auf und beschützte sie, als oben die Feuersbrunst tobte. Die Erde, das ist bekannt, steht auf der Seite Gottes, und sie machte, daß die Kindlein in ihrem Schoß schneller wuchsen, als sie oben gewachsen wären. Als die Eltern am Abend nach der Arbeit nach Hause kamen und in ihrem Schmerz auf die Knie fielen, da standen vor ihnen plötzlich junge Männer und junge Frauen und erzählten, was geschehen war.

Und das Volk Israel wuchs und wurde stark und war bald stärker als je zuvor.

Malul hatte einen Traum. Er träumte, ein alter Mann komme aus der Wüste, habe ein Seil über der Schulter und ziehe an dem langen Seil ein Schiff hinter sich her. Der Mann zog das Schiff durch den Sand und zog es über die Felder und zog es über die Straßen der Städte. Das war eine unvorstellbare Strapaze. Eine Ader stand dem Mann über den Augen, die teilte seine Stirn in zwei Reiche. Und Malul, der Pharao, sah im Traum die Leute aus ihren Häusern laufen. Und die Leute staunten über die Ader auf seiner Stirn nicht weniger als über das Schiff, das der Mann hinter sich herzog.

Und Malul hörte im Traum einen Israeliten sagen: »Die Ader, das ist das Zeichen des Kain.«

Malul wollte in seinen Traum hineinrufen: Wer ist Kain?

Auf dem Schiff, das der Mann hinter sich herzog, lagen Schriftrollen und Bücher. Die Gelehrten Ägyptens kletterten auf das Schiff, denn das Gerücht war aufgekommen, in den Schriftrollen und Büchern sei die ganze Weisheit der Welt festgehalten. Die Gelehrten blätterten und lasen und soffen sich voll mit der Weisheit der Welt. Ihre Köpfe und Bäuche blähten sich auf, und sie wurden so schwer, daß der Mann sein Schiff nicht mehr ziehen konnte.

Da habe, träumte Malul, der Mann das Seil zusammengerollt und habe damit die Gelehrten aneinandergebunden und zu einem Bündel verschnürt. Er habe den Mast seines Schiffes abgebrochen und über den Kiel gelegt zu einer Wage. Dann kam ein Lamm des Weges, ein zartes, weißes Wesen. Der Mann aus der Wüste hängte auf die eine Seite der Wage die aufgeblähten Gelehrten Ägyptens und auf die andere Seite das zarte Lamm. Und siehe da, die Weisheit der Welt war leichter als das Lamm.

Das hat der Pharao geträumt.

Aber er konnte sich den Traum nicht deuten. Auch die Amme konnte – oder wollte – den Traum nicht deuten. Und seine Minister hatten von dieser Kunst nicht die geringste Ahnung. Da hat Malul den berühmtesten Hellseher seiner Zeit, den Superstar unter den Hellsehern, engagiert, nämlich Bileam ben Beor.

Bileam ben Beor war ganz aus Gold, und das ist wörtlich zu verstehen. Seine Haare waren nicht etwa nur vergoldet, nein, sie waren aus Gold. Und seine Haut war aus Gold, und seine Knochen waren aus Gold, und seine Zähne, seine Augen, alles aus massivem Gold. Kein Tier konnte ihn tragen, er konnte nicht reiten, natürlich nicht, ein Esel wäre viel zu schwach gewesen, auch ein Kamel wäre viel zu schwach gewesen, ein Pferd wäre viel zu schwach gewesen. Die Leute glaubten nicht, daß es einen Menschen geben kann, der aus purem Gold besteht. Sie schlichen sich von hinten an Bileam ben Beor heran und versuchten, ihn zu berühren. Aber Bileam ben Beor war ein Hellseher.

Ehe die Hand ihn berührte, drehte er sich um und sagte: »Greif mich nicht an, Mensch! Weißt du denn nicht, daß Gold das gefrorene Feuer der Hölle ist?«

Es wurde erzählt, Bileam ben Beor sei als Kind in einen Honigtopf gefallen. Die Sonne habe in diesen Honig geschienen und habe das Kind darin zu Gold gemacht, seine Haare, seine Haut, seine Knochen, seine Augen – und auch seinen Verstand. Bileam ben Beor sei erleuchtet worden von der Sonne, ein Stück Sonne sei in seinen Verstand gedrungen und habe seinen Geist vergoldet. Aber seine Seele sei erstickt, und er sei böse geworden. Hieß es.

Diesen Superstar der Hellseherei holte Pharao Malul zu sich an den Pharaonenhof. Er sollte ihm seinen Traum deuten.

Bileam ben Beor warf sich nicht nieder vor dem Herrscher der Welt. Er blieb stehen. Das war mehr als regelwidrig. Das war eine Unverschämtheit, und jeder andere wäre dafür bestraft worden. Aber Bileam ben Beor war ein Superstar.

»Hör zu, Pharao!« begann der Hellseher, noch bevor Malul ein Wort zu ihm gesagt hatte. »Bevor wir beide miteinander Geschäfte machen, will ich dir ein paar Dinge erklären. Erstens: Ich habe mehrere Berufe. Mein erster Beruf ist der eines Schmeichlers. Diesbezüglich bin ich nur einem verpflichtet, nämlich dem Wohlbefinden meines Klienten. Ist das soweit verständlich?«

Malul ließ sich von dem selbstbewußten Ton einschüchtern.

»Ja, ich habe es verstanden.«

»Als Schmeichler«, fuhr Bileam ben Beor fort, »werde ich Dinge über dich sagen, die werden dich sehr froh machen. Du wirst glücklich sein.«

»Wahre Dinge?« fragte Malul.

»Eher unwahre Dinge.«

»Aber ich werde doch nicht mehr daran glauben, wenn du mir das schon vorher sagst.«

»Oh, doch, du wirst daran glauben«, sagte Bileam ben Beor. »Ich bin ein sehr guter Schmeichler.«

»Und was ist dein zweiter Beruf?«

»Mein zweiter Beruf ist der des Hellsehers. Wenn ich gebeten werde, diesen Beruf auszuüben, bin ich ausschließlich der Wahrheit verpflichtet. Und die Wahrheit nimmt keine Rücksicht – auf niemanden. Ist das soweit verständlich?«

»Mhm«, sagte Malul.

»Also, was willst du von mir?«

»Ich möchte wissen, was mein Traum bedeutet.«

Der Pharao bezahlte das Honorar für Hellseherei – bei Gott, nicht wenig! –, und Bileam ben Beor lieferte seine Arbeit ab.

»Das Bündel mit den Gelehrten, das auf der einen Seite dieser merkwürdigen Waage hängt«, sagte er, »stellt Ägypten dar. Das zarte, weiße Lamm ist Israel. Israel ist bedeutender als Ägypten. Das sagt dein Traum.«

»Was soll ich nun tun?« fragte der Pharao.

»Du schneidest hier einen Punkt an, der meinen dritten Beruf betrifft«, sagte Bileam ben Beor.

»Du hast noch einen dritten Beruf?«

»Mehrere Berufe, sagte ich. Im dritten Beruf bin ich Ratgeber. Wenn du einen Ratschlag von mir willst, mußt du bezahlen.«

»Der Ratschlag ist in der Traumdeutung nicht inbegriffen?«

»Nein«, sagte Bileam ben Beor, »wieso auch?«

Das erschien Malul dann doch zu teuer.

Er rief ein viertes Mal seine Amme.

»Mir gehört die Welt«, sagte er.

»Das weiß ich«, sagte die Amme.

»Wenn du das weißt«, sagte Malul, »dann weißt du auch, daß auch deine Träume mir gehören. Also, leg dich schlafen, such nach einem Traum, der eine gute Geschichte erzählt, und sag ihm, der Pharao will die Geschichte haben!«

Die Amme sagte: »Nein, ich habe dir drei traurige Geschichten erzählt, eine vierte werde ich dir nicht erzählen. Jedesmal hatte es zur Folge, daß Katastrophen geschehen sind, Fronarbeit, versuchter Kindermord, Feuersbrunst.«

Da schloß sich Malul in seinen Gemächern ein, verknotete die Finger ineinander. Ging auf und ab. Knurrte und quietschte vor Zorn und Hilflosigkeit, verkroch sich unter seinem Bett und fühlte sich gedemütigt und fühlte sich wieder wie ein kleiner, alberner Mann, und nicht, wie sich ein Pharao fühlen sollte.

Das Reich war ohne Herrscher, drei Tage lang.

Schließlich trat der Pharao vor seine Minister. Er sah aus wie ein Schakal, der zu aufrechtem Gehen dressiert worden war. Sein Gesicht hatte ein Fell. Drei Tage war er nicht rasiert worden.

»Nun ist er ein Gott geworden«, flüsterten die einen.

»Er ist Anubis geworden«, flüsterten die anderen.

»Warum gerade Anubis?«

»Damit er die Grabkammer seines Großvaters betreten kann.«

»Und was wollte er dort?«

»Den Geist seines Großvater auffressen.«

»Und wer ist er jetzt? Anubis? Oder Malul? Oder sein Großvater?«

»Alle drei. Anubis und Malul und der Großvater.«

»Darf man das Wort jetzt wieder aussprechen?«

»Man darf.«

So tuschelten die Minister.

Pharao Malul war in die Unterwelt seines Schlafzimmers gestiegen, anstatt den Geist seines Großvaters zu fressen, hat er auf seinen Knöcheln gekaut. Aber er hatte einen Entschluß gefaßt. Zum ersten Mal einen eigenen Entschluß. Er ließ sich weder von seiner Amme eine Geschichte erzählen, noch befragte er seine Minister, noch kaufte er sich eine Deutung von Bileam ben Beor.

»Wenn mir niemand hilft, dann helfen mir alle«, sagte er.

Und das meinte er damit: »Jeder Ägypter, ob Mann oder Frau, hat von nun an das Recht zu töten. Wo immer ein Ägypter oder eine Ägypterin einen israelitischen Knaben sieht, darf er oder sie diesen Knaben erschlagen. Oder erstechen. Oder aufhängen. Oder irgendwo hinunterstoßen.«

»Ist das ein Gesetz?« fragten die Minister.

»Nein«, sagte Malul, »es ist der Wunsch des Pharao, und es ist ein Geschenk des Pharao an seine Untertanen. Alle dürfen es tun.«

»Aber nicht alle werden es tun wollen«, sagten die Minister.

»Einige werden genügen«, sagte Malul.

Und er hatte recht.

Es kam eine Mode auf, eine Mode des Mordens. Da gab es einige, die fingen gleich damit an. Kaum war des Pharao Wunsch an sein Volk öffentlich geworden, gingen sie mit Knüppeln auf die Straße und schlugen zu. Da gab es ägyptische Bürger, die Mitleid hatten und die Hände vors Gesicht warfen, als wollten sie um Hilfe schreien. Aber sie brauchten ja keine Hilfe. Sie gingen in ihre Häuser zurück und schlossen die Fenster. Dann gab es welche, die sagten sich: Zuschauen kostet nichts, nicht einmal den guten Ruf. Die verließen ihre Häuser und schauten zu. Die hebräischen Knaben liefen durch die Stadt und versteckten sich. Da gab es dann Bürger, die taten nichts, hatten keine Knüppel in der Faust, kein Messer, sie zeigten lediglich mit dem Finger dorthin, wo sich die Knaben versteckt hatten.

Das Merkwürdige war: Das Leben ging weiter. Wer noch am Vortag Kindern auf den Schädel geschlagen hatte, bis ihm der Arm lahm wurde, verkaufte am nächsten Tag weiter sein Obst und sein Gemüse. War freundlich wie immer. Lustig wie immer. Stemmte zu Mittag die Hände in die Hüften und blinzelte in die Sonne. Und schämte sich nicht.

Da erinnerte sich mancher Bürger daran, wie er irgendwann einmal einen brennenden Haß in sich gespürt hatte, er wußte nicht mehr auf wen und warum, er erinnerte sich nur, daß es ein brennender Haß gewesen war. Und daß dieser Haß eine Saite in seiner Seele schmerzlich gespannt hatte, und es war ihm, als wäre er nie erlöst worden von diesem Haß, und er dachte bei sich: Nun, endlich, besteht eine Möglichkeit, daß ich mich von diesem alten, unerlösten Haß befreie. Dieser Bürger schlich sich am Abend mit einem Messer im Ärmel aus dem Haus, und er schlich zu seinem Nachbarn, einem Israeliten, mit dem er ein Leben lang gut ausgekommen war. Er sah den Knaben des Nachbarn im Garten spielen.

»Komm«, sagte er zu dem Kind. »Ich bringe dich in Sicherheit. Dein Vater und deine Mutter wissen Bescheid.«

Er führte ihn zum Ufer des Nil, und in einer dunklen Ecke zwischen den Dingen, die dort auf die Schiffe verladen wurden, stieß er dem Kind das Messer ins Herz.

Da war der alte Haß erlöst. Aber nun brannte das schlechte Gewissen. Und der Mann warf sich zu Hause auf sein Bett und weinte und konnte lange nicht einschlafen. Und am nächsten Morgen sah er, daß das Leben weiterging.

»Jetzt habe ich es getan«, sagte er laut zu sich. »Jetzt kann ich es genauso gut noch einmal tun.«

Ägyptische Frauen nahmen ihre eigenen Kinder auf den Arm und zogen mit ihnen durch die Wohngebiete der Israeliten. Sie wußten, die hebräischen Frauen versteckten ihre Kinder in Küchenkästen und Wäschekästen, in Werkzeugtruhen und in Kellern, unter Betten und auf Dachböden, in Korntöpfen und unter Putzwolle, und sie wußten, Kinder antworten Kindern wie eine Amsel einer anderen antwortet, und wenn ein Kind weint, weint ein anderes Kind mit, und darum zwickten sie ihre eigenen Kinder, so daß diese weinten, und wenn ein hebräisches Kind antwortete, stürmten die Frauen in das Haus, aus dem das Weinen drang. Sie überprüften, ob es ein Knabe oder ein Mädchen war, und wenn es ein Knabe war, rissen sie ihn aus der Wiege und warfen ihn in den Nil.

Es war ein Kinderschlachten. Es war eine Lust am Bösen. Und das Wunder war: Man sah dem Mörder den Mörder nicht an, und man sah dem Anständigen die Anständigkeit nicht an.

»Das ist ein Wunder«, sagten die Minister. »Ein Wunder, das der Pharao geschehen ließ.«

Niemand sprach mehr von Malul als dem Lustigen. Und bald erinnerte sich auch keiner mehr daran, daß der Pharao jemals so genannt worden war.

Lange hatte es gedauert, bis Malul endlich einen eigenen Plan gefaßt hatte. Mit fünfzehn Jahren hatte er den Pharaonenthron bestiegen, nun war er vierzig. Nun war er stolz.

Aber ganz konnte er seinen Triumph nicht genießen. Denn seine Frau Alparanith ließ sich nicht mehr bei ihm sehen.

Eine ihrer Dienerinnen kam und sagte: »Die Herrin will dich nicht mehr sehen, solange das Morden anhält.«

Und die alte Amme wollte ihren Liebling auch nicht mehr sehen. Als Malul nach ihr rief, kam sie nicht.

Und Bithja, die Tochter des Pharao, wollte ihren Vater auch nicht mehr sehen. Aber sie schickte nicht eine Dienerin, um ihm das mitzuteilen, sie kam selbst.

»Ich verabscheue dich«, sagte sie.

Eines Tages war Bithja mit ihren Freundinnen unten am Nil, um am seichten Ufer zu baden, da hörte sie ein Wimmern. Man suchte, und man fand ein Körbchen. Und in diesem Körbchen lag ein Knabe.

Da sagte Bithja: »Das ist sicher das Kind einer Hebräerin. Ich will es zu mir nehmen, ich will es beschützen, daß ihm nichts geschieht.«

Aus dem Stamme Levi

Vom Geist der Erzählung – Von Antagonisten und Protagonisten – Von Erlösern im allgemeinen – Von der Perle Abrahams – Von der Wirkung, wenn einer sein Leben erzählt – Von einem, der das Glück verkaufen will – Vom Palast des Bettlers – Von einer Läuterung

Bithja wird den Knaben Moses nennen. Moses wird der Erlöser werden, er wird das Volk Israel aus Ägypten führen. Und er wird es befreien von der Fron des Pharao.

Der Geist der Erzählung – der, spätestens seit ihn Thomas Mann beschwor, unserer Einbildung über ihre Kraft hinaus auch Legitimation zugesteht –, der Geist der Erzählung will es, daß die Helden der letzten beiden Kapitel von unserem Verstand mißbilligt und von unserem Herzen mit Empörung abgelehnt werden. Aber manchmal empfiehlt die Dramaturgie, zunächst den Antagonisten vorzustellen, damit der Protagonist der Geschichte mit noch größerer Sehnsucht herbeigewünscht wird. Wenn es sich bei dem Protagonisten obendrein um einen Erlöser handelt, empfiehlt es sich, sogar zwei Antagonisten einzuführen, weil dann erstens um so deutlicher wird, wovon der Erlöser die Menschen erlösen soll, und zweitens weil durch die Schilderung der Gegenspieler das Auftreten des Hauptakteurs noch weiter hinausgeschoben wird, was den Zuhörer durch eine symbolisch vergleichbare Sehnsucht mit jenen Menschen verbindet, die so innig auf sein Erscheinen hoffen. – Wir haben es hier mit einer orientalischen Geschichte zu tun, und nirgends wird die Kunst des Geschichtenerzählens besser beherrscht als im Orient.

Und noch etwas: Wenn der Erlöser zudem ein Vermittler zwischen Gott und den Menschen sein soll, also ein Heros im klassisch antiken Sinn, nämlich einer, der es uns Menschen erst möglich macht, mit der unerreichbaren Gottheit in Kontakt zu treten, dann verlangt die Dramaturgie nach einer weiteren Figur, nach noch einem Vermittler, diesmal einem, der zwischen dem Erlöser und den Menschen steht, denn der Erlöser selbst, eben weil er mit beinahe göttlichen Eigenschaften begabt, also selbst eine Art Halbgott ist, ragt so weit über die Menschen hinaus – wie könnte er sonst mit der Gottheit kommunizieren? –, daß einer da sein muß, der uns zumindest seine Menschlichkeit bestätigt.

Es verwundert nicht, daß solche Erlöserfiguren immer dann auftreten, wenn sich das Göttliche im Bewußtsein der Menschen verkleinert und aus dem Leben der Menschen entfernt hat. Der Erlöser ist immer auch ein Glaubenserneuerer oder gar ein Religionsstifter.

Vergleichen wir Moses mit Jesus: Die Dramaturgie der Jesus-Geschichte wartet ebenfalls mit zwei Antagonisten auf, nämlich mit Kaiphas, dem Hohepriester der Juden, und mit Pontius Pilatus, dem Vertreter der römischen Besatzungsmacht. Auch Jesus benötigt seinerseits einen Vermittler zu den Menschen, die an ihn glauben, den Christen, in seinem Fall ist es eine Vermittlerin, nämlich seine Mutter Maria.

Wir können dieses Schema auch auf antike Vermittler zwischen Göttern und Menschen anwenden, zum Beispiel auf Herakles. Auch ihm werden zwei große antagonistische Figuren entgegengestellt, nämlich jener König, der ihm die zwölf Arbeiten auferlegt, und Hera, die Gattin des Zeus. Auch die Herakles-Geschichte benötigt eine weitere Mittelsperson, die den menschlichen Anteil im Heros garantiert, es ist – das Christentum hat sich inspirieren lassen – die Mutter des Herakles, Alkmene.

Es ist also durchaus mythologisch typisch, daß diese zweite Mittelsperson aus der Familie des Erlösers stammt, daß sie als Gegengewicht zur Gottähnlichkeit des Erlösers auf dessen menschliche Herkunft pocht. Diese zweite Mittelsperson ist in der Mosesgeschichte mit seinem Vorfahren Levi besetzt: Moses war ein Sproß aus dem Stamme Levi.

Sehnsucht und Geduld sind Geschwister, die eine kann ihre Kraft ohne die andere nicht entfalten, deshalb soll auch in diesem Kapitel der Erlöser noch nicht auftreten. Erst möchte ich von einem Großvater, dem Patriarchen Levi, erzählen.

Mit der Tatsache, daß Moses ausgerechnet aus dem Stamme Levi kam, wollte man sich nie ganz zufrieden geben. Warum stammt Moses ausgerechnet von Levi ab? Levi war ein Sohn von Jakob und Lea. Lea war nicht die Lieblingsfrau des Jakob, die Lieblingsfrau des Jakob war Rahel. Lea ist dem Jakob untergeschoben worden, Laban, sein Schwiegervater, hat ihn betrogen. Außerdem war Levi kein Mann von gutem Charakter, er war alles andere als großzügig, alles andere als gütig, und besonders gescheit war er auch nicht. Er war böse, unbarmherzig, grausam, plump.

Levi war es, der dafür plädiert hat, Josef, seinen Bruder, zu töten. Aus Eifersucht. Weil Josef der Liebling Jakobs war. Weil Josef ein schöner Mann war. Vor allem, weil Josef seine Brüder immer wieder mit seiner Klugheit demütigte. Ruben dagegen war es, der die Brüder vom Mord abhielt und überredete, Josef in einen Brunnen zu werfen. Warum stammte der Erlöser Israels nicht zum Beispiel aus dem Stamme Ruben? Ruben war doch im Grunde ein feiner Mensch, ein bißchen unbeholfen zwar und schwach, aber doch seiner Moral treu.

Levi war der Grausame, der Böse, der Unbarmherzige. Erinnern wir uns: Als Jakob und seine Söhne zur Stadt Schechem kamen, verliebte sich der Prinz von Schechem in Dinah, die Tochter des Jakob, und als Jakob schon den Heiratsvertrag fertig aufgesetzt hatte, da war es wieder Levi, der seine Brüder gegen Schechem aufhetzte, so daß sie bei Nacht in der Stadt einfielen und alle Männer töteten.

Immer wieder hat man sich gefragt: Warum hat Gott als Gebärgrund für den Erlöser Israels ausgerechnet den Stamm Levi gewählt. Warum stammte Moses nicht von Josef ab, dem Liebling des Jakob, dem Schönen, dem Klugen, dem Liebling aller Israeliten? Oder wenigstens von Jehuda? Jehuda war gerecht. Oder von Ascher? Ascher hatte einen klaren Verstand. Oder von Benjamin, dem Starken?

Nein, es war Levi.

Man hat sich darauf geeinigt: Die Pläne Gottes sind eben unergründlich, wir können nicht wissen, was seine Motive sind. Was aber nicht heißt, daß man nicht suchen und forschen darf. Und so hat man gesucht und geforscht und hat eine Geschichte zu Tage gefördert, die dem Plan Gottes wenigstens eine Ahnung von menschlicher Plausibilität verlieh.

Einmal in seinem Leben habe – so erzählt diese Geschichte – der Mann Levi nämlich doch so etwas wie Liebe in sich gespürt. Als die große Hungersnot war, schickte Jakob seine Söhne nach Ägypten, um bei dem sagenhaften Vizekönig des Pharao Korn zu kaufen. Die

Brüder wußten nicht, daß dieser Vizekönig Josef war. Josef gab seinen Brüdern Getreide, aber er behielt einen von ihnen als Geisel, nämlich Schimeon, den steckte er ins Gefängnis.

Schimeon war jener Bruder, mit dem Levi den meisten Umgang hatte. Zum ersten Mal in seinem Leben spürte Levi ein Gefühl wie Liebe, wie Trauer in sich. Als sie wieder nach Hause kamen, quälte ihn die Sehnsucht nach Schimeon so sehr, daß er sein ganzes Hab und Gut, seine Herden, Kamele, Rinder, Ziegen, Schafe, seine Diener, seine Mägde, alles, was er besaß, verkaufte und eintauschte gegen – ja: gegen eine Perle, gegen eine einzige Perle.

Es war jene Perle, die der Urvater Abraham ein Leben lang an einer Kette um seinen Hals getragen hatte. Als Gott dem Abraham die ganze Welt und auch den Himmel zeigte, als er mit ihm zwischen die Sterne geflogen war, da habe Abraham, im Vorbeiflug sozusagen, diese Perle mit der Hand aus dem Mond gebrochen. Man dachte sich den Mond als eine riesige Perle, und wer bei einer klaren Vollmondnacht genau hinschaut, der kann mit freiem Auge die Stelle sehen, wo Abraham seine Perle herausgebrochen hat.

Unvorstellbar wertvoll war diese Perle. Und sicher hat Levi den Besitzer übers Ohr gehauen, denn sie war hundertmal mehr wert als all seine Herden und sein ganzes Gesinde. Diese Perle nun wollte Levi nach Ägypten bringen, wollte sie dem sagenhaften Vizekönig vor die Füße legen, damit er Schimeon ziehen lasse.

Levi machte sich allein auf den Weg, hatte nichts weiter bei sich als ein paar Brotfladen, ein Bündel junger Zwiebeln und einen Schlauch mit Wasser. Er war zu Fuß unterwegs, besaß kein Reittier mehr, hatte ja alles gegeben für die Perle. Die hatte er in seine Tasche gesteckt, eingeschlagen in ein Tuch. Als er in der Hauptstadt Ägyptens ankam, so heißt es, sei seine Seele bereits ein wenig geläutert gewesen, da sei er schon nicht mehr durch und durch der hartherzige, böse Levi gewesen. Die Wüste ist dem Einsamen eine Zuchtmeisterin.

Levi hatte gerade das Stadttor durchschritten, da sprach ihn ein Bettler an. Solche Bettler saßen zu Hunderten in der Stadt und streckten ihre Hände nach den Fremden aus, und nur wer noch nie in der Stadt gewesen war und ihre Bräuche nicht kannte, gab etwas, die anderen sagten sich: Freilich bin ich ein gütiger Mann, freilich gebe ich einem Bedürftigen, aber es sind so viele, ich müßte, um gerecht zu sein, allen etwas geben, aber das kann ich nicht, dafür bin ich nicht reich genug, aber bevor ich ungerecht bin, will ich lieber keinem etwas geben.

Genauso hatte Levi bei seinem letzten Besuch in Ägyptens Hauptstadt gedacht. In Wahrheit hatte er sich gar nichts gedacht, er hatte die Bettler nicht einmal wahrgenommen, und wenn einer zu aufdringlich gewesen war, hatte er ihm einen Tritt versetzt.

Aber nun setzte er sich neben den Bettler an die Mauer eines Hauses und teilte mit ihm sein Brot, und es war sein letztes Brot. Daraus schließen jene, die sich über das Leben des Stammvaters Levi ihre Gedanken machen, daß sein Herz sich bereits ein wenig erwärmt hatte. Und sie führen dies eben auf die zuchtmeisterlichen Künste der Wüste zurück.

Die beiden aßen und tranken, verzehrten Levis letztes Brot, verzehrten Levis letzte Zwiebeln. Sie unterhielten sich über dies und das, Belanglosigkeiten, Levi berichtete aus der Wüste, der Bettler aus der Stadt.

Schließlich fragte der Bettler: »Was willst du hier in der Hauptstadt Ägyptens tun?«

»Ich will etwas Gutes tun«, antwortete Levi.

»Dein Blick ist nicht der eines Mannes, der schon viel Gutes in seinem Leben getan hat«, sagte der Bettler. »Deine Augenbrauen sind zusammengezogen, deine Stirn gefurcht, deine Mundwinkel deuten nach unten, und du hast noch nicht einmal gelacht, und wir sitzen immerhin schon fast eine Stunde hier zusammen.«

Und weil es so angenehm war, im Schatten einer Hauswand zu sitzen und auf den Abend zu warten, und weil dieser Bettler einen so vertraulichen Ton in der Stimme hatte, daß man meinen konnte, er kenne einen schon lange und wundere sich über nichts und sehe einem alles nach, darum begann Levi zu erzählen. Und weil er für gewöhnlich nie etwas erzählte, dachte er sich: Nun, da ich einmal angefangen habe damit, kann ich gleich alles erzählen.

Und Levi erzählte dem Bettler sein ganzes Leben. Und ließ nichts aus. Es war eine Beichte. Und mehr als das: Es war ein Kennenlernen. Levi lernte sich selbst kennen, als wäre die Erinnerung ein Roman mit ihm als Hauptperson. Und weiter: Es war das Begreifen eines Zusammenhangs. Erst in der Erzählung begriff Levi, daß sein Leben ein böses Leben gewesen war, und er begriff, wie aus einem Leben ein böses Leben werden kann, obwohl der Mensch, der es lebte, in jedem Augenblick überzeugt war, daß er richtig handelte, daß er Richtiges sagte, daß er die Wahrheit empfand.

Es ist ganz einfach, dachte Levi und war doch erstaunt darüber, man hat etwas kleines Böses getan, und es ist nichts geschehen, merkwürdigerweise ist das Leben weitergegangen, ohne daß das kleine Böse die geringste Spur hinterlassen hat, und darum glaubt man, es war gar nicht so sehr böse, und dann glaubt man, es war gar nicht böse, und irgendwann glaubt man, es war gar nicht. Und dann folgt das nächste kleine Böse, und alles wird genauso.

Und noch etwas wurde ihm klar: Alles Gelebte, auch das Böse, kann in Augenblicke zerteilt werden, das heißt: Etwas, das im Abstand der Erzählung als etwas großes Böses gesehen werden muß, wie Levis Vorschlag, Josef zu töten, oder als er die Brüder aufgehetzt hatte, bei Nacht in Schechem einzufallen, auch diese großen bösen Taten können als aus winzigen Teilen bestehend gesehen werden, und es ist ganz leicht, diese Teile in ihrer Betrachtung und Beurteilung so klein zu machen, bis ein jedes, für sich genommen, nur noch ein winzig kleines Böses ist, das keiner Entschuldigung mehr wert ist, weil gar keine Schuld daraus entstehen kann.

Und erst als er sein Leben dem Bettler erzählte, sah Levi ein, wie schwer es ist, kein böses Leben zu führen, eben weil das Leben selbst aus lauter winzigen Augenblicken besteht, in lauter winzig kleinen Schritten passiert, die, jeder für sich genommen, keiner Entschuldigung wert sind, die nicht die geringste Spur hinterlassen, so daß man glauben darf, es war gar nicht so sehr böse, was man getan, gesagt oder empfunden hat, und dann glaubt, es war gar nicht böse, und irgendwann behauptet, es war gar nicht. Eben bis man eines Tages sein ganzes Leben im Zusammenhang vor sich sieht, wie es Levi sah, als er dem Bettler sein Leben erzählte, und ihm nun von seiner eigenen Erzählung bewiesen wurde, daß das Böse eben doch eine Spur hinterlassen hat, nämlich sein Leben selbst.

»Du hast mir eine lange Geschichte erzählt«, sagte der Bettler. Da war es schon weit über Mitternacht. Sie saßen immer noch im Staub der Straße, den Rücken an die Hauswand gelehnt.

Und der Bettler sagte: »Ich möchte dich etwas fragen: Weißt du, was Glück ist?«

Levi antwortete: »Natürlich weiß ich, was Glück ist. Jeder weiß es, auch wenn es keiner definieren kann.«

»Und warum, glaubst du, daß es keiner definieren kann?«

»Was nützt es mir, wenn ich weiß, was Glück ist, und nicht glücklich bin. Was schadet es mir, wenn ich nicht weiß, was Glück ist, aber glücklich bin?«

»Warst du in deinem Leben schon glücklich?«

»Das wird schon sein.«

»Wie oft?«

»Ich weiß es nicht.«

Der Bettler ließ Levi Zeit.

Nach einer Weile sagte Levi: »Nein, ich glaube, ich war noch nie glücklich in meinem Leben.«

Da fragte der Bettler: »Willst du das Glück kaufen?«

»Ich wußte nicht, daß man das Glück kaufen kann«, sagte Levi und lachte, aber es war kein Lachen, das der Bettler als solches gelten ließ. »Ist Ägypten so reich, daß man hier sogar das Glück kaufen kann?«

»Nein auch in Ägypten kann man das Glück nicht kaufen«, sagte der Bettler. »Genauso wenig wie in jeder anderen Stadt der Welt. Es liegt nicht am Ort.«

»Woran liegt es denn?«

»Es liegt am Preis. Das Glück ist unbeschreiblich teuer, ich habe noch nie einen getroffen, der es bezahlen konnte.«

»Und warum denkst du, ich könnte es bezahlen?«

»Sein Preis ist die Perle, die dein Ahne Abraham vom Mond gepflückt hat«, sagte der Bettler.

»Dann muß ich auf das Glück verzichten«, rief Levi aus. »Ich will nämlich mit dieser Perle meinen Bruder aus dem Gefängnis loskaufen.«

Und er lachte wieder, und dieses Lachen ließ der Bettler als ein wirkliches Lachen gelten.

»Nun hast du zum ersten Mal gelacht, seit wir uns kennen«, sagte der Bettler. »Es ist spät geworden. Wollen wir uns verabschieden, wir werden uns wohl nicht mehr wiedersehen.«

Sie erhoben sich und reichten einander die Hand zum Abschied. Der Bettler ging als erster. Levi blieb noch stehen. In winzig kleinen Schritten näherte sich ihm ein Gedanke. Das Glück, dachte er. Ja, es ist wahr, was der Bettler sagte, man muß sich die Frage stellen: Was ist das Glück? Nein, es ist nicht richtig: Man darf sich nicht darauf hinausreden, jeder wisse, was das Glück sei, aber keiner könne es definieren. Man muß es wenigstens versuchen, man muß wenigstens eine Antwort versuchen.

Er rief dem Bettler nach: »He, warte!«

Augenblicklich blieb der Bettler stehen und stellte sein Bündel neben sich ab.

»Was ist?«

»Weißt du es?«

»Ja, ich weiß es.«

»Weißt du, was das Glück ist?«

»Ja, ich weiß es.«

»Dann sag es mir!«

»Ich kann es dir nicht sagen. Aber, wenn du willst, kann ich es dir zeigen.«

Levi folgte dem Bettler. Der Bettler führte ihn in einen Palast, ein Palast so wunderbar wie der Palast des Pharao. Der Tisch war gedeckt. Für zwei Personen. Der süße Geruch des Kuchens erfüllte den Raum. Der Tee duftete. Und in dem Palast stand ein Thron. Und auf diesen Thron setzte sich der Bettler.

»Das alles gehört mir«, sagte der Bettler. »Gib mir die Perle, dann gebe ich dir das Glück.«

»Ich gebe dir meine Perle nicht«, sagte Levi. »Laß mich das Glück nur anschauen, mehr will ich nicht.«

»Ich kann es dir nur zeigen, wenn du die Perle in meine Hand legst«, sagte der Bettler.

»Das heißt, ich lege sie dir nur in die Hand?«

»Das heißt es.«

»Die Perle liegt in deiner Hand, aber sie gehört immer noch mir?«

»So ist es.«

Da griff Levi in seine Tasche und holte die Perle heraus. Er wickelte sie aus dem Tuch, fühlte sie zwischen den Fingern. Betrachtete die Perle. Und legte sie in die offene Hand des Bettlers. Der gewiß kein Bettler war.

»Und jetzt das Glück«, sagte Levi.

»Glaubst du wirklich, du kannst das Glück anschauen, ohne daß du es besitzen willst?« fragte der Bettler.

»Ich weiß nicht«, stammelte Levi. »Ich weiß es doch nicht.«

»Aber ich weiß es«, sagte der Bettler. »Niemand kann das Glück anschauen, ohne daß er es auch besitzen will. So hat Gott den Menschen nun einmal geschaffen.«

Der Bettler öffnete seine Hand und hielt sie Levi hin.

»Nimm die Perle«, sagte er. »Verknote sie wieder in dein Tuch! Stecke sie in deine Tasche zurück!«

Aber Levi dachte bei sich: Also, wenn Gott den Menschen nun einmal so geschaffen hat, was will sich da ein kleiner Mensch wie ich dagegen stellen? Und zugleich dachte er: Im Grunde genommen ist es nur eine Perle. Niemand sieht dieser Perle an, daß sie unser Urahn Abraham vom Mond gebrochen hat, niemand sieht dieser Perle an, daß er sie sein Leben lang an einer Kette um den Hals getragen hat. Die Perle sieht aus wie eine gewöhnliche Perle. Wie die Perlen, die es zu hunderten hier auf den Märkten zu kaufen gibt. Der Vizekönig wird mich auslachen, wenn ich sie ihm vor die Füße lege. Niemals wird er Schimeon für diese Perle aus dem Gefängnis lassen. Er wird sagen, ich sei ein unverschämter Kerl. Er wird nicht nur Schimeon nicht aus dem Gefängnis lassen, er wird mich zu ihm sperren! Was war ich doch für ein Esel! Für dieses elende kleine Ding habe ich mein ganzes Hab und Gut hingegeben. Was bin ich doch übers Ohr gehauen worden! Und dachte, ich hätte übers Ohr gehauen! Ich bin der ärmste, unglücklichste Mann auf der ganzen Welt! Ich habe nichts, das ist die Wahrheit. Ich habe nichts. Aber dieser hier bietet mir für dieses Nichts das Glück. Was braucht einer, der nichts hat, der nichts ist, was braucht der, um seinen Bruder aus dem Gefängnis des ägyptischen Pharao freizubekommen? Er braucht vor allem Glück!

Und Levi sagte zum Bettler: »Behalte die Perle, gib mir das Glück!«

Der Bettler legte die Perle in einen Mörser und zerstampfte sie zu Staub.

»Was tust du?« schrie Levi. »Meinen ganzen Besitz hast du zerstört!«

Der Bettler sagte: »Was ist das? Staub ist das.« Er streute den Staub über den Tee und sagte: »Trink davon.«

Ein Märchen. Eine merkwürdige Geschichte allemal, allein schon deshalb, weil sie hier abbricht. Wie hat Levi reagiert? Wir erfahren es nicht. Freilich, wir können schließen: So wie wir Levi kennen, wird er sich das bestimmt nicht von diesem falschen Bettler gefallen lassen. Er wird den nächsten schweren Gegenstand nehmen und dem Mann den Schädel einschlagen. Das wäre typisch Levi. Aber das wird nicht erzählt. Wir wissen, es gelang Levi, seinen Bruder Schimeon aus dem Gefängnis zu befreien. Und wir wissen, Josef hat Levi verziehen, daß dieser ihn vor vielen Jahren töten wollte. Will uns diese Geschichte von einer Läuterung erzählen? Hat der Bettler, der ebenso ein Bote des Teufels wie ein Bote Gottes gewesen sein könnte, Levi beweisen wollen, daß Glück eine Stimmung des Herzens und nicht ein Besitz ist? Wer auch immer diese Geschichte gefunden oder erfunden hat, es lag in seiner Absicht, aus dem bösen Levi einen guten Menschen zu machen, einen Menschen, der es wert ist, daß aus seinem Stamm der Erlöser Israels hervorgeht.

Jochebed und Amram

Von einem gemeinsamen Schrei – Von der Liebe zweier Kinder – Von einer List – Von einem heimlichen Begehren – Von einer nicht bestandenen Prüfung – Vom Verschwinden der Liebe – Von einer lebenslangen Erinnerung an eine verbotene Leidenschaft – Von nächtlichen Besuchen – Von Aaron, der nicht mehr weinen kann – Von Mirjam und dem Erzengel Gabriel – Von der Geburt des Moses – Von Bithja, der Ziehmutter

Levi hatte viele Kinder, viele Söhne, viele Töchter. Der älteste Sohn hieß Gershom, die jüngste Tochter Jochebed. Jochebed war fünfundzwanzig Jahre jünger als ihr Bruder Gershom. In derselben Stunde, als sie geboren wurde, wurde auch Gershoms Sohn Amram geboren. Mit einem gemeinsamen Geburtsschrei wurden Tante und Neffe in die Welt gehoben.

Da sagte die Hebamme: »Das klingt ganz so, als hätten sich die beiden das Jawort gegeben.«

Da beschloß die Familie, daß Jochebed und Amram, Tante und Neffe, wenn sie das Alter erreicht hätten, Mann und Frau werden sollten.

Jochebed und Amram wuchsen gemeinsam auf, sie wußten, sie würden eines Tages Mann und Frau sein. Das ist keine einfache Sache. Das war deshalb keine einfache Sache, weil das Wort Liebe nicht ein einziges Mal gefallen war. Ja, wenn da einer gekommen wäre und gesagt hätte, wie steht's denn mit der Liebe zwischen den beiden, dann wären erstaunte Blicke hin- und hergegangen in der Familie, und keiner hätte eine Antwort gewußt, weil sich nicht einer diese Frage jemals gestellt hatte.

Also, Jochebed und Amram wußten, sie würden Mann und Frau werden, mit Liebe hatte das nichts zu tun. Aber Jochebed liebte den Amram, und Amram liebte die Jochebed. Nur wußten sie es nicht voneinander. Und Jochebed dachte bei sich: Wenn ich anfange, von Liebe zu reden, dann wird Amram dreinschauen, wie die anderen in der Familie dreinschauen würden bei diesem Thema. Und Amram dachte bei sich dasselbe. Und was ist, wenn er mich nicht liebt, fragte sich Jochebed. Und Amram hatte denselben Kummer.

Dieser Gedanke war schließlich für Amram nicht zum Aushalten, er wollte es wissen, er wollte es unbedingt wissen. Da kam ihm eine Idee: Er erklärte der Familie, er müsse für einige Tage verreisen, verkleidete sich, setzte sich eine Perücke auf, klebte sich Augenbrauen über die Augen, klebte sich Bärte auf Kinn und Oberlippe und übte Bewegungen wie ein Fremder. Er beschaffte sich von einem Reisenden ein Pferd, das gesattelt war, wie man es hier nicht kannte. So ritt er vor die Zelte und bat, vom Wasser des Brunnens trinken zu dürfen. Und wie es die Gastfreundschaft gebot, wurde er eingeladen, die Nacht über zu bleiben.

Amram aß und trank und ließ sich bedienen. Und nach dem Essen richtete er es ein, daß er mit Jochebed allein beim Brunnen war. Und Jochebed senkte den Blick, denn dieser fremde junge Mann gefiel ihr, und das durfte nicht sein. Sie fand keine Antworten auf seine Fragen, wohl auch deshalb nicht, weil die Fragen ungeschickt und zu allgemein formuliert waren, es war ein Gespräch, wie es ein Mann und eine Frau führen, die sich ineinander verliebt haben. Jochebed fühlte sich hingezogen zu diesem Fremden. Kein Wunder, es war ja Amram. Und auch Amram war, als sähe er seine Jochebed zum ersten Mal, als spreche er zum ersten Mal mit ihr.

»Wir kennen uns erst seit wenigen Stunden«, sagte er. »Erst seit wenigen Minuten sind wir allein. Und doch kann ich in deinem Herzen lesen.«

»Niemand kann im Herzen eines anderen lesen«, sagte Jochebed und blickte dem jungen Mann immer noch nicht in die Augen. »Wie sollte das auch gehen! Das Herz ist tief in der Brust verborgen.«

»Oh, doch«, sagte Amram, »es gibt ein Mittel, das macht, daß wir einem anderen mitten ins Herz schauen können.«

»Und was ist das für ein Mittel?«, ihre Stimme zitterte, und es war nur ein Flüstern.

»Die Liebe«, sagte Amram.

Da blickte ihn Jochebed an, und sie konnte bis in sein Herz sehen.

»Ich bin einem anderen versprochen«, sagte sie.

»Du bist ihm versprochen«, sagte Amram. »Aber liebst du ihn auch?«

»Ja, ich liebe ihn«, sagte sie.

»Von ganzem Herzen?«

»Ich liebe ihn von ganzen Herzen.«

»Und du würdest ihn nie verlassen?«

»Ich würde ihn nie verlassen.«

»Und du willst bei ihm bleiben bis zu deinem Tod?«

»Ich will bei ihm bleiben bis zu meinem Tod.«

Was für ein Jubel stieg da in Amram auf! Beinahe hätte er sich verraten. So gern hätte er Jochebed umarmt! Noch heute Nacht, dachte er bei sich, wird dieser Fremde für immer aus unserem Leben verschwinden, und morgen wird Amram zurückkehren, und Amram wird seiner Jochebed endlich sagen, wie sehr er sie liebt, von ganzem Herzen, daß er sie nie verlassen wird und bei ihr bleiben will bis zu seinem Tod. Und dann werden Amram und Jochebed heiraten.

Dieser Fremde wußte, was sich gehört. Er verneigte sich vor Jochebed und wollte sich schon zum Gehen wenden, da sprang Amram doch noch das Glück auf die Zunge, das Glück und der Übermut.

Er sagte: »Eines sollst du wissen, Jochebed. Wer immer dein Bräutigam ist, sag ihm, es war einer da, der dich nicht weniger liebt als er. Sag ihm, er hatte einen zweiten Sattel auf sein Pferd geschnallt. Dieser Sattel war für Jochebed.«

Dann ging er und ließ Jochebed allein beim Brunnen zurück.

Und Jochebed? Sie lief dem Fremden nach. Alle Gefühle, die sie für Amram empfand, verbanden sich in ihr mit einer neuen Leidenschaft, einer Leidenschaft, wie sie noch nie in ihrem Innersten gebrannt hatte. Die Liebe kommt von Gott, rief es in ihr, und Gottes Wille ist stärker als ein Beschluß der Familie je sein kann. Sie lief dem Fremden nach, wollte ihm sagen, er soll sie mit sich nehmen, sie will ihm folgen, wohin er auch zieht.

Sie traf den Fremden, wie er gerade sein Pferd sattelte. Einen Augenblick hielt sie inne, verbarg sich, wollte diesen Mann ansehen. Sie sah, wie der Fremde seinen Mantel auszog. Sah, wie er sein Haar vom Kopf nahm. Sah, wie er sich den Bart von Oberlippe und Kinn zupfte. Sah Amram.

Im selben Augenblick drehte sich Amram um. Sah Jochebed, die ihm nachgekommen war – die dem Fremden nachgekommen war. Und Jochebed wurde klar, daß Amram sie hatte verführen wollen, daß kein Vertrauen in ihm war, daß er sie hatte prüfen wollen. Und Amram wurde klar, daß Jochebed die Prüfung nicht bestanden hatte.

Von nun an herrschte Mißtrauen zwischen ihnen. Amram und Jochebed wurden Mann und Frau, aber die Liebe, die in ihnen gewesen war, als sie Kinder waren, die gab es nicht mehr.

Sie liebten sich nicht mehr – das sagt sich so leicht! Glücklich Liebende, heißt es, sind sich überall auf der Welt ähnlich; die unglückliche Liebe aber tragen jeder Mann und jede Frau auf eigene Weise in sich.

Nein, es ist nicht wahr, daß die beiden sich nicht mehr liebten. Hinter der Gleichgültigkeit, mit der sie sich tagsüber begegneten, blieb ihr Leben lang eine Erinnerung gegenwärtig und mächtig, nämlich die Erinnerung an diese rätselhafte Leidenschaft, die sie füreinander empfunden hatten, als Jochebed meinte, einen anderen Mann vor sich zu haben, und Amram sich selbst als ein anderer von Jochebed begehrt fühlte. Und unter der Kälte, die zwischen ihnen war, schwelte diese Leidenschaft ihr Leben lang weiter.

Freunde und Bekannte hätten das nicht für möglich gehalten. Man redete hinter ihrem Rücken, zuckte verwundert die Achseln, schüttelte den Kopf über so viel gegenseitige Teilnahmslosigkeit, so viel gegenseitiges Desinteresse, nahm sich im Stillen vor, es in eigener Angelegenheit nie so weit kommen zu lassen; fragte sich, wie es in so einer Ehe überhaupt zu Nachwuchs kommen konnte.

Jochebed und Amram stritten sich nicht einmal. Sie gingen einander aus dem Weg, sie beachteten sich gar nicht. Sie aßen nur selten zur selben Zeit und am selben Tisch. Wenn sie die Felder bearbeiteten, fing Amram auf der einen Seite an und Jochebed auf der anderen. Es gab Leute, die sie seit Jahren kannten, die behaupteten, sie hätten die beiden nie ein Wort miteinander reden hören.

Jochebed und Amram schliefen nicht im selben Bett, nicht einmal im selben Raum. Aber sie hatten ihr Geheimnis, und oft kam es vor, daß Amram mitten in der Nacht erwachte, erfüllt war von dieser alten Leidenschaft und hinüberging zu Jochebed und sich stumm zu ihr legte. Und nicht seltener kam es vor, daß Jochebed erwachte und in Amrams Kammer schlüpfte. Sie sprachen nicht darüber. Wenn sie am Morgen in Umarmung erwachten, setzten sie sich schnell auf und drehten einander die Rücken zu, und Amram schlich zurück in seine Kammer oder Jochebed in ihre. Sie waren Mann und Frau, und es war ihrer beider eheliche Pflicht, einander beizuliegen. Aber sie schämten sich, wenn sie die Ehe vollzogen. Als hätten sie sich einer verbotenen Leidenschaft hingegeben. Nichts anderes ist es, sagten sie sich. Sagte jeder zu sich selbst.

Die Erinnerung an den Abend beim Brunnen, als sie sich in ihrem Innersten erkannt hatten, ohne sich äußerlich zu erkennen, diese Erinnerung hielt ihnen vor Augen, daß in ihrer Seele Gefühle waren, vor denen sie sich fürchteten, andere Gefühle als sie Ehemann und Ehefrau für einander empfinden dürfen. Die Erinnerung an diese Leidenschaft war auch die Erinnerung an Mißtrauen und Betrug, und der Gedanke beunruhigte sie, daß Mißtrauen und Betrug diese Leidenschaft erst entzündet haben könnten, daß vorher zwar Liebe dagewesen war zwischen ihnen, aber nicht diese Leidenschaft, und daß es diese Leidenschaft war, die die Liebe vertrieben hatte.

Jochebed brachte eine Tochter zu Welt, die nannte sie Mirjam. Und dann brachte sie einen Sohn zur Welt, den nannte sie Aaron.

Es kam die böse Zeit, als Pharao Malul Israel mit Fron unterdrückte, und dann die Zeit, als der Pöbel durch die Straßen Ägyptens zog und die Knaben Israels aus ihren Wiegen riß. Da schlich sich Amram in der Nacht wieder einmal zu Jochebed. Sie wollte ihre Arme um ihn legen. Er aber zündete die Lampe an.

»Ich will kein Licht«, sagte Jochebed.

»Ich will mit dir sprechen«, sagte Amram.

»Ich will nicht mit dir sprechen«, sagte Jochebed.

Mann und Frau blickten einander an, und Amram sah in Jochebeds Augen Zorn und Trauer. Und er wußte den Grund dafür. Zorn und Trauer, weil von nun an auch ihr nächtliches Geheimnis kein Band mehr zwischen ihnen sein würde. Denn beide ahnten, daß der Wächter dieses Geheimnisses ihr Schweigen gewesen war. Amram empfand nicht anders als Jochebed.

»Jochebed ...«, sagte Amram.

Beide hielten dem Blick des anderen stand. Jochebed hoffte, Amram würde ein richtiges, ein gutes Wort finden. Und Amram suchte nach diesem Wort.

»Jochebed ...«, sagte er noch einmal.

Alles was er im Augenblick empfand, war in diesem Wort eingeschlossen.

Für Jochebed war das zu wenig. Es genügte ihr nicht.

»Was willst du?« fragte sie.

Aber Amram war in dieser Nacht ja gar nicht zu seiner Frau gekommen, weil er über ihre Ehe sprechen wollte, über ihre verlorene Liebe, über ihre Leidenschaft. Er war gekommen, weil ihm die politische Lage große Sorgen machte. Darüber wollte er mit seiner Frau sprechen. Er hatte einen Entschluß gefaßt. Den wollte er Jochebed mitteilen.

»Wir werden auch in Zukunft nicht davon lassen können, einander in der Nacht zu besuchen«, sagte er.

»Ich will darüber nicht reden«, sagte Jochebed.

»Aber wenn du wieder schwanger wirst«, fuhr Amram fort, »und wenn du einen Sohn zur Welt bringst, dann wird er erschlagen werden. Das könnten wir beide nicht ertragen, denn ich habe dich nicht, und du hast mich nicht, und so haben wir beide nichts, woran wir uns halten könnten, wenn das Unglück über uns hereinbricht.«

»Was sollen wir tun?« fragte Jochebed.

»Ich möchte, daß du das Haus verläßt«, sagte Amram. »Wir werden die Tage verbringen wie bisher. Wir werden auf dem Feld arbeiten, ich auf der einen Seite des Feldes, du auf der anderen Seite. Wir werden im Haus unser Essen einnehmen, vielleicht nicht zur selben Zeit und am selben Tisch. Nur eines: Wir werden in der Nacht nicht im selben Haus schlafen.«

Am nächsten Morgen ging Jochebed. Sie nahm nicht mehr mit als ein Bündel mit Wäsche, küßte zum Abschied ihre Tochter Mirjam auf die Stirn, faßte ihren Sohn Aaron bei der Schulter. Amram stand abseits, die Arme vor der Brust verschränkt, blickte auf die Straße, und als Jochebed auf der Straße ging, drehte er sich um und sah ins Haus.

Mirjam war damals ein Mädchen von acht Jahren. Sie wußte, daß ihre Mutter nicht für immer ging. Man hatte ihr alles erklärt, und sie hatte alles verstanden. Sie hatte verstanden, daß es Vater und Mutter gemeinsam unter einem Dach nicht mehr aushielten. Und das tat ihr weh, es tat ihr nicht weniger weh, als wenn die Mutter für immer gegangen wäre. Mirjam stand auf der Straße und hielt ihren Bruder Aaron an der Hand. Sie weinte.

Aaron weinte nicht. Er war erst fünf Jahre alt. Für die Mörder war er zu alt. Pharao Malul hatte den Mord an israelitischen Knaben bis zu vier Jahren freigegeben. Aaron war ein zartes, kränkliches Kind. Es war nicht nur einmal vorgekommen, daß seine Mutter und sein Vater einem Mann, der mit einem Knüppel in der Hand in das Haus eingedrungen war, beweisen mußten, daß ihn zu ermorden nicht straffrei war. Er war in einer Zeit aufgewachsen, in der es normal war, daß solche wie er erschlagen wurden. Das ist keine Zeit für Tränen.

Keine Liebe war im Land, und keine Liebe war in den Herzen. Mirjam betete zu Gott.

»Mach, daß die Liebe wieder kommt«, betete sie. »Daß sie im Herzen des Pharao einkehrt. Und daß sie in die Herzen unserer Eltern zurückkehrt.«

Eines Nachts hatte sie einen Traum. Sie träumte von einem Engel. Der Engel kam über die Felder, und er war so leicht, daß sich die Ähren nur wenig unter seinen Füßen beugten.

»Mirjam, siehst du mich?« rief der Engel.

»Ich sehe dich«, sagte Mirjam.

»Ich bin da«, sagte der Engel. »Ich bin doch da, oder?«

»Ja, du bist da«, sagte Mirjam.

»Aber niemand sieht mich. Nur du allein kannst mich sehen.«

»Es ist ein Traum«, sagte Mirjam. »Ich schlafe und träume und sehe dich im Traum.«

»Gott hat mich zu dir geschickt«, sagte der Engel.

»Hat Gott meine Gebete erhört?« fragte Mirjam im Schlaf.

»Er hat sie jedenfalls gehört«, antwortete der Engel.

»Und? Wird die Liebe in die Herzen des Pharao und unserer Eltern einziehen?«

»So einfach ist das nicht«, sagte der Engel. »Die Liebe kommt zwar von Gott, das ist schon richtig, aber es liegt beim Menschen, ob er sie annimmt oder nicht. Gott hat sich nun einmal darauf versteift, euch einen freien Willen zu lassen, und daran will er nichts ändern.«

»Was haben dann meine Gebete genützt?« fragte Mirjam.

»Ein bißchen haben sie schon genützt«, sagte der Engel. »Also, beim Pharao hat sich Gott zurückgehalten, dem hat er keine Liebe geschenkt, den braucht er so, wie er ist, mit ihm hat er andere Pläne. Aber deinen Eltern, Jochebed und Amram, ihnen hat er die Liebe geschickt – übrigens zum wiederholten Male. Was sie daraus machen, darauf will Gott, wie gesagt, keinen Einfluß nehmen.«

»Und ich?« fragte Mirjam. »Was wird aus mir?«

»Du hast eine schöne Stimme«, sagte der Engel. »Eine schöne Stimme und eine laute Stimme. Gott hat beschlossen, dir hellseherische Gaben zu verleihen. Du wirst schlafen und träumen, und im Traum wirst du mich sehen, wie ich über die Felder komme, so leicht, daß sich die Ähren nur wenig unter meinen Füßen beugen. Wir zwei werden gute Bekannte werden. Ich werde dir mitteilen, was du deinem Volk verkünden sollst.«

»Und heute«, fragte Mirjam im Traum den Engel, »hast du heute schon eine Nachricht mitgebracht, die ich meinem Volk verkünden soll?«

Ja, das hatte er.

Am nächsten Tag ging Mirjam hin und verkündete, was ihr der Engel aufgetragen hat.

»Hört ihr Frauen und Männer Israels! In der vergangenen Nacht war ein Mann aus unserem Volk bei seiner Frau gelegen, und die Frau hat empfangen, und sie wird einen Knaben zur Welt bringen, und der wird Israel erlösen!«

Auf der Straße verkündete Mirjam das Wort Gottes. Die Menschen drängten sich um sie, fragten, wollten mehr wissen. Und unter den Menschen waren auch Jochebed und Amram. Nachdem Mirjam gesprochen hatte, zog Jochebed ihren Mann am Ärmel beiseite. Sie zog ihn ins Haus, zog ihn in die Kammer, die bis vor kurzem die ihre gewesen war, und schloß die Tür ab.

»Ich bin gemeint«, sagte sie.

Amram blickte vor sich nieder. Nickte.

Gott hat den beiden die Liebe geschickt – zum wiederholten Male und in der vorangegangenen Nacht wieder. Amram war aufgewacht, und er hatte das Haus verlassen, war weit gegangen, bis er gefunden hatte, wo Jochebed ihre Nächte verbrachte. Er war zu ihr gekrochen, und sie hatte ihn umarmt. Sie hatten nicht miteinander gesprochen, und ehe es hell geworden war, hatte sich Amram von ihrem gemeinsamen Lager erhoben, hatte Jochebed verlassen und war nach Hause zurückgekehrt.

»Ja«, sagte Amram, »wir sind gemeint.«

Jochebed war schwanger.

Vater und Mutter traten vor Sohn und Tochter hin.

»Hört zu, Aaron und Mirjam«, sagten sie. »Gott hat euren Eltern die Liebe geschickt, und sie haben das Geschenk angenommen.«

So formulierten sie es, weil sie sich schämten.

In der Nacht träumte Mirjam wieder von dem Engel. Und diesmal fragte sie ihn nach seinem Namen. Es war der Erzengel Gabriel.

»Du hast deine Sache gut gemacht«, sagte er.

»Es war keine schwere Aufgabe«, sagte Mirjam im Traum zum Engel.

»Keine Sorge, es werden schwere Aufgaben auf dich zukommen«, sagte er.

Ob er ihr etwas über ihre Zukunft verraten dürfe, fragte sie. Das dürfe er schon, sagte der Engel, aber Mirjam werde sich am Tag nicht mehr daran erinnern.

Der Erzengel hatte ihr diesmal nichts mitzuteilen. Er besuchte sie, wie man einen Freund besucht, bei dem man sich eine kurze Stunde im Gespräch entspannen möchte.

»Du bist so schön«, sagte Mirjam.

»Du wirst dich an meinen Anblick gewöhnen«, sagte Gabriel.

»Wenn ich den Menschen erzähle, daß mir ein Erzengel im Traum erscheint«, sagte sie, »dann werden sie wissen wollen, wie so einer aussiehst.«

»Wie ich aussehe, ist gleichgültig«, sagte Gabriel. »Um mich zu beschreiben, müßtest du meinen Geist kennen. Aber den kennt nur Gott.«

Bis an ihr Lebensende – und Mirjam wurde eine sehr alte Frau – wurde sie immer wieder gebeten, sie möge doch den Erzengel Gabriel beschreiben. Niemand in ihrem Volk hat je einen Engel gesehen. Auch ihre Brüder nicht. Der eine von beiden wird Größeres zu sehen bekommen, das ist wahr. Jedoch einen Engel hatte nur Mirjam gesehen. Aber sie hat den Gabriel nie beschrieben. Er sei sehr schön, sagte sie. Mehr sagte sie nicht.

Jochebed brachte einen Knaben zur Welt. Sie nannte ihn Jekuthiel. In diesem Namen ist die Hoffnung eingeschlossen.

»Ich habe gehofft«, sagte Jochebed, und als sie gefragt wurde, worauf sie denn gehofft habe, antwortete sie: »Da sich nichts in meinem Leben erfüllt hat, lebe ich nur für die Hoffnung. Alles ist Hoffnung.«

Sein Vater Amram nannte den Knaben Heber.

»Er war es, der mich wieder zu meinem Weib zurückgeführt hat«, sagte er.

Da sagten die Leute: »Aber du hast Jochebed ja gar nicht verlassen, du hast sie davongejagt!«

»Das ist doch das Gleiche«, sagte Amram.

»Nein, es ist nicht das Gleiche«, sagten die Leute. »Es ist schlimmer.«

»Vor Gott ist es das Gleiche«, sagte er.

»Woher willst du das wissen?«

Da wurde Amram zornig und bockte und sagte tagelang kein Wort mehr.

Mirjam nannte ihren kleinen Bruder Jared. Denn der Engel war ihr wieder erschienen, und er hatte zu ihr gesagt, sie werde ihrem Brüderchen folgen, sie werde hinunter zum Wasser gehen, um zu sehen, was aus ihm wird.

Aaron nannte ihn Abi Sanoach.

»Unser Vater«, argumentierte er, »hat unsere Mutter davongeschickt, und wegen meinem Brüderchen hat er sie wieder ins Haus geholt.«

Gershom, der Großvater, der Sohn des Levi, nannte den Knaben Abi Gedor. Das spielt darauf an, daß ein tiefer Riß das Haus Jakob geteilt hatte und daß das Erscheinen dieses Kindes den Riß ein für allemal heilen würde.

Noch herrschte der Terror. Malul hatte seinen Befehl, alle israelitischen Knaben unter vier Jahren zu töten, noch nicht zurückgenommen. Deshalb versteckte Jochebed ihr Kind bei einer Amme, die den Knaben unter die anderen Kinder mischte, hoffend, so werde er nicht gefunden. Die Amme nannte das Kind Abi Sukko.

Sie sagte: »In einer Hütte ward er verborgen drei Monate lang vor den Mördern.«

Dann aber kam die Amme zu Jochebed.

»Ich kann nicht mehr auf ihn aufpassen«, sagte sie. »Ich gebe ihn dir zurück. Wenn man ihn findet, wird man mich bestrafen. Und die Mörder werden meinen, ein Recht zu haben, auch den anderen Kindern, auf die ich aufpasse, etwas anzutun.«

Da wachte Jochebed in den Nächten neben der Wiege, und an den Tagen ließ sie niemanden zu sich.

Gabriel erschien Mirjam.

»Das geht so nicht«, sagte er. »Der Mensch braucht Schlaf. Wenn er den nicht kriegt, wird er verrückt.«

»Was sollen wir tun?« fragte Mirjam.

»Nimm einen Korb«, sagte der Erzengel. »Bestreiche die Ritzen des Korbes mit Pech. Leg dein Brüderchen in den Korb, und setz dieses Schiffchen in den Nil!«

Mirjam tat wie ihr der Engel geheißen. Sie war noch ein Kind, aber weil sie in ihrem Leben gelernt hatte, daß sich niemand um einen kümmert, war auch ihr Vertrauen zum Erzengel Gabriel recht gering, und so schlich sie sich am Ufer entlang und beobachtete das Körbchen, das langsam auf dem Wasser dahinglitt. Und als Bithja, die Tochter des bösen Pharao Malul, das Körbchen aus dem Wasser fischte, war Mirjam in der Nähe.

»Das ist sicher das Kind einer Hebräerin. Ich will es zu mir nehmen, und ich will es beschützen, daß ihm nichts geschieht«, hörte Mirjam die Tochter des Pharao sagen.

Und Bithja war es, die dem Knaben den Namen Moses gab.

Kindheit und Jugend

Von einem Körbchen im Nil – Von der mutigen Mirjam – Von der mißtrauischen Jochebed – Von den bösen Nachbarn – Vom Haushalt des Pharao – Von der goldenen Krone des Pharao und den glühenden Kohlen – Vom bösen Hetzer Bileam ben Beor – Von einem Treffen auf dem Marktplatz – Von engeligem Besuch in der Nacht – Vom Leiden des Volkes Israel – Von einem Mord – Von einem nächtlichen Gedankengang – Von zwei streitenden Männern – Vom Tod des Pharao Malul

Bithja, die Tochter des Pharao, wollte eine gute Mutter sein, aber sie war keine Mutter, und sie war keine Amme, und sie hatte keine Milch. Und das Knäblein schrie.

Mirjam war, wie der Engel ihr geraten hatte, am Ufer des Nil entlang gelaufen, war dem Körbchen, das auf dem Wasser schwamm, gefolgt, und als sie die Frauen sah, die das kostbare Schiffchen an Land zogen, hatte sie sich im Schilf versteckt. Sie bangte und betete zu Gott, und sie wußte gar nicht, was sie alles von Gott erbitten sollte, denn ihr war, als gäbe es nichts als Sorge in ihrem jungen Leben, fühlte sie sich doch für alle Sorgen ihrer Welt zuständig, schließlich war ihr ja ein Engel beigestellt worden, und der Himmel würde solchen Aufwand nicht treiben, wenn die Sorge nur eines einzigen Menschen zur Disposition stünde.

Die Frauen beugten sich über das Körbchen. Jede wollte das Baby streicheln oder wenigstens eine Fußzehe festhalten oder ein Fingerchen.

»Warum schreit das Kind so sehr?« fragte Bithja.

»Es wird Hunger haben.«

»Gebt ihm zu essen«, sagte Bithja, die über gar nichts, was ein unbeschütztes Leben forderte, Bescheid wußte. In dem Leben, das sie bisher geführt hatte, war ihr jede Arbeit, jede Sorge abgenommen worden, und das Wort Not kannte sie nicht.

»Man kann einem so kleinen Menschen nicht einfach etwas zu essen geben«, wurde ihr geantwortet. »Er braucht Milch aus einer Brust.«

Aber es war keine Frau da, die Milch in ihrer Brust trug.

»Schnell«, befahl Bithja, »lauft und sucht mir eine Amme!«

Da trat Mirjam aus dem Schilf.

»Ich weiß eine Frau«, sagte sie. »Es ist eine gute Frau. Sie ist meine Mutter. Sie hat mich gestillt und hat meinen Bruder gestillt. Und ihre Milch hat mich froh gemacht vom ersten Tag an und klug, und meinem Bruder hat sie die Gabe der Rede gegeben, so daß er als Kind schon sprechen kann wie ein Erwachsener.«

Das sprudelte so aus Mirjam heraus. Sie befürchtete nämlich, man werde sie wegschicken, sobald sie den Mund zumachte, und weil sie sich dachte, diese Damen, die immer von allem das Beste abgekriegt haben und immer alles im Überfluß, können nur durch Übertreibung beeindruckt werden, ließ sie ihrer Phantasie die Zügel schießen. Daß ihr Bruder Aaron bisher als ein Redetalent aufgefallen sei, konnte ja gewiß nicht behauptet werden – Aaron, der schon sehr früh gesehen hatte, wie gefährlich es in diesem Leben war, ein hebräischer Knabe zu sein, war im Gegenteil ein stilles Kind, manchmal sagte er tagelang kein Wort, und wenn er gefragt wurde, beschränkten sich seine Antworten meistens auf Ja und Nein. Aaron hatte gelernt, das Beste für einen hebräischen Knaben ist, er hält den Mund.

Der Engel aber, der Mirjam beigestellt worden war und der auch auf ihren Ruf bedacht war, hat ihre Übertreibungen als Anregung genommen und sie oben vorgetragen, schließlich macht es sich nicht gut, wenn eine Vermittlerin von Gottes Wort eine Lügnerin ist, und so ist dann aus Aaron tatsächlich ein Mann der Rede geworden, und wenn Mirjam behauptet hatte, das Kind könne sprechen wie ein Erwachsener, dann konnte Aaron als Erwachsener sprechen wie ein Kind, einfach und mit der Naivität dessen, der sich gar nicht vorstellen kann, daß es jemanden gibt, der ihm nicht zuhört.

»Das ist ein guter Vorschlag«, sagte Bithja zu Mirjam. »Es ist ein Glück, daß du zufällig in der Nähe warst.«

Bithja hat die Zusammenhänge durchschaut, ohne Zweifel. Daß hier eine hebräische Frau ihr Kind retten wollte vor der grausamen Willkür des Pharao; daß sie ihre Tochter vorgeschickt hat, damit sie den Säugling im Auge behalte, um dann im rechten Augenblick vorzutreten. Bithja wollte eine Mutter sein, und sie wollte eine gute Mutter sein; sie wollte allgemein ein guter Mensch sein und wollte alles, was in ihrer Macht stand, tun, um das Leid derer zu lindern, die von ihrem Vater so grausam verfolgt wurden.

»Lauf, Mädchen, hol deine Mutter«, sagte sie zu Mirjam und befahl ihren Dienerinnen, vorerst mit niemandem über den Vorfall zu sprechen.

Jochebed kam und reichte dem Kind die Brust. Hielt den Blick gesenkt, wollte gar nicht sehen, wer da alles um ihr Kind herumstand.

»Das machst du sehr gut«, sagte Bithja. »Ich glaube, niemand könnte das besser als du.«

Jochebed war mißtrauisch.

»Was soll das heißen?« fragte sie.

Sie fürchtete, die Pharaotochter habe ihr eine Falle gestellt, gleich werde sie die Soldaten ihres Vaters rufen. Sie war ängstlich, aber auch aufmüpfig. Schließlich war es ihr Kind, das da an ihrer Brust lag.

»Was heißt, ich mache das gut?« sagte sie. »Ich mach das so, wie es jede Frau macht, die Milch hat. Wie soll man das auch anders machen!«

Sie drückte das Kind so fest gegen ihre Brust, daß es zu ersticken drohte. Lieber will ich es ersticken, dachte sie, als daß ein Soldat es mir erschlägt.

»Hab doch keine Angst«, sagte Bithja. »Du sollst die Amme meines Kindes sein.«

»Was heißt das?«

»Ich will, daß mein Kind in deinem Haus aufwächst.«

»Was heißt das?«

»Was fragst du immerzu? Du sollst meinem Kind Milch geben. Und du sollst meinem Kind Liebe geben, bis es alt genug ist, um allein den weiten Weg durch alle Zimmer im Palast des Pharao zu gehen.«

»Heißt das, ich darf es mitnehmen?«

»Das heißt es.«

»Und es kommen nicht morgen Soldaten und reißen es mir weg?«

»Nein. Du hast mein Wort. Nur ab und zu will ich kommen und mir mein Kind anschauen.«

Das Mißtrauen legte Jochebed ihr Leben lang nicht ab. Auch wenn sich die Tochter des Pharao noch so sehr bemühte, mit der Mutter »ihres Kindes« auf freundliche Weise zu verkehren, Jochebed ließ sie ihr Leben lang spüren, was sie von ihr und ihresgleichen dachte: Von diesen Menschen kommt Böses, nur Böses und zwar von allen, ohne Ausnahme.

Immer war Jochebed gefaßt auf eine letzte Abrechnung, die um so erbarmungsloser ausfallen würde, je länger sie auf sich warten ließ. Wie kann es auch anders sein, sagte sie sich. Da ist die Tochter des Pharao, der größer ist als alle Menschen zusammen, und sie kommt zu mir, die ich nichts weiter bin als eine kleine hebräische Frau, und sie tut mir schön und will mich umarmen wie eine Schwester, und ich schau sie nicht einmal an, und sie tut das Allerbeste für meinen Sohn, und ich sage nicht einmal danke, das kann nicht gut gehen, nein, das kann nicht gut gehen, sagte Jochebed zu sich selbst.

Aber sie brachte es nicht über sich, auch nur einmal ein freundliches Wort zu Bithja zu sagen, ihr auch nur einen einzigen freundlichen Blick zu schenken. Und sie weigerte sich, ihren Sohn bei dem Namen zu nennen, den Bithja ihm gegeben hatte, noch als er ein berühmter Mann war, weigerte sie sich. Männer kamen und fielen vor ihr auf die Knie, küßten ihre Füße.

»Du bist die Mutter von Moses!« riefen sie.

Da stampfte Jochebed auf, daß den Pilgern der Staub in die Augen flog.

»Was wollt ihr von mir!« schimpfte sie. »Ich habe zwei Söhne, einer heißt Aaron, der andere heißt Jekuthiel! Und sonst habe ich keinen Sohn!«

Wenigstens vorübergehend war nun alles, wie es sich gehörte: Moses wuchs bei seinen Eltern und seinen Geschwistern auf.

Einmal in der Woche kam ein Bote der Pharaotochter und brachte Lebensmittel und Geschenke für die ganze Familie. Denn Bithja wollte nicht, daß die Eltern »ihres« Kindes arbeiten mußten. Sie sollten ihre ganze Zeit dafür verwenden, sich um den Knaben zu kümmern. Das sollte ihre Arbeit sein.

Bithja wollte helfen, nichts weiter. Aber der Fluch der bösen Tat hatte das Leben in Ägypten vergiftet, und das Gift hatte sich ausgebreitet, und bald war nichts mehr gut, und alles war verdorben. Und wer nichts weiter wollte als helfen, der konnte zu einer tödlichen Gefahr werden.

Als der Bote wieder einmal mit Lebensmitteln und Geschenken kam, sagte Amram zu ihm: »Richte deiner Herrin aus, wir wollen das nicht mehr. Wir werden tun, was sie von uns verlangt, aber wir wollen nicht, daß ein Ägypter unser Haus betritt. Und wir wollen schon gar nicht, daß er uns etwas mitbringt.«

Amram hatte Angst. Jedesmal, wenn der Bote kam, hatten sich die Nachbarn vor seinem Haus versammelt, hatten lange Augen gemacht, wenn er all die guten Sachen vom Wagen lud und auspackte.

»He«, sagten die Nachbarn dann, »dürfen wir probieren?«

Sie schnitten sich von dem gepökelten Fleisch, aßen die Kuchen auf, tranken den Wein, tunkten ihre Finger in den Honig. Und als es hieß, jetzt sei es genug, da ließen die Nachbarn den Mund offen und taten, als hätten sie nicht richtig gehört.

»Was heißt genug?« fragten sie.

»Genug heißt genug«, sagte Amram.

»Genug heißt also genug?«

»Was soll es denn sonst heißen? Hat es eine Verordnung gegeben, die besagt, daß genug nicht mehr genug heißt?«

»Weißt du«, sagten die Nachbarn, »wir haben da ein Problem.«

»Was für ein Problem denn?« fragte Amram.

»Der Zusammenhang, weißt du, der interessiert uns.«

Es war damit alles gesagt. Darum bat Amram den Boten, nicht mehr zu kommen. Damit kein Zusammenhang zwischen dem Haus des Amram und dem Haus des Pharao hergestellt werden konnte. Kein Israelit wollte in den Verdacht geraten, mit den Ägyptern auch nur irgend etwas zu tun zu haben.

Aber es war eine böse Zeit, und es genügte nicht, wenn man vom Feind nichts Gutes nahm, man mußte sich bereits rechtfertigen, wenn der Feind einem nichts Böses tat. Und dem Haus Amrams wurde nichts Böses getan.

Die Mütter Israels, deren Söhne vom ägyptischen Pöbel ermordet worden waren, kamen und klopften an die Tür.

Sie sagten: »Eine Frage nur! Eine Sekunde nur! Darf man den Kleinen anschauen, das Wunderkind?«

»Mein Jekuthiel ist kein Wunderkind«, sagte Jochebed. »Er ist, wie eure waren. Es ist nichts Besonderes an ihm.«

»Das kann nicht sein!« schrien die Frauen. »Das kann einfach nicht sein!«

Und sie setzten sich auf die Schwelle und zerkratzten sich das Gesicht und weinten.

Und bald hatten Jochebed und Amram keine Freunde mehr, und die Kinder der Nachbarn spielten nicht mehr mit Mirjam und Aaron.

Als Moses vier Jahre alt war, brachte ihn seine Schwester Mirjam zum Palast des Pharao und übergab ihn Bithja. So war es vereinbart worden.

»Du weinst ja gar nicht«, sagte Bithja zu Mirjam. »Ist dir mein Sohn in den vier Jahren denn nicht ans Herz gewachsen?«

Was sollte man darauf antworten? Jochebed hätte wieder Angst bekommen können und denken, jetzt ist es so weit, jetzt kommt die Abrechnung, jetzt wird mich die Pharaotochter den Soldaten ausliefern, vier Jahre hat sie sich den Spaß gemacht, auf meine Vernichtung zu warten. Wenn ich sage, nein, er ist mir nicht ans Herz gewachsen, dann wird sie mich vernichten, weil ich herzlos bin, und wenn ich aber sage, doch, er ist mir ans Herz gewachsen, dann wird sie mich töten, weil sie fürchten muß, ich nehme ihr das Kind wieder weg. So hätte Jochebed denken und Angst haben können.

Mirjam dagegen hatte ganz sicher keine Angst. Erstens hatten sich die Zeiten gebessert. Pharao Malul hatte seinen Mordbefehl zurückgezogen. Das war seiner Tochter Bithja und auch seiner Frau Alparanith zu verdanken. Und auch der alten Amme, die hatte ihn wissen lassen, sie werde keine Geschichte mehr erzählen, solange in Ägypten hebräische Kinder mit Erlaubnis des Pharao getötet werden dürften. Schließlich hatte Malul nachgegeben.

»Es ist mir zu Ohren gekommen«, sprach er zu seinen Ministern, »daß es in meinem Reich ab und zu vorkommt, daß hebräische Knaben unfreundlich behandelt werden.«

»Das ist richtig«, sagten die Minister. »Man bringt sie massenhaft um.«

»Ich wünsche das nicht«, sagte Malul.

»Daß man die israelitischen Knaben unter vier Jahren massenhaft umbringt?«

»Daß sie so unfreundlich behandelt werden.«

»Aber das war doch deine eigene Idee«, sagten die Minister.

»Wer seid ihr, daß ihr euch anmaßt, die Ideen des Pharao zu kennen«, brauste Malul auf.

Und die Minister dachten sich: Da hat er recht, wer sind wir eigentlich ...

Aber nicht nur deshalb war Mirjam ohne Sorge, als sie Moses zu Bithja brachte. Wenn eine Gefahr bestünde, hätte mich der Erzengel Gabriel gewarnt, dachte sie. Das hatte er aber nicht getan. Und er war ihr mehrere Male in den letzten vier Jahren erschienen. Nicht nur, um ihr eine Botschaft zu bringen, manchmal war er im Traum zu ihr gekommen, weil er sich mit ihr unterhalten wollte, manchmal stand er nur da, sagte gar nichts, hielt inne in seinem engelhaften Dasein.

Mirjam blickte Bithja gerade in die Augen – nicht kampflustig, wie es ihre Mutter getan hätte, wenn sie es getan hätte –, vertrauensvoll und zweifelsfrei war Mirjams Blick.

Und sie antwortete: »Ich liebe dieses Kind wie meinen Bruder. Warum sollte ich weinen? Du wirst gut für ihn sorgen. Und dann wird er zu uns zurückkehren.«

Von nun an sorgte Bithja für die Erziehung »ihres« Kindes.

Der kleine Moses war der Sonnenschein im Haushalt des Pharao.

Zur Zeit der Kindermorde war Pharao Malul ein sehr einsamer Mann gewesen. Die drei Frauen, die er liebte – seine Gattin, seine Tochter, seine Amme – sprachen nicht mehr mit ihm. Wenn er den Raum betrat, gingen sie. Er aß allein. Er schlief allein. Er badete allein.

Allein meinte: Sein Herz war allein. Sonst hatte er durchaus Gesellschaft. Zumindest einer war dauernd in seiner Nähe, nämlich Bileam ben Beor, der Superstar unter den Hellsehern. Aber den liebte Malul nicht. Den bezahlte er. Und er hatte ihn nicht gerufen, damit er ihm die Zukunft voraussage. Er hatte ihn als Schmeichler an den Hof geholt. Und Bileam ben Beor mußte sich gewaltig anstrengen, wollte er mit seinen Schmeicheleien die Liebe von Gattin, Tochter und Amme kompensieren.

Ja, die Zeit der Kindermorde war eine düstere Zeit gewesen. Malul sprach von seiner traurigen Zeit. Und er meinte damit nicht die Trauer der Mütter und Väter, deren Kinder erschlagen worden waren, sondern er meinte seine Trauer. Weil er in dieser Zeit allein gegessen und allein gebadet und allein geschlafen hatte.

Aber nun war alles anders. Alles war wieder wie früher. Besser als früher. Um die Mittagstafel saßen zur Rechten des Pharao seine Gattin Alparanith, seine Tochter Bithja und die Amme. Zu seiner Linken saß der Schmeichler Bileam ben Beor, eckig, golden, wie angeschraubt. Aber Malul gegenüber, so daß er ihm immer in die Augen sehen konnte, hockte der kleine Moses auf seinem Stühlchen, der Sonnenschein. Und ganz egal, was nun dieser Moses war, ein Israelitenkind oder ein Ägypterkind, und wenn er vom Ende der Welt gekommen wäre, er war der Liebling des Pharao. Malul war vernarrt in den Knaben.

Die Augen des kleinen Moses müssen es dem Pharao besonders angetan haben.

Immer wieder sagte Malul: »Komm über den Tisch zu mir, mein kleiner Stern! Setz dich neben meinen Teller und schau mich an!«

Dann stemmte sich Moses auf die breite Tafel, kroch zwischen den Fleischtöpfen hindurch und setzte sich auf das Kissen, das der Pharao neben seinem Teller bereit hielt. Und wenn Malul gegessen hatte, breitete er die Arme aus, und Moses ließ sich auf den Schoß des Pharao fallen. Und nicht selten kam es vor, daß Malul mit dem Kleinen auf dem Teppiche herumrollte und dabei kicherte und lachte und quietschte, als wäre er selbst nicht älter als der kleine Moses.

Bileam ben Beor warnte: »Wenn irgend jemand deinen Untertanen erzählt, wie du dieses Hebräerkind behandelst, dann werden sie sicher den Respekt vor dir verlieren.«

»Was soll das heißen!« rief Malul. »Erst war man böse auf mich, weil ich die Hebräerkinder unfreundlich behandelt habe, jetzt ist es nicht recht, wenn ich sie freundlich behandle!«

Eines Tages kroch Moses wieder über den Tisch auf den Schoß des Pharao, und an diesem Tag hatte Malul Lust gehabt, beim Mittagessen seine Krone auf dem Kopf zu tragen, und die Krone glitzerte und funkelte, denn sie war aus purem Gold und mit Edelsteinen besetzt. Da griff Moses danach, zerrte sie vom Haupt des Pharao und steckte seinen Kopf hinein.

Bileam ben Beor sprang auf und rief: »Pharao, denk nicht, das sei ein Zufall! Das ist ein Zeichen! Dieses Kind wird nach deiner Macht greifen!«

Malul aber lachte. »Du fürchtest dich vor einem Kind? Und du willst ein Zauberer sein?«

»Dieses Kind«, verkündete Bileam, und er legte alles Gold seiner Kehle in die Stimme, »dieses Kind ist offensichtlich dein Liebling, aber es ist ein Nachfahre Abrahams, und Abraham war als Kind der Liebling von König Nimrod, und als er ein Mann war, hat er Nimrod besiegt. Das vergiß nicht, Pharao!«

Bileam ben Beor war zwar von Malul als Schmeichler engagiert worden, er hatte sich mit der Macht arrangiert – für gutes Geld! –, und er ließ sich täglich von der Macht demütigen – für gutes Geld! Aber er war ein Hellseher, der Hellseher schlechthin, und auch wenn sein Einfluß in letzter Zeit geschwunden war, Malul hatte nicht vergessen, was für Referenzen dieser Bileam ben Beor vorzuweisen hatte, und auch wenn der Pharao infolge seiner geringen Selbsteinschätzung dazu neigte, als gering zu achten, wer ihm schmeichelte, hatte er dennoch bisher keinen Anlaß gehabt, an den hellseherischen Fähigkeiten des Bileam ben Beor zu zweifeln.

Malul nahm dem Kind die Krone weg und setzte sie wieder auf sein Haupt.

»Wer spricht aus dir«, fragte er Bileam ben Beor, »der Eifersüchtige oder der Hellseher? Der Schmeichler ist es wohl nicht.«

»Du wiegst dein Unglück auf deinem Schoß«, sagte Bileam ben Beor.

»Dieses Kind soll mein Unglück sein?«

Und Bileam ben Beor wiederholte: »Du wiegst dein Unglück auf deinem Schoß!«

»Jag Bileam ben Beor aus dem Haus!« riefen Alparanith und Bithja, und die Amme nickte dazu. Die Frauen ekelten sich vor dem Mann aus Gold, haßten ihn, verachteten ihn wegen seiner Schmeicheleien.

»Wenn er bleibt, werde ich dein Haus wieder verlassen«, sagte Bithja. »Und mein Kind kommt mit mir.«

Bileam ben Beor sagte nichts mehr. Er stand bewegungslos wie eine Statue, das Bild eines lächelnden Götzen.

»Warum brauchen wir überhaupt beim Mittagessen, wenn wir hier sitzen, eine Krone auf dem Kopf?« wollte Alparanith schlichten. »Jedes Kind greift nach glitzernden Dingen! Und deine Krone glitzert nun einmal, und dieses Kind kennt keinen Unterschied, weiß nicht, was Gold ist, greift einfach nach dem, was mehr glitzert. Würde dein Löffel mehr glitzern als deine Krone, es hätte nach dem Löffel gegriffen.«

Aber Malul war verunsichert: »Und wenn es doch ein Zeichen ist?«

»Sicher«, sagte Bileam ben Beor, »die Krone des Pharao glitzert mehr als der Löffel des Pharao. Aber glühende Kohlen glitzern mehr als die Krone. Holt eine Schale mit glühenden Kohlen! Dann werden wir sehen.«

»Was soll das für eine Prüfung sein!« rief Bithja. »Wenn Moses nach der Krone greift, hat Bileam ben Beor recht, wenn er nach den Kohlen greift, verbrennt er sich!«

Aber Malul hatte sich von seinem Schmeichler verunsichern lassen. Er liebte das Kind. Aber noch mehr liebte er seine Macht. Eine Schale mit den glühenden Kohlen wurde auf den Tisch gestellt, die Pharaonenkrone daneben gelegt.

Und der kleine Moses? Ehe man es sich versah, griff er in die Schale, holte ein Stück glühende Kohle heraus und steckte es sich in den Mund.

Es heißt, das sei der Grund dafür gewesen, warum Moses eine schwere Zunge gehabt habe. Moses war sein Leben lang kein geschickter Redner. Er hatte einen klaren Verstand, war wie keiner in der Lage, Entschlüsse zu fassen. Aber er konnte nicht gut reden. Darum hat er überallhin seinen Bruder Aaron mitgenommen. Manche vermuten, Moses selbst habe die Geschichte mit der glühenden Kohle erfunden, um eine Begründung für sein rhetorisches Untalent zu haben. Wie auch immer – die kleine Geschichte ging jedenfalls in den Sagenschatz der Hebräer ein.

Malul kümmerte sich wenig um Politik, sie interessierte ihn nicht, hatte ihn im Grunde nie interessiert. Er gab Befehle, forschte aber nicht nach, ob sie auch tatsächlich ausgeführt wurden. Wohl und Stärke des Landes waren ihm kein Anliegen.

Bileam ben Beor hatte zwar an direktem politischem Einfluß verloren, aber es gelang ihm, durch Intrigen,

Einschüchterung und Erpressung der Beamtenschaft zu bestimmen, was im Reich geschah. Er war es, der die Befehle des Pharao weiterleitete, und wenn die Worte des Pharao aus dem goldenen Mund des Hellsehers kamen, waren es nicht die gleichen Worte, die durch seine goldenen Ohren gegangen waren. Wenn Malul auf Anraten seiner Frau und seiner Tochter die Abschaffung der Fron verordnete, dann hieß das aus dem Mund Bileam ben Beors Verschärfung der Fron. Bileam ben Beor schirmte das Haus des Pharao von allen Informationen ab. Und so wußten auch Bithja und Alparanith nicht, was in Ägypten tatsächlich vor sich ging.

Zur Zeit der Kindermorde hatte sich Bithja Informationen von außen verschafft, sie hatte niemandem am Hof ihres Vaters vertraut, hatte sich in einfache Kleider gehüllt und war unter die Leute gegangen, hatte heimlich die Wohnviertel der Hebräer besucht und sich selbst ein Bild gemacht. Sie war verzweifelt gewesen und hatte sich für ihren Vater geschämt und versucht, Gutes zu tun. Nun, da die Kindermorde verboten worden waren, sah sie keine Notwendigkeit mehr, die Idylle und den Luxus des Pharaonenpalastes zu verlassen.

Und Moses wuchs in diesem Luxus, in dieser Idylle auf, und auch er wußte nicht, was draußen vor sich ging.

Dann eines Tages – Moses war inzwischen ein junger Mann, stattlich, schön, groß – kam ihm die Idee, einen Spaziergang durch die Stadt zu machen. Allein. Wenn er bisher die Stadt besucht hatte, dann mit Leibgarde und Pomp, wie es sich für den »Enkel« des Pharao gebührte. Was er zu sehen bekam, war von Bileam ben Beor vorher festgelegt worden. Wenn der Weg an elenden Gassen vorbeiführte, waren die Zugänge mit Tüchern verhüllt worden. Und die Menschen auf der Straße trugen ihre schönsten Kleider, und die Kinder wurden für ihr Lachen bezahlt.

Nun aber spazierte Moses allein durch die Stadt, gekleidet wie ein einfacher Bürger. Er besuchte die Märkte, kaufte ein und bezahlte. Er setzte sich in den Schatten, hörte den Gesprächen der Männer zu, wagte es allerdings nicht, sich an den Gesprächen zu beteiligen, denn es wurde ihm sehr schnell klar, daß er gar nichts über das Leben dieser Menschen wußte, daß er sich schon nach wenigen Worten verraten würde. Niemand kümmerte sich um ihn, und wenn sich die Frauen nach ihm umdrehten, dann nur weil er so stattlich, so schön, so groß war.

Und die Frauen drehten sich nach ihm um – bis ins hohe Alter hat Moses auf Frauen eine besondere Anziehungskraft ausgeübt. Frauen waren ihm nie gleichgültig. Wenn er Entscheidungen zu treffen hatte, wenn er sich beriet, immer wollte er, daß Frauen um ihn waren. Nicht weil er ihre Ratschläge besonders schätzte – Ratschläge anderer, egal, ob Mann oder Frau, bedeuteten für ihn selten mehr als ein atmosphärisches Hintergrundgeräusch zu seinen Gedanken –, nein, die Anwesenheit einer Frau beflügelte seinen Geist, machte ihn weit, gab seinen Gedanken Sicherheit. Und die Frauen spürten, daß sie diesem Mann Kraft gaben, und manchmal wurden sie sich erst durch ihn bewußt, über welche Kraft sie verfügten. Und das bewirkte, daß sich die Frauen nicht weniger zu Moses hingezogen fühlten als er sich zu ihnen.

Auf seinem Spaziergang über den Markt sah Moses vor sich eine Frau, die einen Korb am Arm trug. Sie kaufte Gemüse ein. Über dem Kopf trug sie einen Schleier, der ihre Haare verdeckte. Moses stand im

Schatten eines Stoffdaches, das die Ware eines Händlers vor der Sonne schützte. Die Frau bemerkte nicht, daß sie beobachtet wurde. Einen kurzen Blick auf ihr Gesicht erhaschte Moses, dann wandte sie sich ab. Ein Gefühl stieg aus seinem Herzen empor, ein Gefühl, wie er es nicht kannte.

Moses war neunzehn, und er war schon verliebt gewesen in seinem Leben. Er kannte das Gefühl des Verliebtseins. Damit hatte diese Empfindung nichts zu tun. Ihm war, als greife jemand nach seinem Herzen, als wolle sich eine Hand darum schließen und es nie wieder freigeben. Als die Frau den Markt verließ, folgte ihr Moses.

Er folgte ihr durch die schattigen Gassen der Stadt, folgte ihr, als sie das Innere der Stadt verließ und auf die Hütten der Vororte zuging. Hier lebten die Hebräer. Manchmal hatte Moses von diesen Menschen reden hören. Die Amme des Pharao erzählte bisweilen von diesen Menschen. Daß er hier aufgewachsen war, ja, davon hatte er gehört, aber er erinnerte sich nicht daran.

Und dann hielt er es nicht länger aus, er beschleunigte seinen Schritt, legte der Frau die Hand auf die Schulter und sprach sie an.

»Ich will dich nicht erschrecken«, sagte er.

Die Frau drehte sich um, blickte Moses gerade in die Augen, und dann erschrak sie doch, erschrak so sehr, daß sie das Bewußtsein verlor.

Moses fing sie auf, ehe sie zu Boden sank. Er trug sie in den Schatten, fächelte ihr Luft zu.

Es war Mirjam, seine Schwester. Sie hatte ihn erkannt. Nicht an seinem Gesicht hatte sie ihn erkannt. Es waren so viele Jahre vergangen, seit sie ihn zu Bithja in den Palast des Pharao gebracht hatte. Mirjam hatte ihren Bruder erkannt, weil der Engel in der Nacht zu ihr gekommen war und das Treffen mit Moses angekündigt hatte.

»Hast du einen Wunsch, Mirjam?« hatte der Erzengel Gabriel im Traum gefragt.

»Bist du gekommen, um mich nach meinen Wünschen zu fragen?«

»Unter anderem.«

»Viele Wünsche habe ich«, antwortete Mirjam.

»Das habe ich befürchtet«, sagte der Engel.

»Was gibt es an meinen Wünschen zu fürchten?« fragte Mirjam.

»Es wäre gut, wenn du nur einen Wunsch hättest.«

»Es gibt keinen Menschen, der nur einen Wunsch hat.«

»Das weiß ich inzwischen«, seufzte der Engel. »Ablenkungen sind hier zu viele, Klarheit ist selten. Was aber, Mirjam, ist dein dringlichster Wunsch?«

Mirjam lag in ihrem Bett, sie schlief, sie träumte, und eigentlich war sie allein mit sich selbst. Darum war es nicht nötig, sich zu schämen und der Frage auszuweichen.

»Meinen dringlichsten Wunsch willst du wissen?« sagte Mirjam zum Erzengel Gabriel. »Siehst du, ich bin bald dreißig Jahre alt, ich bin eine schöne Frau, das weiß ich, ich bin eine kluge Frau, das weiß ich auch, ich bin auch eine fleißige Frau, daran besteht nicht der geringste Zweifel. Und dennoch bin ich immer noch ohne Mann. Warum ist das so? Die Leute sagen, ich sei liebenswert, und wenn ich sie frage, wie sie es sich erklären, daß eine wie ich, eine schöne, kluge, fleißige liebenswerte Frau, immer noch keinen Mann hat, dann schütteln sie den Kopf und sagen, das sei ihnen unerklärlich. Also: Mein dringlichster Wunsch ist, daß ich einen Mann finde.«

Das sagte Mirjam im Traum zum Erzengel Gabriel.

Und der Erzengel Gabriel sagte: »Das habe ich befürchtet.«

Und Mirjam sagte: »Was gibt es für dich und den Himmel schon zu fürchten, wenn ich einen Mann bekomme?«

»Ich will es kurz machen«, sagte der Engel. »Morgen wird dich ein Mann ansprechen. Er wird seine Hand auf deine Schulter legen und wird sagen: Ich will dich nicht erschrecken.«

»Und? Wird er mich erschrecken?«

»Ja.«

»Und warum?«

»Es wird dein Bruder Moses sein. Morgen wird er den Palast des Pharao verlassen, und er wird nie wieder dorthin zurückkehren.«

Im Traum ist der Mensch enger bei seiner eigenen Zeit als im Wachen. So war es für Mirjam im Traum nicht weiter verwunderlich, daß sie ihren Bruder treffen wird, den sie seit über fünfzehn Jahren nicht mehr gesehen hat.

»Du hast erwartet, mein dringlichster Wunsch sei, meinen Bruder Moses wiederzusehen«, sagte sie zu dem Engel.

»Ich fürchtete, es würde nicht so sein«, sagte der Engel.

»Werde ich einen Mann haben in meinem Leben, einen guten Mann?« fragte Mirjam.

Aber der Engel war schon davon.

Und am nächsten Tag war eingetreten, was der Engel angekündigt hatte.

Als Mirjam wieder zu sich kam, umarmte sie ihren Bruder und sagte: »Ich habe mir gewünscht, daß du zu uns kommst, Moses.«

Sie saßen im Schatten der Umzäunung, die das Hebräerviertel von der übrigen Stadt trennte, und erzählten einander ihr Leben. Moses wußte, daß er der Sohn einer Hebräerin war, den die Tochter des Pharao vor dem Tod errettet hatte. Bithja hatte sich irgendwann ein Herz gefaßt und hatte ihm alles erzählt. Aber sie selbst wußte ja auch nicht viel, so gut wie gar nichts wußte sie über die Lebensverhältnisse seiner Familie, über die Lebensverhältnisse der Hebräer allgemein. Sie meinte, seit der Mordbefehl zurückgenommen war, herrsche Normalität. Sie wußte ja nicht, das Bileam ben Beor die Weisungen des Pharao, auf die Bithja und ihre Mutter so sorgsam Einfluß nahmen, hinter dem Rücken des Pharao in ihr Gegenteil verkehrte.

»Wenn du sehen willst, wie unsere Leute leben, wenn du sehen willst, unter welchen Bedingungen sie arbeiten«, sagte Mirjam zu Moses, »dann komm! Ich werde es dir zeigen.«

Was Moses sah, entsetzte ihn. Mirjam führte ihn in die Ziegelfabriken. Die hebräischen Männer arbeiteten in der Wüstensonne an den heißen Öfen. Das Wasser war rationiert. Die Schwachen wurden geschlagen. Die Starken wurden gedemütigt, bis sie aufbrausten. Dann wurden sie geschlagen. Die Arbeiter wurden wie Sträflinge behandelt. Ägyptische Soldaten beaufsichtigten sie, die waren bewaffnet. Manchmal mußten die Männer schwere Ziegelstapel auf ihren Schultern über eine Stiege tragen, die war aus dem Tritt gebaut, absichtlich. Die Männer fielen, die Ziegel zersplitterten. Der Schaden wurde ihnen vom Lohn abgezogen, oder sie mußten länger arbeiten.

Mirjam führte Moses durch die Lager, in denen die Männer in den Nächten schliefen. Es waren Baracken, in denen Holzpritschen standen, jeweils drei übereinander, wie Regale. Es gab keine Möglichkeit, sich zu waschen.

Und die Aufseher höhnten: »Ihr seid ein Volk, das stinkt!«

Mirjam führte ihren Bruder über die Plätze, wo die Frauen, die in der Nähe ihrer Männer sein wollten, ihre Habseligkeiten ausgebreitet hatten. Sie verkauften alles, was sie besaßen, oder tauschten es gegen Brot, gegen Öl, gegen Wein. Die Frauen weigerten sich, sich zu waschen, sie wollten es nicht besser haben als ihre Männer, denn sie liebten ihre Männer.

Moses ging hinter seiner Schwester her, ging zwischen staubigen Mauern, wo die Kinder an den Tagen Schatten suchten, während ihre Eltern arbeiteten – wenn sie überhaupt noch Eltern hatten.

»Nicht einen Tag Ruhe haben die Männer«, sagte Mirjam. »Der Lohn ist zu gering, um davon leben zu können. Und wer unter der Fron zusammenbricht, bekommt gar keinen Lohn mehr. Auch die Frauen müssen arbeiten und können sich nicht um die Kinder kümmern. Und Frauen, die für die Arbeit zu schwach sind, sind gezwungen, ihren Körper zu verkaufen. Und wenn eine Frau alt ist und allein ist und nicht mehr begehrenswert ist, dann stirbt sie.«

»Der Pharao weiß das nicht«, stammelte Moses.

»Du nimmst ihn in Schutz«, sagte Mirjam.

Und sie hatte recht. Moses nahm ihn in Schutz, den Herrn von Ägypten. Er, Moses, war des Pharao geliebter Sohn. So hatte ihn Malul genannt, als er ein Kind war, und so nannte er ihn immer noch.

Und Malul sah keine Veranlassung, dem Hofstaat zu verschweigen, daß er Moses als seinen Erben eingesetzt hatte, Moses sollte Maluls Nachfolger werden.

»Erzieht ihn nach meinem Vorbild«, ermahnte er die Lehrer, »so wie ich nach dem Vorbild meines Großvaters erzogen wurde.«

Freilich, Malul war launisch, und was er heute förderte, konnte er morgen mit Haß verfolgen. Aber die Liebe zu Moses dauerte nun schon seit vielen Jahren an, und wer immer noch darauf hoffte, es sei doch nur eine vorübergehende Laune, der wurde enttäuscht.

Malul hatte zwei Söhne, aber die interessierten ihn nicht, er ließ sie nicht an seiner Mittagstafel sitzen. Ob sie eifersüchtig waren, ob sie die Bevorzugung des Findelkindes ihrer Schwester verletzte, kümmerte ihn nicht.

»Nicht die Natur«, pflegte Malul zu sagen, »schreibt dem Pharao vor, wer sein Sohn ist, sondern einzig sein Wille.«

Wie reagierte Alparanith darauf, die Mutter der Ungeliebten? Es ist nicht bekannt. Manche behaupten, auch sie habe den Moses mehr geliebt als ihre eigenen Söhne.

Und Moses? Er genoß die Liebe des Pharao. Er war nicht arrogant, benutzte seine Erhöhung nicht, um andere zu erniedrigen, machte sich gern zum Fürsprecher, wann immer einer einen Wunsch an den Pharao hatte – aber er ließ sich doch gern verwöhnen, sonnte sich in der Liebe des Herrschers, ließ sich gern schmeicheln und nannte es eine Selbstverständlichkeit, daß ihm jeder Wunsch auf der Stelle erfüllt wurde. Wer kann das einem jungen Mann verübeln?

»Du nimmst den Pharao in Schutz«, sagte Mirjam. »Aber vergiß nicht: Die Fron war seine Idee, und daß sie nicht aufgehoben wurde, ist seine Schuld, denn er ist der Herr, und auch wenn der Herr nicht weiß, was hinter seinem Rücken geschieht, so ist es doch seine Schuld.«

Moses kehrte nicht in das Haus des Pharao zurück. Was er gesehen hatte, würde sein Leben verändern. Er wollte allein sein. Er war verwirrt. Er blickte auf seine Existenz, wie einer von außen in ein hell erleuchtetes Zimmer blickt; wie einer, der in der kalten Nacht steht, auf die schaut, die drinnen im Warmen lachen. Und er beneidete den, der er gewesen war, er beneidete ihn um seine Unwissenheit.

»Komm zu uns«, sagte Mirjam zu ihrem Bruder. »Du findest ein Bett im Haus deiner Eltern.«

Aber Moses wollte allein sein. Er ging die ganze Nacht und ging den ganzen Tag, und die Welt, die er sah, sah er zum ersten Mal. Weit ins Land hinein ging er, besuchte andere Städte und Dörfer.

»Die Menschen warten auf dich«, hatte Mirjam zum Abschied gesagt. »Das Volk Israel ruft nach dir.«

»Niemand kennt mich«, hatte ihr Moses geantwortet. »Was redest du da, Mirjam! Ich höre niemanden nach mir rufen. Wenn sie rufen und schreien, dann weil sie von den ägyptischen Soldaten geschlagen werden. Wo ist das Volk Israel? Ich sehe nur verzweifelte Männer und Frauen ohne Hoffnung und Kinder ohne Liebe. Wenn diese Menschen auf etwas warten, dann auf den Tod.«

»Du wirst ihnen Hoffnung geben!« hatte Mirjam ihm nachgerufen. »Du! Du, Moses! Du wirst ihnen die Verzweiflung nehmen!«

»Das kann ich nicht!« hatte Moses gesagt und hatte seiner Schwester den Rücken gekehrt.

»Du kannst es, Moses! Gott hat dich geschickt!«

Ohne ihr noch einmal Antwort zu geben, war Moses gegangen.

»Bete zum Gott Israels!« rief Mirjam ihm nach.

Diesen Gott kannte Moses nicht.

Moses kannte Gott nicht, aber er sah das Leid seines Volkes.

Auf seiner Wanderung kam er an einem Steinbruch vorbei. Er sah einen ägyptischen Aufseher, der so lange mit seiner Peitsche auf einen Juden einschlug, bis der Mann am Boden liegen blieb und sich nicht mehr rührte. Der Aufseher trat mit dem Stiefel gegen die Brust des Mannes. Schippte Staub über sein Gesicht. Dann ging er. Er meinte wohl, der Mann sei tot.

Moses beugte sich zu dem Mann nieder, goß Wasser über sein Gesicht, reinigte es von Schmutz und Blut. Der Mann lebte noch. Moses zog ihn in den Schatten, pflegte seine Wunden und gab ihm zu essen und zu trinken.

»Was ist geschehen«, fragte er den Mann. »Warum hat dich der Soldat geschlagen?«

»Der Soldat hat meine Frau vergewaltigt«, sagte der Mann. »Er hat mir meine Frau weggenommen. Er hat sie zu sich nach Hause geschleppt. Er sperrt sie ein, und in der Nacht zwingt er sie in sein Bett. Ich habe mich vor ihm in den Staub geworfen und ihn angefleht, er soll unserem Elend ein Ende bereiten. Da sagte er zu mir: Deinem Elend werde ich ein Ende bereiten. Und er schlug mit der Peitsche auf mich ein.«

Da stieg in Moses ein Zorn auf, wie er ihn in seinem Leben noch nie verspürt hatte.

»Geh du getrost nach Hause«, sagte er zu dem Mann. »Ich werde eurem Elend ein Ende bereiten.«

Moses suchte den Aufseher.

»Bist du der Mann, der eines Juden Frau geraubt hat, der sie zu Hause hält wie Vieh, der den Juden fast zu Tode geprügelt hat, als er um Gnade bat – bist du dieser Mann?«

Und der Aufseher antwortete ihm lächelnd: »Das weiß ich nicht. Kann sein. Es gibt viele Männer, die so etwas getan haben, was ich getan habe.«

Da bückte sich Moses, hob einen Stein auf, so groß wie der Kopf des Mannes, und erschlug ihn damit. Und verscharrte ihn im Sand.

In der Nacht weinte Moses. Er bereute. Er steckte seine Hände in den Wüstensand, damit er sie nicht ansehen mußte. Er war ein Mörder. Ich will zu Mirjams Gott beten, sagte er zu sich. Ich will zu ihm beten und ihm eine Frage stellen. Nämlich, ob es in bestimmten Ausnahmefällen erlaubt ist, einen Menschen zu töten.

Moses kniete nieder, richtete es sich bequem ein, denn es sollte ein langes Gebet werden. Aber dann zögerte er. Er erhob sich und wischte den Staub von seinem Kleid. Er betete nicht zu Mirjams Gott. Und er stellte Mirjams Gott auch keine Frage.

Wenn er mir antwortet, sagte er sich, dann ist es gut. Dann wird er zwar alles Mögliche von mir verlangen, das ist zu erwarten, aber es ist gut. Ich werde mich bemühen. Was ich tun kann, werde ich tun. Mehr kann auch ein Gott nicht von mir verlangen. Aber was ist, wenn er mir nicht antwortet? Und ich glaube eher, er wird mir nicht antworten. Was dann? Dann werde ich denken, es gibt diesen Gott gar nicht. Aber wenn es diesen Gott gar nicht gibt, dann wird meine Schwester Mirjam verzweifeln. Und, angenommen, es stimmt, was sie sagt, daß die Menschen auf einen warten und nach einem rufen, der sie erlöst, und weiter angenommen, wirklich nur einmal angenommen, ich bin tatsächlich derjenige, auf den sie warten, nach dem sie schreien, dann werde ich ihnen sagen müssen: Es gibt euren Gott gar nicht. Also kann er mich auch nicht zu euch geschickt haben. Also war euer Warten vergebens und euer Schreien umsonst. Damit würde ich eine große Sünde auf mich laden, denn es ist eine Sünde, den Schwachen zu entmutigen, und diese Sünde würde schwerer wiegen als der Mord an dem Aufseher. Und eben deshalb werde ich lieber nicht zu Mirjams Gott beten und werde ihm lieber keine Fragen stellen. So überlegte Moses in jener Nacht.

Am nächsten Tag war er wieder draußen bei dem Steinbruch. Wer weiß, dachte er, vielleicht finde ich dort ein Zeichen, das mir sagt, es gibt Mirjams Gott, dann werde ich unverzüglich zu ihm beten.

Da sah er von weitem den Mann, den er Tags zuvor aus der brennenden Sonne gerettet, dessen Wunden er behandelt, dem er zu essen und zu trinken gegeben hatte. Da ist ja mein Freund, dachte Moses. Ich will mit ihm besprechen, was mir in der Nacht durch den Kopf gegangen ist.

Der Mann war nicht allein. Aber diesmal war der andere kein Soldat, kein Ägypter. Er trug die schäbigen Kleider eines Hebräers. Die beiden sprachen miteinander. Ganz offensichtlich war es ein heftiges Gespräch, beide fuchtelten mit den Armen, manchmal stießen sie sich an. Der Wind verwehte ihre Worte, so daß Moses sie nicht verstehen konnte.

Und dann sah Moses, wie der andere ausholte und auf den Mann einschlug, den er im Stillen seinen Freund genannt hatte. Da lief er über die Düne, umklammerte die Gelenke des Bösen.

»Was tust du!« schrie er ihn an. »Warum schlägst du ihn? Siehst du denn nicht, daß er schwach ist, daß er verletzt ist? Weißt du denn nicht, daß er mißhandelt wurde von einem der Aufseher?«

Aber was geschah? Der Mann, den Moses im Stillen seinen Freund nannte, sprang vom Boden auf, stieß Moses zurück.

»Willst du ihn etwa auch umbringen? Wie du den Aufseher umgebracht hast? Was bist du für einer? Kannst du nicht sein, ohne jeden Tag einen Menschen zu töten? Sag nicht, daß du mir hilfst! Ich will deine Hilfe nicht!«

Moses war sehr verwirrt. Der Böse war kein Böser, er war der Schwager des Mannes, den er im Stillen seinen Freund genannt hatte – nun nicht mehr so nannte.

»Er hat meine Schwester verstoßen«, sagte der Mann. »Darum habe ich ihn niedergeschlagen. Das wird doch wohl noch erlaubt sein!«

»Ich will seine Schwester nicht mehr haben, sie ist unrein«, sagte der Gatte.

»Sie ist unrein, ja«, sagte der Bruder, »aber sie ist ohne Schuld unrein. Der Soldat hat sie geraubt.«

»Er hat sie in sein Bett gezerrt«, sagte der Gatte.

»Sie hat sich gewehrt«, sagte der Bruder.

»Sie hat sich zu wenig gewehrt«, sagte der Gatte.

»Wenn sie sich noch mehr gewehrt hätte, hätte er sie getötet«, sagte der Bruder.

»Sie hätte sich töten lassen sollen«, sagte der Gatte.

Da holte der Bruder wieder aus und schlug seinen Schwager zu Boden.

»Seid ihr denn nicht beide Juden?« schrie sie Moses an. Und er hätte ihnen gern und ausführlich darlegen wollen, wie er die Sache sah. Aber erstens fanden die Worte nicht zu den Gedanken, und zweitens unterbrachen ihn die beiden, noch ehe er den Mund aufmachen konnte.

»Was willst du von uns?« schimpften sie auf ihn ein. »Wir wollen deine Hilfe nicht! Geht das nicht in deinen Schädel? Du bringst uns nur in Schwierigkeiten!«

»Mein Schwager muß sich vor den Ägyptern verstekken«, sagte der eine. »Du hast einen ihrer Aufseher erschlagen, sie meinen, er sei es gewesen. Du hast sein Leben ruiniert!«

»Und gehst auf den Bruder meiner Frau los«, setzte der andere nach, »nur weil er ihre Partei ergreift, was er als Bruder ja tun muß!«

»Aber ich habe dich gegen ihn verteidigt! Dich!« brachte Moses mit Mühe und Schnaufen hervor.

»Was spielt das für eine Rolle? Ich kann nicht zusehen, wie mein Schwager von einem Fremden attackiert wird!«

»Er hat dich geschlagen!«

»Na und? Schlagen ist wie Reden! Was mischst du dich ein?«

Moses betrachtete die beiden. Verwirrung war in ihren Augen. Ratlosigkeit, Ziellosigkeit, Elend standen in ihrem Blick.

»Und ihr wollt erlöst werden ...« murmelte er vor sich hin.

»Was hat er gesagt?«

»Daß wir erlöst werden wollen.«

»Wovon denn erlöst werden?«

»Keine Ahnung! Frag ihn!«

»He, du! Was spinnst du herum! Wir wollen nicht erlöst werden!«

»Nein, das wollen wir nicht! Wenn wir es wollten, wüßten wir es!«

Ohne ein weiteres Wort geht Moses davon. Er verläßt die Stadt, verläßt das Land. Er sagt niemandem, wohin er geht. Er verabschiedet sich weder von Mirjam noch von Bithja. Er weiß nicht, wohin er geht. Seine Spur verliert sich.

Pharao Malul, dessen Liebling er war, ihn wird er nie wieder sehen. Malul versank in Schwermut.

»Wo ist Moses?« waren seine ersten Worte, wenn er die Augen am Morgen öffnete. »Wo ist mein Moses, mein Glück?«

Und dann rief er nach seiner Amme, der uralten, vertrockneten, die nicht mehr schlief und nichts mehr aß und nur noch aus Geschichten bestand.

»Erzähl mir von Moses!« sagte Malul.

Und die Amme sagte: »Moses, Moses ... Der ist weg. Er hat dich im Stich gelassen. Ich weiß nichts von ihm.«

»Er hat mich geliebt, wie ich ihn geliebt habe!« jammerte der Pharao.

»Niemand liebt so, wie der Pharao liebt«, sagte die Amme.

»Erzähl mir eine Geschichte von Moses!« bettelte er, und er hatte eine Stimme wie ein Kind. »Was tut er gerade? Wo ist er? Mit wem spricht er? Geht es ihm gut? Geht es ihm so gut, daß er mich vergessen hat? Geht es ihm schlecht? Braucht er meine Hilfe?«

»Ich weiß es nicht«, sagte die Amme.

»Dann frag einen Traum. Früher hast du deine Träume gefragt.«

»Ich schlafe nicht mehr«, sagte die Amme.

»Ich befehle dir zu schlafen!« zeterte Malul.

Er rief die Wachen, ließ die Amme abführen, befahl, man solle sie in ihr Gemach schleppen und dort aufs Bett binden und erst wieder losmachen, wenn sie eingeschlafen sei.

Und die Amme schlief tatsächlich ein, schlief drei Tage und drei Nächte, und alle meinten, sie sei gestorben, aber sie war nicht gestorben, sie hatte ihre Träume befragt, und keiner ihrer Träume wußte etwas über Moses, und erst nach drei Tagen und drei Nächten kam ein Traum, der wußte etwas.

Und Malul fragte wieder: »Weißt du jetzt, was mit meinem Moses ist? Hast du einen Traum befragt? Wohin ist Moses gegangen?«

»Ja, ich habe einen Traum gefunden und ihn befragt«, sagte die Amme. »Dein Moses ist in einem fremden Land. Er ist in dem Land, wo die Mooren leben. Er ist der König der Mooren geworden.«

Und sie erzählte Malul Geschichten, erzählte ihm Märchen. Wie sie es ihr Leben lang getan hatte. Und Malul lauschte ihren Geschichten.

Aber die Geschichten machten ihn nicht glücklich. Erst war seine Seele krank geworden, nun wurde auch sein Körper krank. Es fing mit Bauchgrimmen an, am Ende lag er danieder, konnte sich nicht mehr bewegen, auf seiner Haut blühte der Aussatz weiß wie Schimmel.

Der Pharao weinte. Und fluchte. Und verfluchte. Und verfluchte alle. Und haßte alle. Und da fiel ihm einer ein, der auch auf alle fluchte, der auch alle haßte, nämlich Bileam ben Beor. Und er rief nach dem Hellseher.

»Als was soll ich dir dienen?« fragte der Goldene. »Als Hellseher, als Schmeichler oder als Ratgeber?«

»Als Ratgeber«, sagte Malul.

»Du weißt, wie hoch mein Ratgeberhonorar ist?«

»Ich bin der Pharao«, rief Malul, »mir gehört die Welt!«

»Also, in welcher Angelegenheit brauchst du meinen Ratschlag?«

»Sieh mich an!« sagte Malul. »Warum bin ich so, wie ich bin?«

»Schuld sind die, die immer schuld sind«, sagte Bileam ben Beor. »Die Juden.«

»Was soll ich tun?«

»Töte sie!«

»Nein«, sagte Malul. »Ich werde zu ihnen gehen. Ich werde die Juden bitten, sie sollen mich in Frieden lassen.«

Malul, der Unglückliche, der vom Aussatz Zerfressene, ließ seine Sänfte kommen, und er gab den Trägern Befehl, ihn nach Gossem zu bringen, wo die Juden lebten. Aber er erreichte sein Ziel nicht. Die Träger stolperten, Malul stürzte zu Boden. Ein elendes, blasses, mageres Ding war sein Körper nur noch.

Die Juden standen um ihn herum.

»Helft mir«, sagte er, und es war alle Kraft nötig, um das zu sagen. »Helft mir, ich bin der Herr der Welt!«

»Das kann nicht sein«, sagten die Juden. »Wir wissen, was uns der Pharao angetan hat. Wäre er wie du, dann hätten wir uns das nicht gefallen lassen.«

Und sie drehten sich um und gingen und ließen Malul allein, und Malul starb. Und seine Tränen flossen ihm noch aus den Augen, da schlug sein Herz schon lange nicht mehr.

Zippora und Reguel

Von den Nöten der großen Helden und den Nöten des Erzählers, über sie zu berichten – Von den Brunnen und ihrer Tradition – Von einer Frau, die allein und zu Fuß durch die Wüste geht – Von Wimpern, einem Mund und einer Nase – Von Liebespaaren, die keine sind – Von der Entdeckung, daß ohne Liebe das Leben leer ist – Vom Zorn aller Zörne – Vom richtigen Anschauen – Von der Verwandlung der Untreue in Heldentum – Von einem Gespräch über den Dank – Von einem Ast aus dem Paradies

Als Moses Ägypten verließ, war er ein junger Mann. Als er zurückkehrte, war er achtzig Jahre alt. Wo war Moses gewesen? In so vielen Jahren! Das ist das Leben selbst. Was hat er erlebt? Aus der Bibel erfahren wir wenig, viel zu wenig jedenfalls, um uns diesen Lebensabschnitt zu einer Lebensgeschichte zu formen. Also müssen wir uns nach anderen Quellen umsehen.

Moses, der Gesetzgeber, der Religionsstifter, korrekter müßte es heißen: der Religionserneuerer, er ist ja nicht nur eine zentrale Figur des Interesses von Theologen und Rechtsgeschichtlern. Solchen herausragenden Persönlichkeiten wird auch im Gedächtnis des Volkes ein Denkmal gesetzt, und solche Denkmale bestehen eben aus Geschichten – dem einzigen Baumaterial, über das auch der ärmste Mann im Überfluß verfügt. Die Sagen, Märchen, Legenden, Anekdoten über Moses füllen dicke Bände, und die rund sechzig Jahre, die er außerhalb Ägyptens verbracht hat, erscheinen einem plötzlich als eine viel zu kurze Zeit, gemessen an dem, was er erlebt haben soll. Der Volksmund macht aus

Moses eine mythische Figur, durchaus vergleichbar mit den Helden des klassischen Altertums, einen Heroen, der außerhalb der Zeit seine Abenteuer erlebt, dessen Taten chronologisch zu ordnen weder möglich noch sinnvoll ist.

Wenn die Bibel zu wenig erzählt, dann erzählen die Sagen zu viel. Viel zu viel. Wenn einer alles erlebt, erlebt er gar nichts. Wenn einem Menschen alles zuzutrauen ist, ist er kein Mensch mehr, sein Charakter bläht sich ins Unfaßbare, ins Beliebige. Mit den Moses-Sagen verhält es sich ähnlich wie mit den Herakles-Sagen aus der griechischen Mythologie: Der Protagonist wird von der Masse seiner eigenen Heldentaten erdrückt, so daß er am Ende als eine uninteressante Figur übrigbleibt, die lediglich eine Funktion zu erfüllen hat, nämlich Träger von Geschichten zu sein.

Solche alles überragende mythische Figuren verdrängten kleinere lokale Helden: Die verschiedenen Regionen wollten ihrer Mythologie mehr Gewicht verleihen, indem sie ihre eigenen Helden aufgaben und deren Taten dem großen Vorbild anhängten. Das ist der Homogenität eines Charakters freilich nicht zuträglich. So tritt Moses in der einen Geschichte als ungeduldiger, cholerischer Anführer einer Armee von Gerechten auf, und in der anderen Geschichte lernen wir ihn als einen sanften, langmütigen Menschen kennen, um den sich Kinder und Tiere scharen. In der einen Geschichte wird Moses Minister und ordnet durch und durch diesseitige Staatshaushalte, in der anderen schweben Engel vom Himmel und füttern den Verhungernden mit nahrhafter Luft. – Es ist, als hätte man völlig unterschiedlichen Figuren einfach den Namen Moses gegeben. Mit dem großen Mann aus der Bibel haben viele dieser Geschichten nichts mehr zu tun.

Sind diese Sagen also wertlos? Weil sie uneinholbar vom Original der Erzählung abweichen? So ein Urteil wäre sinnvoll, wenn man bei einer mythischen Figur überhaupt von einem Original sprechen könnte, einem Original, an dem sich der Wert einer Erzählung messen läßt. Der Historiker kann sehr wohl unterscheiden, was wahr und was falsch ist – jedenfalls geht seine Wissenschaft davon aus. Nachdem es für uns aufgeklärte Menschen jedoch eine Binsenweisheit ist, daß sagenhafte Begebenheiten nicht wirklich, das heißt nicht historisch überprüfbar geschehen sind, sondern höchstens eine innere Wahrheit besitzen – was immer man darunter verstehen mag –, kann der Wert einer sagenhaften Erzählung weder an ihrer Originalität noch an ihrem Alter, noch an der Quelle, der sie entstammt, noch an den Autoritäten, über die sie tradiert wurde, gemessen werden.

Was aber macht dann den Wert, den Gebrauchswert, einer mythischen Geschichte aus? Warum wählt der Erzähler diese Variante und jene nicht, warum zieht er bisweilen eine obskure Quelle einem kanonischen Text vor? Ich kann darauf nur eine subjektive Antwort geben: Im Lauf der Erzählung gewinnt der Held derselben immer mehr an charakterlicher Kontur. Das ist nur scheinbar dem Willen des Erzählers zuzuschreiben. Sozusagen unter der Hand des Erzählers erzählt sich der Held seinen Charakter selbst. Der Erzähler hütet sich davor, allzu heftig einzugreifen. Oft hat ein Held nach solchen Interventionen schon geschwiegen. Also überläßt der Erzähler dem Helden die Zügel und begnügt sich mit einer dienenden Rolle – und wählt unter den vielen Geschichten und Varianten jene aus, die dem Helden auf seinem eingeschlagenen Weg förderlich sind, und schiebt großzügig Legenden, Märchen, Sagen, Anekdoten beiseite, die dem Charakter seines Helden nicht entsprechen – auch wenn damit die eine oder andere Begebenheit, die vielleicht einen »besseren Plot« vorzuweisen hätte, unter den Tisch fällt.

Moses begab sich auf eine lange Wanderschaft. Er wollte nie wieder nach Ägypten zurückkehren. Der Konflikt, der dort das ganze Leben bestimmte, der Konflikt zwischen Juden und Ägyptern, würde ihn nicht zur Ruhe kommen lassen. Er war ein Jude, der als Ägypter aufgewachsen, als Ägypter erzogen worden war. Er trug den Konflikt in sich. Erst unter Menschen, die weder wissen, wer ein Ägypter noch wer ein Jude ist, würde der Riß, der durch seine Seele ging, heilen. So dachte Moses.

Er wanderte durch die Länder, und eines Tages kam er zu einem Brunnen. Er setzte sich in den Schatten eines Baumes und ruhte sich aus. Er schöpfte Wasser und wartete, bis die Mittagshitze vorüber war. Auch wenn Moses damals erst wenig über die Geschichte des jüdischen Volkes wußte, so wurde doch in ihm das Lied weitergesponnen, das Abraham einst angestimmt, und Isaak, Jakob und die anderen später übernommen hatten, und wie ein Refrain kehrten in diesem Lied alte Motive immer wieder. An einem Brunnen hatten sich Abraham und Sara den Ehekuß gegeben, an einem Brunnen hatte Elieser für Isaak, seinen Herrn, um Rebekka gefreit, an einem Brunnen hatte Jakob Rahel zum ersten Mal gesehen – und an einem Brunnen hatten die Söhne Jakobs über ihren Bruder Josef den Stab gebrochen, was zur Folge hatte, daß dieser nach Ägypten verschleppt wurde.

Moses – er war zu jener Zeit schon bald fünfzig Jahre alt – saß also im Schatten des Baumes, lehnte mit dem Rücken am Brunnenschaft, er war müde, die Lider senkten sich über seine Augen, und er meinte, es sei schon das Bild eines Traumes, als er durch die flimmernde Wüste eine Gestalt auf sich zukommen sah.

Es war eine Frau, sie war ganz in schwarze Tücher gehüllt. Sie war allein. Sie ging zu Fuß. Gegen Wüstensonne und Wüstenstaub hatte sie die Augen zusammengekniffen, so daß sie Moses erst wahrnahm, als sie nur noch wenige Schritte vor ihm war.

Sie blieb stehen.

»Ich will Wasser«, rief sie ihm zu. »Sonst will ich nichts. Ich bin allein. Niemand braucht sich vor mir zu fürchten.«

Moses erhob sich und lachte laut heraus.

»Sieh mich an«, sagte er, »du reichst mir gerade bis an die Brust. Warum sollte ich mich vor dir fürchten?«

Er warf den Eimer, der an einem Seil hing, in den Brunnen und zog ihn mit Wasser gefüllt herauf.

»Trink!« sagte er. »Trink, so viel du willst. Niemand wird dich daran hindern.«

Die Frau konnte nicht trinken. Sie war zu schwach, um den Eimer zu halten. Sie wankte. Moses mußte sie stützen, sonst wäre sie gefallen. Er legte sie neben den Brunnen in den Schatten, hob ihren Kopf und gab ihr mit seiner Hand Schluck für Schluck Wasser. Er zog ihr das Tuch vom Kopf, befeuchtete Haare und Stirn.

»Was ist mir dir geschehen?« fragte er. »Kein Mensch geht zu Fuß und allein durch die Wüste. Bist du beraubt worden? Haben dich deine Leute zurückgelassen?«

Die Frau antwortete nicht. Sie war zu schwach dazu. Die Augen fielen ihr zu. Sie schlief ein.

Moses blieb neben ihr sitzen und betrachtete sie.

»Entweder muß ich sehr vertrauenerweckend auf sie wirken«, sagte er zu sich, »oder aber sie ist in ihrer Erschöpfung dem Tod so nahe, daß sie keinen Gedanken an ihre Sicherheit mehr aufbringen kann. Wie auch immer, sie ist jedenfalls an den Richtigen geraten. Auch wenn es sehr unwahrscheinlich ist, daß ihr an diesem einsamen Brunnen eine Gefahr droht, will ich doch so lange bleiben, bis sie erwacht.«

Er schnitt ein Palmenblatt vom Baum, fächelte ihr Luft zu, hielt es über ihre Augen, als die Sonne so tief stand, daß der Baum nur mehr wenig Schatten warf.

Die Frau schlief einen ganzen Tag und eine ganze Nacht. Manchmal sprach sie im Schlaf und verlangte Wasser. Moses gab ihr zu trinken, benetzte wieder ihr Haar und kühlte ihre Stirn. In der Nacht legte er seinen Mantel über sie, und er selbst lief um den Brunnen herum und schlug mit den Armen um sich, damit ihm warm wurde.

Als sie erwachte, sah sie Moses an, und kein Erstaunen war in ihrem Blick. Moses teilte mit ihr das wenige, was er zu essen bei sich hatte. Lange saßen sie schweigend nebeneinander.

»Wer bist du?« fragte er endlich.

»Warum willst du das wissen«, fragte sie dagegen.

»Du hast einen ganzen Tag und eine ganze Nacht geschlafen«, sagte er. »Das ist in der Wüste eine lange Zeit. Ich habe diese Zeit damit zugebracht, dich anzusehen.«

»Und?« fragte sie. »Was hast du gesehen?

»Deine Wimpern habe ich gesehen, deinen Mund, deine Nase ...«

»Jeder Mensch hat Wimpern, Mund und Nase«, sagte sie.

»Das ist schon richtig«, sagte Moses, »aber noch nie in meinem Leben habe ich die Wimpern, den Mund und die Nase eines Menschen so genau betrachtet.«

»Weil du nichts anderes zu tun hattest.«

»Das ist wohl wahr«, sagte Moses.

»Und nun«, sagte sie, »willst du wissen, wie der Mensch heißt, zu dem diese Wimpern, dieser Mund und diese Nase gehören?«

»Ja«, sagte er.

Wieder war es lange still zwischen den beiden.

Dann sprach sie schnell und undeutlich: »Zippora heiße ich. Nun aber will ich gehen, und ich möchte nicht, daß du mir folgst.«

Sie erhob sich, wickelte das schwarze Tuch um ihren Kopf und ging ohne einen Blick auf Moses davon.

»Nein«, rief Moses, »bleib! Du kannst nicht allein durch die Wüste gehen! Laß uns doch zusammen gehen! Ich werde dich nach Hause bringen, ganz gleich, wo dein Zuhause ist. Ich habe keinen Weg. Bleib! Erzähl mir!«

Einen Augenblick hielt die Frau inne. Dann ging sie weiter.

Moses sah ihr nach. Im Flimmern der heißen Luft über dem Wüstenboden war ihre Gestalt kaum mehr auszumachen.

Moses hatte sich auf seiner langen Wanderschaft angewöhnt, laut mit sich selbst zu sprechen. Diese Angewohnheit legte er bis an sein Lebensende nicht mehr ab – was ihn oft in Verlegenheiten bringen sollte.

Laut sagte er zu sich selbst: »Sie wird sterben.«

Er überlegte, ob er ihr folgen sollte, ob er sie mit Gewalt zum Brunnen zurückbringen und dort festhalten sollte, bis er sie vom Unsinn ihres Vorhabens überzeugt hätte.

Dann, als er sie ganz aus den Augen verloren hatte, sagte er: »Sie möchte sterben. Kein Mensch geht allein zu Fuß in die Wüste, außer er möchte sterben.«

Aber er selbst war ja auch einer, der allein und zu Fuß durch die Wüste gegangen war.

Er setzte sich wieder an den Brunnen. Er wollte noch einen Tag bleiben. Hier gibt es Wasser, dachte er, ein paar Datteln werde ich auch finden, und ich habe einen schönen Gedanken, der mir die Zeit kurz macht. An Zippora dachte er, ging in seinen Gedanken noch einmal durch, was sie gesagt hatte

Zippora war keine schöne Frau, und Moses, der sie so viele Stunden lang betrachtet hatte, hatte sich, als sie neben ihm lag, nicht zu ihr hingezogen gefühlt. Kein noch so flüchtiger Gedanke des Begehrens war ihm gekommen. Er war von ihnen beiden der Stärkere, und es erschien ihm als eine Menschenpflicht, daß der Stärkere den Schwächeren in der Wüste beschützt. Aber wie sie dann mit ihm gesprochen hatte, das hatte ihn beeindruckt. Und als er sich nun ihre Worte und den Klang ihrer Stimme in der Erinnerung nachschuf, wuchs der Eindruck noch, und aus dem Wenigen, was seiner Einbildungskraft zur Verfügung stand, baute er ein herrliches Bild.

»Nie habe ich jemanden getroffen, dessen Stimme so voll Selbstgewißheit war«, sagte er zu sich.

Es tat ihm gut, laut über Zippora zu sprechen, es war ihm dabei, als spüre er ein wenig ihre Gegenwart.

»Sie hat mir nicht gedankt. Und warum nicht? Ich habe getan, was jeder Mensch mit Gewissen tun muß. Nur schwache oder dumme Menschen danken für das, was ihnen zusteht. Für einen starken und klugen Menschen beginnt der Dank erst dort, wo er etwas bekommt, was ihn zwar freut, was er aber zum Leben nicht dringend nötig hat. Sie ist ein starker und kluger Mensch. Hätte ich ihr etwas gegeben, was sie nicht nötig hatte, dann hätte sie mir gewiß gedankt. Aber ich besitze nichts als das Notwendige, und vom Notwendigen habe ich ihr so viel gegeben, wie ich entbehren konnte, nicht mehr und nicht weniger. Also steht mir kein Dank zu. Ich habe ihr das Leben gerettet, das ist wahr. Aber für das Leben braucht der Mensch niemandem zu danken außer Gott.«

Das waren seine Gedanken. Er tat, als wären es ihre. Er dachte: Ich kann in ihr Herz horchen. Ihre Gedanken sind schön, ihr Herz ist schön. In seinen Gedanken zog das Schöne das weniger Schöne an sich, und bald dachte er an Zippora als an eine schöne Frau. Und er vermißte sie. Und er begehrte sie.

Dann war wieder Abend geworden, zwei Tage dauerte nun schon die Rast des Wanderers bei dem einsamen Brunnen in der Wüste. Er schlief ein und schlief die ganze Nacht und wurde von Lärm geweckt.

Gekreische und Geblöke, Gelächter und Gekicher.

Moses verkroch sich in das Gebüsch. Das wucherte auf der kleinen Oase in einer Üppigkeit, als wolle es der Ödnis rundherum einen Beweis für die Unbesiegbarkeit des Lebens geben. Aus seinem Versteck heraus beobachtete er eine Gruppe junger Frauen und Männer, die eine Schafherde zum Brunnen trieb. Unter Gelächter wurde der Kübel in den Brunnen geworfen, Wasser wurde in die Steinrinne gegossen, die für die Tiere neben dem Brunnen bereitstand. Die jungen Männer steckten ihren Kopf in den Eimer, prusteten glücklich und voll Übermut, sie machten hohle Hände und gaben den jungen Frauen zu trinken. Dann wurden Küsse ausgetauscht und Umarmungen.

Moses betrachtete die jungen Menschen von seinem Versteck aus, und weil die Liebe in ihm war, sah er in ihnen Liebespaare, und er billigte alles, was sie taten.

Er sagte zu sich: »Ich will in meinem Versteck bleiben, denn es würde mich und sie nur verlegen machen, wenn ich jetzt auftauchte. Es sind bestimmt anständige Leute, und darum würden sie mir verbieten, allein und zu Fuß in die Wüste zu gehen, denn das tut einer nur, wenn er sterben möchte. Also würde ich mich zu ihnen setzen müssen. Und dann hätte ich ihnen ihr Stelldichein verdorben.«

Erst lachten und plauderten die jungen Leute miteinander, dann zog sich das erste Paar zurück, die anderen folgten. Es wurde ruhig. Die Schafe drängten sich im Schatten aneinander. Es war Mittag.

Keine zwei Armeslängen von Moses' Versteck entfernt hatten sich ein Mann und eine junge Frau in den Schatten des Gebüsches gelegt. Moses sah, der Mann war der stärkste und schönste von allen, und er war wohl auch der reichste, seine Kleidung verriet es, das Tuch in einem wertvollen Rot war mit goldenen Spangen zusammengehalten, die Spange auf der Brust war zudem mit glitzernden Edelsteinen besetzt. Die junge Frau, die sich ausgiebig von ihm küssen ließ und ausgiebig zurückküßte, schob ihn immer wieder von sich weg, um ihn zu betrachten, und Moses hatte den Eindruck, als komme sie aus dem Staunen nicht heraus, als könne sie ihr Glück nicht fassen.

Es rührte ihn, die beiden in der Umarmung zu sehen, denn er dachte an Zippora, und eine große Sehnsucht erfaßte ihn, und er wollte sich die Haare raufen, so ärgerte er sich, daß er sie hatten gehen lassen – sie, die schönste Frau, die er je gesehen hatte.

Und Trauer erfaßte ihn, denn es war sehr unwahrscheinlich, daß er sie je wiedersehen würde, und es war sehr wahrscheinlich, daß sie, die allein und zu Fuß war, in der Wüste sterben würde. Und als er an den Tod dachte, dachte er auch an das Leben, nämlich an sein Leben. Was habe ich aus meinem Leben gemacht, dachte er. Mein Leben war leer. Und ich wußte nicht, daß es leer war.

»Dreißig Jahre habe ich vergeudet. Was für ein Unglück!«

Aber kein noch so dunkler Gedanke konnte im Augenblick sein Herz verdämmern.

Und so dachte er: »Was für ein Glück aber auch, daß ich es nicht gemerkt habe, wie leer diese Jahre waren!«

Voll Rührung betrachtete er das Liebespaar. Als eine Gnade erschien ihm die Liebe. Als die verderblichste Sünde, diese Gnade nicht anzunehmen, und es schien ihm eine große Wahrheit zu sein, daß die Liebe den Menschen gut mache, daß der Liebende nichts Böses tun könne. Er wandte seinen Kopf ab.

»Es gehört sich nicht, zwei Liebende zu beobachten«, murmelte er in seinen Bart.

Der Mensch kann das Auge abwenden, aber nicht das Ohr, und so wurde Moses, ohne es zu wollen, Zeuge des Gespräches, das die beiden führten. Und was Moses da hörte, wischte die große Wahrheit, die ihn gerade noch so tief bewegt hatte, schnell beiseite.

Offensichtlich war die Sache so: Die Mädchen waren die Mägde von Zippora. Sie hatten gemeinsam mit ihrer Herrin die Schafe zum Brunnen treiben wollen, als sie von den jungen Männern angehalten worden waren. Zippora hatte geglaubt, die Männer seien Banditen, die ihnen die Schafe wegnehmen wollten. Zippora kannte keine Furcht, und sie war bereit, ihr Eigentum zu verteidigen, und sie forderte ihre Mägde auf, sich gemeinsam mit ihr zu wehren.

Aber Widerstand war zwecklos, die Männer machten sich einen Spaß daraus, die Frauen vor sich her zu treiben. Es stellte sich auch bald heraus, daß sie es gar nicht auf die Schafe, sondern eben auf die Frauen abgesehen hatten. Es waren keine Räuber – obwohl sie, als sie die Frauen gewonnen hatten, dann auch keinen Grund sahen, auf die Herde zu verzichten.

Ja, sie hatten die Frauen gewonnen. Vielleicht hatten sich die Mägde ja auch aus Angst freiwillig ergeben. Nach allem, was Moses hörte und was er gesehen hatte, zweifelte er allerdings daran. Diese Mägde hatten ihre Herrin im Stich gelassen, hatten sich auf die Seite der Männer geschlagen und Zippora allein und zu Fuß in die Wüste geschickt.

Daß seine Zippora – inzwischen dachte Moses an Zippora als seine Frau –, daß sie auf so niederträchtige Art von ihren Mägden verraten worden war, empörte ihn so sehr, daß er alle Vorsicht vergaß.

Laut sagte er: »Euch wird das Küssen noch vergehen!«

So laut hatte er gesprochen, daß es alle gehört hatten. Die Männer sprangen auf, griffen nach ihren Waffen. Die Frauen warfen die Hände vor den Mund, als Moses sich aus dem Unterholz erhob. Der Zorn des Moses war etwas Gewaltiges! Wer diesen Mann im Zorn sah, der mußte meinen, der Zorn selbst, wie er von Gott gemacht worden war, stehe vor ihm. Und gegen den Zorn, wie ihn Gott gemacht hat, nützt keine Waffe, und es nützen kein Weinen und kein Bitten.

»Ihr«, brüllte Moses die Männer an, »schöpft vom Wasser, trinkt, so viel ihr könnt, und dann geht hinaus in die Wüste! Geht, wie die tapfere Frau gegangen ist, die ihr vertrieben habt! Dreht euch nicht um, und kommt nie mehr wieder hierher zurück!«

So mächtig war der Zorn des Moses! Keiner der Männer widersprach. Keine der Frauen wagte es, auch nur einen Laut von sich zu geben.

»Ihr seid am Tod eurer Herrin schuld!« schalt Moses die Mägde, als er mit ihnen allein war. »Kein Mensch kann ganz allein durch die Wüste gehen. Zippora wird sterben!«

»Andere mögen vielleicht in der Wüste sterben«, antworteten die Mägde. »Nicht aber unsere Herrin. Sie ist stärker als ein Löwe und ausdauernder als ein Kamel.«

»Seid ihr sicher?«

»Ganz sicher.«

Da flog der Zorn davon, und am liebsten hätte er die Mägde umarmt, als ob sie Retterinnen und nicht Verräterinnen wären.

»Schlachtet ein Lamm!« sagte er. »Bereitet ein Mahl! Ich habe Hunger.«

Während sie aßen, fragte Moses die Mägde aus, und sie erzählten ihm bereitwillig alles, was er wissen wollte. So erfuhr er, daß Zippora die Tochter des Reguel war, daß ihr Vater ein reicher Mann war, daß sie unverheiratet war und daß sich schon viele Männer um sie beworben hatten.

»Und warum hat sie keinen genommen?«

»Die einen hat sie selbst abgewiesen«, sagten die Mägde, »weil die Männer mehr am Reichtum ihres Vaters als an ihr interessiert waren.«

»Und die anderen?«

»Die anderen hat ihr Vater abgewiesen, weil sie die Aufgabe nicht erfüllen konnten, die er ihnen stellte.«

»Führt mich zu eurer Herrin!« rief er aus.

»Wir können nicht zu ihr zurück«, sagten die Mägde. »Zippora weiß, was wir getan haben. Sie wird uns ihrem Vater übergeben, und der wird uns töten.«

»Ach«, rief Moses aus, »ihr kennt eure Herrin nicht! Sie ist gütig und sanftmütig, sie kann verzeihen, ihr

Herz ist so schön wie ihr Gesicht und ihre Seele klingt hell wie ihre Stimme.«

»Von wem sprichst du eigentlich?« fragten die Mägde. »Unsere Herrin ist alles andere als sanftmütig, sie kann im Gegenteil sehr zornig sein.«

»Ich kann auch sehr zornig sein, und trotzdem bin ich sanftmütig«, entgegnete Moses.

Und die Mägde mußten ihm recht geben.

»Aber«, sagte eine, »aber eines stimmt ganz gewiß nicht in deiner Beschreibung. Schön ist unsere Herrin nämlich wirklich nicht.«

»Sie ist die schönste Frau, die ich je gesehen habe«, sagte Moses.

»Vielleicht hast du noch nicht viele Frauen gesehen«, kicherte eine andere.

Und Moses lachte mit.

»Ich habe mehr Frauen gesehen, als ihr alle miteinander Männer gesehen habt!«

»Ich bin Zipporas Dienerin«, sagte eine dritte, »ich kenne sie wohl besser als du, und ich weiß, sie ist nicht schön.«

»Wie lange hast du sie angesehen?« fragte Moses.

»Ich verstehe die Frage nicht«, sagte die Magd. »Ich sehe meine Herrin immer wieder, ich sehe sie jeden Tag.«

»Dann will ich dich etwas anderes fragen«, sagte Moses. »Wie lange arbeitest du schon auf dem Hof des Reguel?«

»Seit zehn Jahren.«

»Das ist eine lange Zeit, gibst du mir recht?«

»Da gebe ich dir freilich recht.«

»Wieviele Zelte stehen auf dem Hof eures Herrn, wieviele Ställe, wieviele Häuser für seine Berater, wieviele Hütten für seine Knechte?«

»Das weiß ich nicht«, sagte die Magd. »Es sind viele Häuser und Ställe und Hütten und Zelte.«

»Aber du siehst die Zelte und Häuser und Ställe und Hütten doch jeden Tag«, sagte Moses. »Du siehst sie immer wieder. Du siehst sie und kennst sie dennoch nicht. Ich habe Zipporas Gesicht eine ganze Nacht und einen ganzen Tag lang angesehen, ich kenne es besser als jeder Mensch, ich kann jede Einzelheit genau beschreiben, und ich weiß, daß Zippora ein schönes Gesicht hat.«

Da wußte die Magd nichts dagegen zu sagen, sie mußte Moses zustimmen, aber sie hatte dennoch das Gefühl, daß sie recht hatte.

»Wenn ihr mich zu Zippora führt«, sagte Moses, »werde ich dafür sorgen, daß ihr nicht nur nicht bestraft, sondern daß ihr für eure Tapferkeit und Treue reich belohnt werdet.«

Reguel war ein kleiner, kahler König. Einer, der große Herden besaß und viel Gesinde und der sich König nannte. Sich jedenfalls gern König nennen ließ.

Moses hatte die Mägde angewiesen, vor der Siedlung zu warten. Er wolle erst allein mit dem König sprechen. Das war ihnen sehr recht, ein wenig mißtrauten sie doch noch dem Verhandlungsgeschick des großen Mannes, zumindest seinen rhetorischen Fähigkeiten. Was Moses sagte, war ja immer überzeugend, aber wie er es sagte, mit den unmotivierten Pausen dazwischen und den Hustern und den vielen Ähs und Mmms – die wir in unserer Erzählung aus Loyalität gegenüber unserem Helden und auch gegenüber unserem Leser weglassen –, das konnte einem Zuhörer die Geduld nehmen, und die Mägde glaubten sich in einer Lage, die einen nicht nur inhaltlich, sondern ebenso formal brillanten Anwalt erforderte.

Moses traf Reguel im Zelt des Königs.

»Ich bin gekommen, um mich demütig bei dir zu bedanken«, sagte Moses.

Reguel war ein höflicher Mann, aber er war kein freundlicher Mann. Er hielt die Regeln der Gastfreundschaft ein, aber darüber hinaus sparte er mit jedem Lächeln, mit jeder Geste der Zuneigung, mit jedem freundlichen Wort. Er rief nach einem Teppich und bot Moses Platz an.

»Wofür willst du mir demütig danken?« fragte er.

»Dafür, daß deine Mägde mir mein Leben gerettet haben.«

»Welche Mägde?«

»Die Mägde deiner Tochter, die ja, weil die Tochter dir gehört, auch dir gehören.«

»Das ist wahr«, sagte Reguel. »Aber die Mägde meiner Tochter sind Huren und Verräter, und wenn ich sie erwische, werde ich jede von ihnen aufhängen, denn sie sind schuld am Unglück meiner Tochter.«

Da krampfte sich das Herz des Moses zusammen. Denn er dachte, das könne nur heißen, Zippora sei doch in der Wüste gestorben.

Und er sagte gleich, was er dachte: »Ist deine Tochter umgekommen?«

»Nein«, sagte Reguel, »ein Fremder hat ihr Wasser gegeben und hat über sie gewacht, als sie schlief.«

Wie glücklich wurde Moses sofort! In seiner Freude liebte er die ganze Welt. Und die verräterischen Mägde, die draußen vor dem Lager bangten, liebte er besonders, denn sie gehörten zu Zippora, und alles, was zu Zippora gehörte, liebte er besonders.

»Die Mägde deiner Tochter«, sagte Moses mit Tremolo in der Stimme, »haben einen tapferen und schlauen Kampf gegen Banditen geführt, sie haben die Männer abgelenkt, so daß deine Tochter fliehen konnte. Das hat sicher wie Verrat ausgesehen, aber es war das Gegenteil. Wäre es besser gewesen, sie hätten sich nach außen so ehrlich gegeben, wie sie in ihrem Herzen sind? Sicher, das wäre anständig gewesen, aber doch nicht klug. Dann hätte deine Tochter zwar mit ihren Augen gesehen, wie treu ihre Mägde sind, dafür aber hätten sie die Banditen erschlagen. So haben diese Frauen zwischen dem Tod deiner Tochter und der Schande, die ihnen ein Verrat bringt, auch wenn er nur scheinbar ist, gewählt und sich für das Leben deiner Tochter entschieden, wissend, daß es ihnen mit größter Wahrscheinlichkeit nicht gelohnt wird. Das zum ersten. Zum zweiten haben sie die Herde verteidigt. Nur ein einziges Lamm haben sie in dem Kampf verloren. Geh und zähle nach!«

Mit offenem Mund starrte der König Moses an, dann gab er Befehl, man solle den Mägden entgegengehen und sie zu ihm führen, damit er sie belohne.

Reguel ließ Tee und Gebäck bringen und betrachtete seinen Gast. Was für ein schöner Mann, dachte er, was für ein gescheiter Mann, was für ein geschickter Diplomat. An seiner Aussprache müßte man feilen und ihm das Stammeln abgewöhnen, die unmotivierten Pausen dazwischen und die vielen Ähs und Mmms, und noch ein paar andere Gesten sollte man ihm beibringen als immer nur sein Handwedeln. Moses gefiel dem König, und insgeheim hoffte er, diesen Mann für sich und seinen Vorteil zu gewinnen.

So saßen die beiden noch lange in dem prunkvollen Zelt und unterhielten sich.

»Dieser Fremde«, sagte Moses irgendwann wie nebenbei.

»Welcher Fremde?« fragte Reguel.

»Von dem du mir erzählt hast. Der deine Tochter vor dem Verdursten gerettet und in der Nacht über sie gewacht hat, damit ihr nichts Böses geschieht.«

»Was ist mit ihm?«

»Hat sie ihn wiedergetroffen?«

»Nein, hat sie nicht.«

»Das muß dir doch im Herzen weh tun.«

»Wieso? Was meinst du damit?«

»Du bist ein gerechter König und ein würdiger Vater und ein guter Mensch dazu«, sagte Moses. »Ich sitze nun schon einige Stunden mit dir zusammen und betrachte dich. Aber auch wenn ich erst eine Viertelstunde hier säße, wüßte ich, was für ein Mensch du bist. Denn es steht in deinem Gesicht geschrieben.«

»Aber warum soll es mir im Herzen weh tun, daß meine Tochter diesen Fremden nicht wiedergesehen hat?«

»Du würdest ihm doch gern deinen Dank abstatten«, sagte Moses, nahm Reguel die Teekanne aus der Hand, benahm sich wie der Gastgeber, schenkte zuerst dem König nach und dann sich selbst.

»Er hat getan, was jeder Mensch mit Gewissen tun muß«, sagte Reguel. »Ist es nicht so, daß Dank erst dort verlangt werden darf, wo einer etwas geschenkt bekommt, was er zum Leben nicht dringend nötig hat?«

»Nein, ganz im Gegenteil«, sagte Moses. »Nur ein schwacher und dummer Mensch dankt für das, was er zum Leben nicht dringen nötig hat. Für einen starken und klugen Menschen beginnt der Dank erst beim Leben selbst. Angenommen, der Retter deiner Tochter tauchte bei dir auf und ...«

»Wieviel«, unterbrach ihn König Reguel schnell, »wieviel würdest du ihm an meiner Stelle geben?«

Moses tat, als ob er lange überlegte.

Dann sagte er: »Die Hälfte von allem, was ich besitze, und nicht eine Münze mehr und nicht eine Münze weniger.«

Da mußte König Reguel zweimal kräftig schlucken.

Mit etwas belegter Stimme sagte er: »An so etwas in dieser Richtung habe ich auch gedacht. Leider, leider weiß ich nicht, wer dieser Mann ist.«

Weil die Regeln der Gastfreundschaft es so verlangten, wurde Moses aufgefordert, ein paar Tage zu bleiben. Und so kam es, daß er Zippora traf. Und sie erschien ihm noch schöner, als er sie in Erinnerung hatte.

»Du bist die schönste Frau, die ich je gesehen habe«, sagte er.

Sie blickte ihn lange an, sehr lange, sagte nichts, blickte ihn nur an. Er konnte in ihrer Miene nicht lesen, aber gerade das mochte er ja an ihr, er mochte es, daß ihr Gesicht nicht zeigte, was ihr Herz fühlte, mochte, daß man schon in ihr Herz schauen mußte, wenn man wissen wollte, was sie fühlte, und er meinte, er könne das.

»Gut«, sagte sie endlich. »Ich will für dich sein, was du in mir siehst.«

Und damit waren sie sich einig.

Zippora führte Moses zu ihrem Vater und sagte: »Er ist der Mann, der mir das Leben gerettet hat. Ihn will ich heiraten.«

»Ich habe es befürchtet«, sagte Reguel.

Er setzte ein zufriedenes Lächeln auf.

»Ich bin glücklich«, sagte er zu Moses. »Du bist der Retter und der Bräutigam. Als ersterer ist dir die Hälfte meines Besitzes versprochen, als zweiterer die Mitgift einer Königstochter. Ich aber werde dich noch reicher beschenken. Was ich dir schenken werde, ist mit Gold nicht aufzuwiegen. Komm mit!«

Und Reguel führte Moses in den Garten hinter seinem Zelt.

Dieser Garten war der ganze Stolz des Königs, und er war berühmt im weiten Land. Hier wuchsen alle Blumen, die es gab, und alle trugen ihre Blüten und mischten ihre Düfte. In den Ästen nisteten alle Vögel, die es gab, und sie zwitscherten und sangen und pfiffen und mischten ihre Stimmen zu einer Symphonie. Alle Arten von Erde lagen in den Beeten, und in den kleinen Teichen schwammen Fische, die glitzerten wie Edelsteine.

»Als ich König wurde«, sagte Reguel, »erzählte mir ein alter Mann vom Anfang aller Dinge. Es war die schönste Geschichte, die mir je erzählt wurde. Am Anfang habe Gott einen Garten gemacht, und in dem Garten lebte das erste Menschenpaar. Er hieß Adam, sie hieß Eva. Der Garten soll so schön gewesen sei, erzählte der Mann, daß jeder Versuch, ihn zu beschreiben ein böser Frevel sei. Ich war ein junger Mensch damals, und ich war begeistert, und die Erzählung vom Paradies nahm mich gefangen, und ich sagte: Ist es denn auch ein Frevel, wenn man diesen Garten nachbauen will? Da sagte der alte Mann, das wisse er nicht, diese Frage sei ihm noch nie gestellt worden, er meine, es sei kein Frevel, sondern eher ein Blödsinn. Und ich sagte: Einen Blödsinn will ich gern machen. Und dann habe ich angefangen, den Garten Eden nachzubauen. Ich ließ mir alle Vögel der Welt kommen, besorgte alle Blumen, alle Erde, breitete Beete aus, legte Teiche an.«

Inzwischen waren Moses und Reguel in der Mitte des Gartens angelangt. Dort wuchs auf einer runden Wiese ein kleiner, schlanker Baum.

»Als ich den Garten fertig gebaut hatte«, erzählte Reguel weiter, »zeigte ich ihn dem alten Mann. Und mein Garten gefiel ihm. Aber dann sagte er: Es fehlt etwas. Was fehlt, fragte ich. In der Mitte des Paradieses stand der Baum der Erkenntnis, sagte der alte Mann. Ohne diesen Baum wäre das Paradies kein Paradies gewesen.«

Moses sah, daß es kein gewöhnlicher Baum war, sondern eigentlich nur ein Stab, der in der Erde steckte, aber auch kein gewöhnlicher Stab, sondern einer, der Früchte trug, aber keine gewöhnlichen Früchte, sondern Edelsteine.

»Hast du jemals einen solchen Baum gesehen?« fragte Reguel.

»Noch nie«, sagte Moses.

»Dann hör zu! Als Adam, der erste Mann, unser aller Vater, und Eva, die erste Frau, unser aller Mutter, aus dem Paradies vertrieben wurden, weil sie eine Frucht vom Baum der Erkenntnis gegessen hatten, da hat Adam von diesem Baum einen Ast abgebrochen, und er hat ihn mit sich genommen hinaus in die kalte Welt. Er hat aus dem Ast einen Pflug geschnitzt und hat im Schweiße seines Angesichts mit dem Pflug die harte Erde aufgerissen. Er hat gesät, manchmal wuchs etwas, manchmal wuchs nichts. Sein Fleiß wurde belohnt durch Früchte der Erde, aber auch damit, daß Edelsteine an seinem Pflug wuchsen. Wenn er faul war und den Pflug in die Erde steckte und sich ins Gras legte, hat der Pflug Wurzeln geschlagen, und Adam mußte alle Kraft aufwenden, um ihn herauszureißen aus der Erde, dabei fielen die Edelsteine ab. Erst wenn er wieder fleißig war, wuchsen sie nach. Als Adam starb, erbte sein Sohn Seth den Pflug mit den Edelsteinen. Seth war ein fleißiger Mann, viele Steine waren gewachsen. Als er starb, wurde der Pflug an Noah weitergegeben. Noah hat aus dem Pflug einen Stab geschnitzt, und mit dem Stab hat er die Tiere in die Arche dirigiert. Über Noah und seinen Sohn Sem ist der Stab zu Abraham gelangt. Abraham hat sich auf diesen Stab gestützt, als er seinen Sohn Isaak auf den Berg führte, um ihn dort zu schlachten. Aber weil er ihn dann doch nicht geschlachtet hat, ist der Stab nach dem Tod Abrahams auf Isaak übergegangen. Der hätte ihn an seinen erstgeborenen Sohn Esau weitergeben wollen, aber Jakob hat seinen Bruder Esau betrogen. Jakob hat den Stab als Wanderstab genommen, als er mit seiner Sippe durch die Wüste zog. Alle Edelsteine sind vom Stab abgefallen, der Stab ist grau und knorrig geworden. Erst als Jakob zwanzig Jahre bei Laban Frondienste geleistet hat, ist der Stab wieder erblüht, Diamanten, Smaragde, Saphire, Lapislazuli sind gewachsen, und er war so schön wie nie zuvor. Jakob reichte den Stab an seinen Sohn Josef weiter, und Josef machte ihn zu seinem Zepter, als er Vizekönig von Ägypten war. Nach dem Tod des Josef verschwand der Stab, niemand wußte, wo er war. Ich schickte die besten Männer aus, um ihn zu suchen, und schließlich wurde er gefunden. Ich zahlte ein Vermögen dafür. Ich nahm ihn und drückte ihn in der Mitte meines Gartens in die Erde. Hier schlug er Wurzeln. Er ist prächtig gewachsen, hat viele Edelsteine angesetzt. Dieser Stab ist mehr wert als alle meine anderen Güter zusammen. Wer meine Tochter Zippora heiratet, der soll diesen Stab bekommen. Aber er muß erst beweisen, daß er Kraft hat, er muß ihn aus der Erde ziehen. Bisher hat es niemand geschafft.«

Moses stellte sich breitbeinig vor den kleinen, schlanken Baum, umschloß den Stamm mit seinen Händen – und riß ihn aus der Erde.

Der brennende Dornbusch

Von Gersom und Elieser – Vom Schweigen zwischen Eheleuten – Von der großen inneren Leere – Von einem Feuer, das nicht ausgeht – Von einer sehr vielschichtigen Diskussion mit Gott, in deren Verlauf auch gezaubert wird – Vom Sinnbild der Seele

Zippora schenkte Moses einen Sohn. Er nannte ihn Gersom, das heißt: Fremd war ich in einem fremden Haus. Und dann bekam Zippora einen zweiten Sohn, den nannte sie Elieser. Er war ihr Liebster, vor seinem Vater fürchtete er sich. Wenn Moses ins Haus trat, klammerte er sich an seine Mutter und versteckte sein Gesichtchen in ihren Röcken.

Zippora war nicht glücklich.

Moses war nicht glücklich.

Nach den langen Jahren der Wanderschaft gelang es Moses nicht, sich in den Alltag eines Seßhaften einzufinden. Er arbeitete am Hof seines Schwiegervaters, stellte sich ungeschickt an, war mürrisch, ließ sich nichts befehlen. War faul. Die Knechte beschwerten sich bei König Reguel.

»Wenn er mithilft, haben wir mehr Arbeit«, sagten sie.

»Was ist nur aus dir geworden!« sagte Reguel zu seinem Schwiegersohn.

»Ich bin bald sechzig Jahre alt«, schnaubte Moses zurück, »zu einem Menschen in meinem Alter darf man so etwas nicht sagen!«

Aber er dachte: Was ist nur aus mir geworden!

Bald beteiligte sich Moses nur noch selten an der Arbeit. Er wanderte hinauf in die Berge oder hinaus in die

Wüste. Oft blieb er tagelang fort von zu Hause. Um seine Söhne kümmerte er sich wenig. Um seine Frau kümmerte er sich wenig.

Die Mägde sagten: »Er ist nicht wiederzuerkennen. Das soll der sein, den wir vor Zeiten bei dem Brunnen getroffen haben?«

»Meine Mägde haben mir erzählt, in welchen Tönen du von mir gesprochen hast, damals, als du mich noch nicht kanntest«, sagte Zippora zu Moses. »Jetzt kennst du mich und sprichst fast gar nicht mehr mit mir.«

Moses gab keine Antwort. Er wollte, aber er konnte nicht. Er wollte ihr ein freundliches Wort sagen, aber er konnte nicht. Ich muß ihr antworten, dachte er, und es muß eine gute Antwort sein, eine, die ihr nicht weh tut und dennoch die Wahrheit enthält. Aber erstens war es bereits so, daß fast jedes Wort, das er sagte, Zippora weh tat, zweitens wußte er selbst nicht, was die Wahrheit war zwischen ihr und ihm.

Und so überlegte er, und überlegte er.

Bis Zippora sagte: »Ich sehe, du willst mir nicht antworten. Ich werde dich nie wieder etwas fragen.«

Und er wollte ihr sagen, nein, ich will dir schon antworten, ich will dir ein freundliches Wort sagen, aber ich muß erst nachdenken, und auch über das, was du eben gesagt hast, muß ich erst nachdenken, du redest schneller, als ich denken kann, laß mir Zeit, Zeit bis morgen, dann antworte ich dir. Aber für Zippora mußte es so aussehen, als wolle er auch auf ihr Zweites kein Wort sagen, und sie sagte ein Drittes und meinte, das sie nun endgültig ihr Letztes sagte.

»Dann muß ich also davon ausgehen, daß wir beide in Zukunft nebeneinander leben wie zwei Steine in der Wüste?«

Und wieder bekam sie keine Antwort.

Mein Leben vergeht, dachte Moses, und es ist so leer, wie es immer gewesen war, nur weiß ich inzwischen, daß es leer ist, und das ist das größte Unglück.

Er half sich mit Vergessen. Er vergaß, was gestern war und was vorgestern gewesen war, und so glitt ein Jahr dahin wie ein Tropfen auf einem wächsernen Tuch. Ohne eine Spur zu hinterlassen.

Eines Tages trieb Moses die Schafe des Reguel auf die Weide. Aber die Weide war verdorrt, und er konnte die Herde nicht beieinander halten. Jedes Schaf suchte verzweifelt und für sich nach einem grünen Halm. Hilflos stand Moses in der Sonne und blickte um sich, und er sah nur Steine und Sand und dürres Gesträuch.

»Die Schakale werden die Schafe holen«, sagte er zu sich selbst. »Die Schafe sind wie meine Gedanken, nichts hält sie zusammen.«

Bald hatten sich die Schafe so weit von ihm entfernt, daß er sie nicht mehr sehen und hören konnte. Ihm war, als wäre er das einzig Lebendige weit und breit.

»Hier ist es wie in meinem Herzen«, sagte er, und seine Stimme war alles, was er hörte. »Auch in meinem Herzen ist nichts als ich selbst, und weil niemand für sich selbst sein kann, ist mein Herz so leer wie die Wüste.«

Da beschloß er, alle Verantwortung fahren zu lassen.

»Ich will für nichts mehr Sorge tragen«, sagte er laut. »Für meine Söhne nicht, für meine Frau nicht, für die Herde meines Schwiegervaters nicht. Nicht einmal um mich selbst will ich mehr sorgen.«

Und ihm fiel gar nicht auf, daß er in all den Jahren, seit er am Hof von König Reguel war, genau so gelebt hatte – ohne Verantwortung für die anderen und Sorge um sich selbst.

Er drehte sich um und ging.

Nicht anders als damals, als ihn seine Schwester Mirjam gebeten hatte, bei ihr zu bleiben und gemeinsam mit ihr für die Befreiung des Volkes Israel von der ägyptischen Knechtschaft zu kämpfen. Auch damals war er gegangen, hatte sich umgedreht und war gegangen. Ohne ein Wort.

Moses ging in die Wüste hinein. Er hatte kein Ziel. Wenn ein Baum da ist, dachte er, dann werde ich sagen, er war mein Ziel. Ein wenig Schatten will ich vom Leben, sonst nichts.

Er sah einen Baumstamm, der ragte in den weißen Himmel. Seine Krone hatte ein Sturm schon vor langer Zeit abgebrochen und über die Wüste gefegt, bis nichts mehr von ihr übrig war als Staub. Der Stamm war bleich wie Silber, er warf einen schmalen Schatten, aber der genügte, um einen Mann vor der glühenden Sonne zu schützen.

Moses setzte sich in den Schatten, lehnte sich gegen den Stamm, trank aus seinem Wasserschlauch, schloß die Augen und sprach laut in die leere Wüste hinein.

»Ich will nichts. Solange ich zufrieden damit bin, daß ich nichts will, werde ich hier sitzenbleiben. Und wenn es mir bis zu meinem Ende genügt, nichts zu wollen, dann werde ich hier eben sterben.«

So saß er, er wußte nicht wie lange, schlief nicht, war aber auch nicht wach.

Da hörte er vor sich das Knistern eines Feuers. Er öffnete die Augen. Was er sah, war durchaus nicht ungewöhnlich. Ein verdorrter Dornbusch brannte in der Sonne, keine zwanzig Schritte von ihm entfernt. In dieser Hitze kam es immer wieder zu Selbstentzündungen. Eine blinkende Einlassung in einem Stein konnte wie ein kleiner Brennspiegel wirken, und schon fing das ausgetrocknete Geäst Feuer.

»Gut«, sagte Moses zu sich, »ich werde hier sitzenbleiben, bis der Dornbusch abgebrannt ist, dann werde ich zurückgehen und die Tiere zusammensuchen.«

Aber der Dornbusch brannte nicht ab. Als bekäme das Feuer aus der Erde immer neue Nahrung, loderten die Flammen immer weiter. Da erwachte die Neugierde in Moses, er wollte das Feuer untersuchen.

Er machte ein paar Schritte auf den brennenden Dornbusch zu. Da hörte er eine Stimme, und er konnte nicht sagen, woher sie kam.

»Moses!« rief diese Stimme. »Geh nicht weiter! Du betrittst heiligen Boden. Zieh deine Schuhe aus! Knie dich nieder!«

»Wer spricht zu mir?« fragte Moses.

Ganz leise hatte er es gesagt, denn der erste Schrekken war ihm in die Kehle gefahren. So leise hatte er gesprochen, daß es niemand verstehen hätte können, schon gar nicht einer, der nicht zu sehen war.

Aber wer auch immer zu Moses sprach, er hatte seine Frage verstanden.

»Weißt du wirklich nicht, wer ich bin?« sagte die Stimme.

»Zeig dich«, sagte Moses, »dann weiß ich es vielleicht.«

»Niemand sagt mir, was ich tun und lassen soll«, herrschte ihn die Stimme an. »Zieh deine Schuhe aus, und knie nieder. Ich wiederhole: Du stehst auf heiligem Boden.«

Inzwischen war Moses mehr neugierig als eingeschüchtert. Er dachte: Es kann an eines Mannes Stolz nicht kratzen, wenn er in der Wüste seine Schuhe auszieht und niederkniet, zumal es ja niemand sieht. Er dachte: Das Ganze ist leicht zu erklären, mein Kopf wird aus dem Schatten gerutscht sein, die Sonne wird meinen Geist etwas verwirrt haben, alles ist Einbildung. Gegen eine Einbildung zu revoltieren aber ist lächerlich, jedenfalls in meinem Alter. Also schlüpfte er aus seinen Sandalen und kniete sich in den Staub.

»Nun aber sag mir, wer du bist!«

»Ich bin dein Gott«, sagte die Stimme.

Moses starrte in die Flammen, die aus dem Dornbusch schlugen.

Er fragte: »Wer ist mein Gott?«

»Ich habe dich auserwählt, weil ich dich liebe«, sagte die Stimme. »Darum will ich Nachsicht mit dir haben. Keinem anderen würde ich eine solche Frage verzeihen. Hör auf, in die Flammen zu starren. Es schadet erstens deinen Augen, zweitens wirkt es wenig demütig, ich aber fordere Demut von den Menschen.«

Da senkte Moses seinen Blick.

»Ich habe nie einen Gott gehabt in meinem Leben«, sagte er. »Darum habe ich diese Frage gestellt. Ich wollte dich nicht beleidigen.«

»Ich war immer da«, sagte die Stimme. »Ich hab dich nie verlassen, in keinem Augenblick deines Lebens. Ich bin, der ich bin, und ich bin immer da. So wurde ich von deinen Vätern und Vorvätern genannt.«

»Ich weiß nicht einmal mit Sicherheit, wer meine Väter und Vorväter sind«, sagte Moses. »Ein loses Stück bin ich. Ich weiß nicht, zu wem ich gehöre.«

»Als dich die Menschen, zu denen du gehörst, brauchten, bist du davongelaufen.«

»Bist du der Gott, von dem mir meine Schwester Mirjam vor vielen Jahren gesprochen hat?«

»Der bin ich.«

Moses erinnerte sich an jene Nacht vor so vielen Jahren, als er zu Mirjams Gott hatte beten wollen. Er wird mir nicht antworten, hatte er damals gedacht und hatte nicht gebetet, weil er nicht denken wollte, es gibt ihn nicht, weil er nicht vor seine Schwester hintreten und sagen wollte, es gibt euren Gott nicht, euer Hoffen und Warten sind vergebens und euer Schreien ist umsonst. Denn, so hatte er damals gedacht, es ist eine Sünde, den Schwachen zu entmutigen. – Und nun, da er auf dem heißen Wüstenboden kniete und die Stimme Gottes zu ihm sprach, spürte er neben Neugierde und Furcht auch Empörung in sich.

»Was willst du von mir?« fragte er.

»Daß du mir dienst«, sagte die Stimme Gottes.

Moses setzte sich auf seine Fersen, denn er meinte, das Gespräch würde wohl noch länger dauern, und es war ihm bequemer so.

»Warum sprichst du erst heute zu mir?« fragte Moses. »Warum nicht schon vor zehn Jahren oder vor zwanzig Jahren oder vor dreißig Jahren?«

»Da warst du noch nicht bereit, mir zu dienen.«

»Und ausgerechnet heute bin ich bereit dazu?«

»Nie in deinem Leben«, sprach Gott zu Moses, »waren dein Herz, deine Seele und dein Verstand so leer wie vorhin, als du an dem dürren Baumstrunk lehntest. Auf diesen Augenblick habe ich gewartet. Nichts mehr war in dir. Wenn ich zu einem Menschen komme, darf nichts in ihm sein. Denn ich bin ein eifersüchtiger Gott, und ich fülle den ganz aus, zu dem ich komme, und ich dulde keinen anderen Gedanken neben mir.«

Dann weiß er wohl auch, daß ich mir vorhin um meine Bequemlichkeit Gedanken machte und mich auf meine Fersen setzte, damit meine alten Knie ein wenig entlastet werden, dachte Moses.

»Ja, das weiß ich«, sagte die Stimme. »Aber warum sollte mich das stören? Ich verlange Gehorsam und nicht Unbequemlichkeit.«

»Und was soll ich tun?« fragte Moses.

»Mach dich auf den Weg nach Hause!« sagte Gott.

»Wo ist mein Zuhause?«

»Das Volk Israel ist dein Zuhause«, sagte Gott. »Mein Volk Israel stöhnt noch immer unter der Fron des Pharao. Mein Volk!« – Moses glaubte, in der Stimme Gottes etwas Schwärmerisches mitzuhören. – »Ja, es ist mein Volk. Ich bin dem Abraham erschienen, mit ihm saß ich vor seinem Zelt, mit ihm habe ich gesprochen. Und mit dem Jakob habe ich eine Nacht lang gekämpft, er hat mich festgehalten, und Josef, Josef war mein Liebling.«

»Wie lange muß ich noch knien?« unterbrach Moses. »Es ist Mittag, und auf keinem Platz der Erde ist es heißer als hier, und ich bin ein alter Mann, und der Rücken tut mir weh, und die Knie tun mir weh ...«

»Du bist kein alter Mann«, dröhnte die Stimme. »Abraham war mehr als dreimal so alt wie du, als er den schwersten Gang seines Lebens antrat, und als Jakob zu Fuß nach Ägypten ging, um seinen Sohn Josef wiederzusehen, war er immerhin zweimal so alt wie du.«

»Darf ich mich wenigstens in den Schatten des Baumstrunkes knien?« fragte Moses.

»Nein«, sagte Gott.

Aber auch Gott glaubte inzwischen, dieses Gespräch werde noch eine Weile dauern, deshalb machte er eine Wolke direkt über dem Haupt seines Knechts, die legte einen kühlen Schatten über ihn.

»Gut«, sagte Moses. »Ich soll also nach Ägypten ziehen, zum Volk Israel, das noch immer unter der Fron des Pharao leidet. An diesem Punkt waren wir stehengeblieben.«

»Sprich zu deinen Leuten! Sag ihnen, ich bin dir erschienen und habe dir den Auftrag gegeben, das Volk

Israel aus Ägypten heraus in ein Land zu führen, in dem Milch und Honig fließen.«

»Ja, aber«, sagte Moses, »wie soll ich das machen? Wie soll ich zu den Leuten sprechen? Was soll ich ihnen genau sagen? Im Detail. Gut, angenommen, ich sage, ich bin Moses, Gott hat mich zu euch geschickt, werden sie dann nicht fragen, welcher Gott? Und wenn ich antworte, euer Gott, der mit dem Namen Ich-bin-der-ich-bin, werden sie dann nicht fragen, warum schickt er dich erst jetzt, warum hat er so lange gewartet, warum hat er uns so lange leiden lassen? Hätte er uns nicht schon vor Jahren einen schicken können, der uns erlöst? Die Mütter werden die Bilder ihrer Kinder hochhalten, die unter dem Terror des Pharao gestorben sind. Gibt er uns unsere Söhne und Töchter wieder, werden sie fragen. Und die Greise werden fragen: Gibt er uns unsere Kindheit und Jugend wieder, die uns in der Fronarbeit genommen wurden? Was antworte ich ihnen?«

Darauf gab Gott dem Moses keine Antwort. Das Feuer loderte weiter, zehrte am Nichts. Die Wolke über dem Haupt des Moses verfinsterte sich, kleine Blitze zuckten auf, kleine Donner grollten.

Ich weiß schon, dachte Moses bei sich, ich weiß schon, es wird ihm ähnlich ergehen wie mir, wenn Zippora mich etwas fragt. Er wird sich denken: Ich muß ihm eine Antwort geben, und es muß eine gute Antwort sein, aber ich muß erst nachdenken. Warum sollte es Gott anders ergehen als mir, dachte Moses, ich will ihm also Zeit lassen.

Und so wartete Moses, den Blick auf den steinigen Wüstenboden gerichtet. Er saß auf seinen Fersen, weil das bequemer war, aber inzwischen war auch das unbequem geworden, und so rutschte er mit seinem Hintern vorsichtig zur Seite, so daß er am Ende neben seinen Waden saß.

Endlich schien ihm doch genug Zeit vergangen zu sein. Schon kam ihm wieder der Gedanke, er bilde sich alles nur ein, das Gespräch und den brennenden Dornbusch, und in Wirklichkeit sei er ganz allein in der Wüste, allein mit seinem leeren Herzen. Er blickte auf und sah, daß das Feuer immer noch brannte.

»Also gut«, sagte er, »angenommen, die Leute stellen diese Fragen gar nicht. Angenommen, sie stellen überhaupt keine Fragen. Kann ja sein. Zum Beispiel, weil sie sich gar nicht für das interessieren, was ich ihnen predige. Was dann? Bist du sicher, daß sie dich überhaupt noch kennen?«

Da war die Stimme Gottes wieder da.

»Wie meinst du das?« fragte sie.

Und Moses war, als schwinge in ihr ein wenig Unsicherheit, ein wenig Verlegenheit, ja sogar ein wenig Ängstlichkeit mit.

»Ich meine, ich meine ...« stammelte er, aber es war nicht sein übliches Stammeln, das aus Ähs und Mmms bestand, er stammelte absichtlich. Weil er nämlich eine Frage auf den Lippen hatte, die seinem großen unsichtbaren Gegenüber vielleicht weh tun könnte. Das wollte er nicht. Er wollte Gott nicht weh tun. Aber die Frage wollte er dennoch stellen:

»Kann es sein«, formulierte er, »kann es sein, daß das Volk Israel vielleicht schon einen anderen Gott oder gar andere Götter hat?«

Einen Augenblick lang war es so still, wie es in Moses' ganzem Leben nie gewesen war.

Dann sagte Gott leise: »Nicht daß ich wüßte.«

Moses schämte sich. Ihm fiel das Gespräch mit seinem Schwiegervater Reguel ein, als dieser ihn ins Gebet genommen und zu ihm gesagt hatte: Was ist nur aus dir geworden? Da hatte er geantwortet: Zu einem Menschen in meinem Alter darf man so etwas nicht sagen. Aber gedacht hatte er: Was ist nur aus mir geworden? Und ich, dachte er, bringe Gott in dieselbe Lage, in die mich König Reguel gebracht hat. Gott ist wie ich, dachte Moses, und er staunte darüber nicht im geringsten.

»Wir machen es so«, sagte Gott schließlich und etwas kleinlaut. »Wenn du in Ägypten bist, dann gehst du zuerst zum Pharao. Du sagst: Das Volk Israel will drei Tagesmärsche in die Wüste ziehen und seinem Gott ein Schlachtopfer darbringen, laß es ziehen. Er wird nein sagen. Aber das macht nichts. Du gehst jeden Tag zu ihm. Irgendwann wird er sich denken, warum eigentlich nicht, warum sollen sie nicht in die Wüste gehen, um ihrem Gott ein Opfer zu bringen. Er wird zustimmen, nur damit er dich nicht mehr jeden Tag sehen muß. Du wirst eine schriftliche Erlaubnis von ihm verlangen, und er wird sie dir geben. Und dann erst trittst du vor das Volk Israel hin und weist das Dokument vor. Das wird die Leute sehr beeindrucken. Sie werden denken, der tut etwas, der redet nicht nur. Dann werden sie an dich glauben und dich zu ihrem Führer machen.«

»Ja, gut«, sagte Moses, »einige werden dann an mich glauben. Die meisten werden an mich glauben. Aber die meisten haben nichts zu sagen. Nur wenige haben etwas zu sagen. Diese wenigen werden mir vielleicht auch glauben, aber sie werden so tun, als ob sie mir nicht glauben. Denn die anderen werden sie fragen: Warum habt ihr bisher noch keine solche Idee gehabt? Warum muß da erst ein Fremder kommen? Deshalb werden die Anführer des Volkes Israel sagen, es sind blöde Ideen, die der hat, und sie werden sich gegen mich stellen. Was mache ich dann?«

»Was liegt vor dir auf dem Boden?« fragte Gott.

»Mein Stab«, sagte Moses. »Es ist der Stab, der aus einem Ast des Baumes der Erkenntnis geschnitzt worden ist. Das ist der Baum, der in der Mitte des Paradieses gestanden hat ...«

»Ich weiß, ich weiß«, unterbrach ihn Gott. »Das tut hier nichts zur Sache.« Gottes Stimme hatte ihre Kraft wiedergewonnen. »Heb diesen Stab auf«, befahl sie, »und dann wirf ihn vor dir auf den Boden!«

Moses tat es, und der Stab verwandelte sich in eine lebendige Schlange.

»Wenn sie dir nicht glauben«, sagte Gott, »dann machst du dasselbe vor ihren Augen, vor aller Augen. So, nun faß die Schlange mit deiner Hand!«

Moses packte die Schlange hinter ihrem Kopf, und da wurde aus der Schlange wieder ein Stab.

»Was meinst du?« sagte Gott. »Werden sie dir dann glauben oder nicht?«

»Sie werden mir glauben«, sagte Moses, aber er ließ nicht locker. »Und wenn sie mir, angenommen, immer noch nicht glauben?«

»Ich habe ein Wunder geschehen lassen!«

»Das weiß ich«, sagte Moses. »Sie werden sagen, es gibt viele Zauberer. Sie werden sagen, wir haben schon spektakulärere Kunststücke gesehen.«

»Dann lügen sie«, empörte sich Gott.

»Das ist sicher richtig. Aber was mache ich dann?«

»Steck deine rechte Hand in dein Gewand!« befahl Gott.

Moses tat es.

»Und nun zieh sie wieder heraus!«

Da war die Hand weiß von Aussatz, und Moses schrie auf, weil die Hand schmerzte.

»Steck die Hand wieder in dein Gewand zurück!« gab Gott weiter Anweisung. »Und jetzt zieh sie wieder heraus!«

Da war die Hand wieder rein.

»Das mach bei einer ihrer Hände«, sagte Gott. »Der Schmerz ist ein gutes Argument.«

»Und wenn sie mir immer noch nicht glauben?« sagte Moses.

Da wurde Gott zornig.

»Was redest du da!« fuhr er Moses an. »Ich habe dir einen Auftrag gegeben. Ich müßte gar nicht mit dir verhandeln. Ich habe einen Narren an dir gefressen, das ist dein Glück! Sonst würde ich einen Blitz aus der Wolke über deinem sturen Kopf auf dich niederschleudern! Aber gut! Wenn sie dir immer noch nicht glauben, dann hol einen Eimer Wasser aus dem Nil und schütte ihn auf den Boden, und das Wasser wird Blut sein. Werden sie dir dann glauben?«

»Anzunehmen«, sagte Moses leise.

»Dann geh jetzt!«

Aber Moses blieb sitzen.

»Worauf wartest du denn noch?«

»Nur noch eines«, sagte er.

»Was denn noch?«

»Wir sprechen nun schon eine ziemliche Weile miteinander. Es muß dir doch etwas aufgefallen sein.«

»Was muß mir aufgefallen sein?«

»Daß sich meine Zunge nur schwer bewegt. Daß meine Zunge Krücken nötig hat, Ähs und Mmms, und daß manchmal kein Laut aus dem Mund kommt, wenn einer kommen sollte, und dann wieder mehr, als kommen sollten. So einen nennt man einen Stammler. Ich bin ein Stammler. Wäre es nicht besser, wenn du einem anderen diese Aufgabe übertragen würdest, einem, der reden kann? Meinem Bruder Aaron zum Beispiel. Meine Schwester Mirjam erzählte mir, er sei ein Redetalent ersten Ranges. Das hätte auch den Vorteil, daß Aaron bereits vor Ort ist, er müßte sich nicht erst auf eine lange und beschwerliche Reise begeben wie ich ...«

»Gut«, sagte Gott, »dann soll es eben mit dir nicht sein. Ich werde dich in Ruhe lassen. Du wirst so bleiben, wie du warst, bevor dir mein Feuer erschienen ist. Du wirst leer sein, und du wirst es wissen, du wirst noch ein langes Leben vor dir haben, und das wird so leer sein wie die wenigen Minuten, die du an dem Baumstamm dort drüben gesessen bist.«

Moses sah, wie die Flammen kleiner wurden, wie die Äste des Dornbuschs zu weißer Asche zerfielen, und da erkannte er, daß dieser brennende Dornbusch ein Sinnbild seiner Seele war, daß die Glut Gottes ebenso aus dem Nichts seiner Seele Kraft ziehen konnte, wie das Feuer aus dem Nichts der Wüste sich nährte.

»Ich werde alles tun, was du von mir verlangst«, sagte er und verneigte sich, bis seine Stirn den Boden berührte.

Da erlosch das Feuer, der Wind blies die Asche des Dornbuschs davon. Die Wolke über dem Haupt des Moses löste sich auf. Moses suchte die Herde zusammen und machte sich auf den Weg zum Hof von König Reguel.

Aaron

Von der Gerechtigkeit und ihrem Namen – Von Sprechstunden, bei denen niemand vorgezogen wurde – Vom Erzengel Gabriel, der endlich wieder in Träumen erscheint – Von Vorlesungen über Recht und Gerechtigkeit und Glück – Von einem Rechtsstreit und dessen Lösung, die so einfach ist, daß sie wie eine Division durch drei aussieht – Von einer Erfahrung, die Gott mit den Menschen gemacht hat

Aaron war ein gerechter Mann. Jeder nannte ihn einen gerechten Mann. Die höchste Steigerung von gerecht hieß: gerecht wie Aaron. Aaron wußte, daß die Gerechtigkeit seinen Namen trug, und das spornte ihn an, noch gerechter zu sein, und so machte er nicht ein einziges Mal für jemanden eine Ausnahme, und das wirkte bisweilen doch ziemlich borniert.

Ein Beispiel: Wenn er seine Sprechstunden als Vermittler in Rechtsstreitigkeiten abhielt, nahm er niemanden vor, ganz gleich, wie dringend ein Fall war.

»Ich bin ein gerechter Mann«, sagte er. »Ich bevorzuge niemanden, ich benachteilige niemanden. Wer als erster mein Wartezimmer betritt, den rufe ich als ersten in mein Büro.«

Und dann kam eines Tages seine Schwester Mirjam gelaufen und rief aufgeregt: »Aaron! Aaron! Ich muß dir etwas Dringendes mitteilen! Laß mich vor!«

»Nein«, sagte Aaron, »ich bin ein gerechter Mann.«

»Aber ich habe geträumt«, sagte Mirjam. »Der Engel ist mir wieder erschienen, und er hat mir eine dringende Nachricht übergeben.«

Aber Aaron sagte: »Setz dich in das Wartezimmer zu den anderen. Wenn du drankommst, rufe ich dich auf.«

»Aber die Nachricht des Engels ist für dich«, sagte Mirjam.

»Dann muß eben auch der Engel warten, bis er drankommt«, sagte Aaron.

»Aber die Nachricht des Engels stammt aus Gottes Mund!« empörte sich Mirjam. »Und Gott kommt doch wohl vor allen an die Reihe!«

»Ich bin ein gerechter Mann«, sagte Aaron. »Ich bevorzuge niemanden und benachteilige niemanden.«

Und er war stolz, vor seinen anderen Klienten einen so eklatanten Beweis seiner Gerechtigkeit zu liefern.

»Du bist ein bornierter Mann«, schimpfte Mirjam und setzte sich zu den anderen ins Wartezimmer.

Viele Jahre war der Erzengel Gabriel nicht mehr in Mirjams Träume gekommen. Mirjam hatte schon gefürchtet, sie habe den Engel verärgert mit ihrem Drängen, ihr einen Mann zu verschaffen. Tatsächlich war sie auf den Engel zornig gewesen. Sie glaubte zwar nicht, daß ein Engel über genügend Macht verfügte, ein Männerherz gefügig zu machen. Das kann nur Gott persönlich, dachte sie. Aber gleichzeitig sagte sie sich: Ein Erzengel Gabriel ist ja nicht irgendein Engel. Was würde es ihn schon groß beißen, wenn er seinen Einfluß für mich geltend machte?

Mit den Jahren war ihr Zorn vergangen, und auch ihr Wunsch, einen Mann zu bekommen, war vergangen. Da schmerzte sie nur noch der Gedanke, sie sei aus der Gnade Gottes gefallen, weil er nicht mehr einen seiner größten Engel zu ihr schickte.

Jeden Abend betete sie zu Gott: »Einmal noch!« flehte sie. »Nur noch einmal soll mir dein Engel erscheinen!«

Und sie trug ihren Wunsch mit derselben Inbrunst vor, wie sie ehedem den Wunsch nach einem Mann vorgetragen hatte.

Und dann war Gabriel eines Nachts wieder in ihrem Traum gestanden, weiß in seinem Äußeren und etwas spröde in seiner Art, genau so, wie sie sich an ihn erinnerte.

»Es wird sich einiges verändern bei euch«, sagte er.

»So lange Zeit war alles gleich«, sagte Mirjam im Traum, »und nun ändert sich einiges? Warum?«

»Lange Zeit? Was heißt lange Zeit?« sagte der Engel. »Ihr Menschen rennt gegen die Uhr wie eine Fliege gegen die Fensterscheibe.«

Das verstand Mirjam nicht, nicht einmal im Traum.

»Euer Bruder Moses kommt nach Ägypten zurück«, sagte der Engel. »Es muß ihm entgegengegangen werden. Aaron soll das übernehmen.«

»Und du?« fragte Mirjam.

»Was ist mit mir?« fragte der Erzengel.

»Kommst du nun wieder in meine Träume?«

»Das ist vorgesehen, ja«, sagte der Engel.

Da war Mirjam aufgewacht, hatte sich schnell die Kleider übergezogen und war zum Haus des Aaron gelaufen. Es war noch früh am Tag, aber das Wartezimmer im Büro ihres Bruders war bereits überfüllt. Wer von Aaron einen Rat wollte, mußte sehr früh aufstehen.

Nach Stunden rief Aaron seine Schwester zu sich in sein Büro. »Nun bist du an der Reihe, Mirjam« sagte er. »Was teilt mir Gott über deinen Engel mit?«

»Unser Bruder Moses kommt nach Ägypten zurück«, sagte Mirjam. »Es muß ihm entgegengegangen werden. Du sollst das übernehmen.«

Und Aaron machte sich auf den Weg, und – ich will es vorwegnehmen – obwohl er seinen Bruder seit Kindertagen nicht mehr gesehen hatte, erkannte er ihn, und Moses erkannte Aaron. So hatte es Gott eingerichtet, um durch Verwirrung, Verirrung und Verwicklung nicht unnötig Zeit zu verlieren.

Apropos: Zeit verlieren: Aaron war damals dreiundachtzig Jahre alt. Er war drei Jahre älter als Moses, also war dieser achtzig. Heißt das, zwischen dem brennenden Dornbusch und der Ankunft des Moses in Ägypten sind rund zwanzig Jahre vergangen? Hat Moses doch noch so lange gezögert, bis er Gottes Befehl nachgekommen ist? Kann man das glauben? – Das ist alles sehr merkwürdig, zugegeben, aber, wie bereits bemerkt, Heroenzeit muß man anders messen als Menschenzeit, wenn sie sich überhaupt messen läßt. Also zerbrechen wir uns darüber nicht den Kopf.

Von Aaron haben wir bisher recht wenig gehört. Als er ein Kind war, herrschte in Ägypten Terror. Die provokante Erlaubnis des Pharao, hebräische Knaben, wo immer ein Ägypter oder eine Ägypterin einen traf, ohne Strafe zu töten, hatte die Güte aus den Herzen so vieler Menschen vertrieben. Das Unrecht war so allumfassend, daß in Aaron schon sehr früh die Überzeugung heranwuchs, daß nur ein ebenso allumfassendes Recht diese Barbarei besiegen, das Gute in den Herzen wieder herstellen und die Menschen daran hindern könnte, in Zukunft solche Taten zu begehen.

Aaron wurde Jurist. Manchmal war er Verteidiger, meistens war er Richter, nie war er Ankläger. Trotz seiner Kindheitserfahrungen war er der Meinung, der Mensch sei in seinem innersten Kern gut, und die Juristerei war für ihn nichts anderes als der Versuch, sich an diesen Kern heranzuarbeiten. Er war ein sehr angesehener Mann, und er war beim Volk Israel ebenso angesehen wie bei den Ägyptern. Man suchte seinen Rat, verlangte nach seinem Urteil, und man bat ihn schließlich auch, das Recht in den Universitäten zu lehren.

Alle seine Vorlesungen begann er mit dem Satz. »Der Mensch ist gut.«

Dann ergab es sich meistens, daß einer der Zuhörer rief: »Auch dann, wenn er Böses tut?«

Dann wurde gelacht. Das war Standard, Aaron wußte das. Er wartete, bis es wieder ruhig war.

»Ja, auch wenn der Mensch Böses tut, ist er gut«, sagte er.

Seine Stimme war dabei so ruhig und fest, voll Überzeugung und ohne jeden Zweifel, daß es für die meisten Zuhörer gar keines nachfolgenden Beweises, nicht einmal eines illustrierenden Beispiels bedurft hätte, um dieses offensichtliche Paradox als Wahrheit zu akzeptieren. Es gehörte aber zu Aarons Stil, in Gleichnissen zu sprechen, und so zeigte er seinen Studenten anhand der Frucht eines Nußbaumes, was er meinte.

»Was seht ihr hier?« fragte er und hielt die Frucht mit der grünen, ledrigen Haut in die Höhe.

»Die Frucht eines Nußbaumes«, wurde gerufen.

»Denkt euch, diese Frucht ist der Mensch«, sagte er. »Sie enthält alles, was der Mensch ist.«

Er schälte das zähe Fruchtfleisch ab.

»Das ist die Nußschale«, sagte er. »Sie ist sehr hart. Es gibt kein Holz, das härter ist als die Schale dieser Nuß. Das Harte steht für das Böse. Das Böse muß zerschlagen werden.«

Er nahm einen Hammer, hielt ihn hoch.

»Dieser Hammer«, sagte er, »ist das Gesetz.«

Dann zerschlug er die Nußschale und schob sich die Nußkerne in den Mund

Er sagte kauend: »Der Kern ist das Gute. Und er schmeckt auch gut.«

Man lachte. Das war Standard bei den Vorlesungen. Und die Schüler glaubten, sie hätten das Wesen des Menschen verstanden.

Ja, Aaron hatte eben nicht nur die Gabe, die kompliziertesten Dinge in einfache Worte zu fassen, er verstand es genauso gut, die einfachsten Dinge so auszusprechen, daß viele meinten, hier begegne man einer großen Weisheit.

Nicht alle meinten das freilich. Es gab Menschen, und es waren nicht die Dümmsten, die kritisierten Aaron, und zwar nicht, weil er falsche Dinge sagte.

»Er hat noch nie einen eigenen Gedanken gehabt«, das warfen sie ihm vor. »Keinem hat er je etwas erzählt, was der nicht vorher schon wußte. Unwesentliches klingt aus seinem Mund wie Wesentliches, Allgemeinplätze blasen sich auf zu großen Erleuchtungen.«

Über wirklich wichtige Dinge, insistierten sie, werde in seinen Vorlesungen gar nicht gesprochen – zum Beispiel über den Kampf gegen die Unterdrücker Israels, den Kampf gegen die Ägypter.

Aaron war ein Mann des Ausgleichs, er wollte Harmonie, und Harmonie – für diese Überzeugung legte er sein Leben ein – sei nur durch das Recht möglich. Ja, Aaron war ein friedliebender Mann. Jeder nannte ihn einen friedliebenden Mann. Die höchste Steigerung von friedliebend hieß: friedliebend wie Aaron.

»Das Glück«, das war immer der letzte Satz in Aarons Vorlesungen, »das Glück besteht aus Gerechtigkeit und Frieden.«

Und den Beweis für die Richtigkeit dieses Satzes lieferte Aaron in seiner Tätigkeit als Richter.

Ein Beispiel soll noch erzählt werden: Da gab es einen Mann, der war Ägypter, und eine Frau, die war Jüdin. Die beiden verliebten sich ineinander. Eine ungewöhnliche Sache. Es war nicht verboten, aber sowohl die Ägypter als auch die Israeliten sahen eine solche Verbindung nicht gern. Die beiden heirateten, und sie hatten drei Söhne. Dann starben sie, und nun die Frage: Wie wird das Erbe aufgeteilt?

Der älteste Sohn sagte: »Ich bin ein Ägypter! Ich bin Ägypter wie mein Vater. Wir leben hier in Ägypten, und hier herrscht ägyptisches Recht. Ich bin der einzige der das einsieht. Deshalb gehört alles mir.«

Der zweite Sohn sagte: »Ich bin ein Jude. Wer ist ein Jude? Ein Jude ist, dessen Mutter eine Jüdin ist. Für mich gilt jüdisches Recht. Weil ich aber von uns Dreien der einzige bin, der sich zum Judentum bekennt, deshalb gehört mir alles.«

Der dritte Sohn sagte: »Machen wir uns doch nichts vor. Unsere Eltern waren Außenseiter, die Juden haben die Mutter abgelehnt, die Ägypter haben den Vater abgelehnt. Ich selbst fühle mich nur meinen Eltern verpflichtet, sonst niemandem, weder dem Volk der Ägypter, noch dem Volk der Israeliten. Deshalb gehört das Erbe meiner Eltern mir.«

Aaron sollte den Streit schlichten. Nach langer, langer, sehr langer Verhandlung verkündete er das Urteil: »Das Vermögen der Eltern soll in drei gleiche Teile geteilt werden.«

Und siehe da: Die Brüder waren einverstanden. Und nicht nur das. Sie versöhnten sich, fielen einander in die Arme, sie liebten sich, wie sich Brüder lieben sollen. Und sie priesen die scharfe Intelligenz, die Klugheit und die Güte Aarons.

Und Aarons Kritiker blieb nichts, als wieder einmal den Kopf zu schütteln.

»Was ist es nur«, sagten sie und warfen die Arme in die Luft. »Was um Himmelswillen ist es nur? Das ist doch keine geniale Lösung eines Konflikts! Das ist doch nichts weiter als eine simple Division durch drei!«

Aaron habe ja nicht anderes getan, als jedem der Brüder Gelegenheit gegeben, in aller Ausführlichkeit seinen Standpunkt zu erläutern.

»Nicht mehr«, sagten seine Kritiker. »Nicht mehr!«

»Und nicht weniger«, sagten Aarons Anhänger.

Aaron machte sich also auf den Weg in die Wüste. Wie er sein Leben lang darauf vertraut hatte, daß ihm Gott schon die richtigen Worte schicken werde, sobald er den Mund aufmachte, so vertraute er nun darauf, daß Gott seine Schritte lenken wird, damit er auf seinen Bruder Moses träfe.

Solche Zweifelsfreiheit schätzte Gott – auf der einen Seite. Auf der anderen Seite hatte Gott erfahren müssen, daß Menschen wie Aaron bei der Realisierung eines Planes zwar unersetzbar wichtig sind, daß sie aber eines Lenkers bedürfen, eben eines Mannes, der überhaupt erst einmal einen Plan hat – vom Standpunkt Gottes aus betrachtet: eines Mannes, den er für würdig hielt, ihm einen Plan mitzuteilen. – So ein Mann war Moses.

Einen Tag lag ging Aaron in die Wüste, dann sah er die Karawane seines Bruders auf sich zukommen. Die beiden umarmten einander und machten sich gemeinsam auf den Weg in die Hauptstadt Ägyptens.

Pharao Adikos

Von einem vergleichsweise liberalen Mann – Von den Tücken der Integration – Von Aarons plötzlichem Gesinnungswandel – Von der Verwirrung unter Israels Führern – Von der Liebe zu Löwen – Von der Versammlung der großen Magier – Von der Verwandlung von Stöcken in Schlangen – Von einem gefräßigen Stock – Von der Sturheit des Pharao – Vom Erwachen des Volkes Israel

Zu jener Zeit herrschte in Ägypten Pharao Adikos. Er war einer der Söhne des Malul und etwa im Alter von Moses, also ein alter Mann. Seine Herrschaft dauerte nun schon gut fünfzig Jahre. Adikos war ein – vergleichsweise! – liberaler Mann, von Unterdrückung und Ausbeutung, wie sie unter der Herrschaft seines Vaters die Israeliten in Schrecken versetzt hatten, hielt er nichts, jedenfalls bis Moses auftauchte. Er setzte auf Integration, wobei er darunter die völlige Aufgabe aller Eigenständigkeit des Volkes Israel verstand.

»Ihr seid Gäste bei uns«, sagte er, »und Gäste haben sich schließlich nach den Gepflogenheiten ihrer Gastgeber zu richten.«

»Aber wir sind doch auch schon fast dreihundert Jahre hier«, wurde ihm geantwortet.

Dieses Argument ließ ihn kalt.

»Ich will keine Juden und keine Ägypter sehen«, sagte er. »Ich will nur Köpfe von Männer und Frauen sehen, die sich vor mir neigen.«

Ein wirklich nur vergleichsweise liberaler Mann, dieser Adikos.

Hatten die Juden unter Malul gegen Unterdrückung und Ausbeutung gekämpft, so galt die Hauptsorge der jüdischen Führer nun der Eigenständigkeit ihres Volkes, der jüdischen Identität. Wer sich offen und engagiert als Jude bezeichnete, hatte mit Nachteilen zu rechnen. Er verlor unter Umständen seinen Arbeitsplatz, wurde vielleicht samt seiner Familie aus dem Stadtviertel gedrängt, in dem er lebte. Wurde, wenn er weiterhin für das Judentum agitierte, womöglich sogar eingesperrt. Hebräer dagegen, die weder auf ihre Religion noch auf ihre Volkszugehörigkeit Wert legten, denen es nichts ausmachte, Pharao als ihren Herrn – ihren einzigen Herrn! – zu bezeichnen, diesen standen alle gesellschaftlichen Türen offen, ihre Kinder durften frei jede Schule besuchen, ihre Frauen auf allen Märkten der Stadt einkaufen. Die assimilierten Juden hatten, wie sich einer ausdrückte, »ihren Platz vor den Fleischtöpfen Ägyptens«.

Es darf deshalb nicht erstaunen, daß Moses bei seinem Bruder Aaron zunächst auf Unverständnis traf, als er ihm mitteilte, er sei gekommen, um das Volk Israel von der Knechtschaft Ägyptens zu befreien.

»Ich sehe diese Knechtschaft nicht«, sagte Aaron. Und sagte damit dasselbe, was er immer zu seinen Kritikern gesagt hatte. »Es gibt keine Knechtschaft. Wir alle sind Untertanen des Pharao. Wer die Gesetze befolgt, hat nichts zu befürchten, und vor den Gesetzen sind alle gleich.«

»Ich denke, es herrscht Unterdrückung?« fragte Moses und war doch irritiert.

»Wer hat dir das gesagt?«

»Gott hat es mir gesagt«, war Moses' Antwort.

Aaron war von Anfang an ein loyaler Bruder, er glaubte Moses jedes Wort, und er war auch ein gottesfürchtiger Mann, glaubte an den Gott seiner Väter und Vorväter. Aber er war auch der Meinung, daß Religion Privatsache sei. Daß sich nun sein Gott über seinen

Bruder Moses in die Angelegenheiten des Staates Ägypten einmischte, brachte ihn in Verwirrung und Konflikt.

»Und du irrst dich bestimmt nicht?« fragte er.

»Wie sollte ich mich irren«, sagte Moses. »Ich habe seine Stimme gehört.«

»Und Gott hat ausdrücklich von Knechtschaft gesprochen?«

»Gott hat mir den Auftrag gegeben, ich soll das Volk Israel aus Ägypten herausführen, und ich soll es in ein Land führen, in dem Milch und Honig fließen. Warum sollte ich unsere Leute in ein Land führen, das niemand kennt, wenn hier nicht Knechtschaft herrschte?«

»Das ist allerdings richtig«, sagte Aaron langsam.

Es stimmt, vom ersten Augenblick an hatte sich Aaron seinem jüngeren Bruder bedingungslos untergeordnet. Und das ist durchaus verwunderlich. Legte Aaron als Mann des Gesetzes doch besonderen Wert auf seine Unabhängigkeit. Die Kommentatoren und Erzähler haben erst gar nicht versucht, für diese plötzliche Gesinnungsänderung einen anderen Grund zu nennen als den, daß Gott selbst den Charakter Aarons zurechtgerückt habe, damit er seine künftige Aufgabe, nämlich der Adlatus seines Bruders Moses zu sein, optimal erfülle.

Diese Argumentation mißfällt mir aber. Sie gibt der Erzählung eine Option der Beliebigkeit. Deshalb will ich umgekehrt vorgehen und behaupten, nein, Gott hat Aarons Charakter nicht verändert, das war gar nicht nötig. Bedingungslose und absolut zweifelsfreie Loyalität entsprach ganz und gar Aarons Charakter. Sie hatte bisher allerdings einer abstrakten Instanz, nämlich dem Gesetz, gegolten. Seine Verehrung des Gesetzes beinhaltete ein riesiges Potential an Glauben, und dieses Potential gab er nun Moses. Das Wort des Bruders machte er zu seinem Gesetz. Das hatte die Kraft des Moses bei Aaron bewirkt, der Kraft des Moses ordnete sich Aaron unter.

Woher aber kam diese Kraft? Noch am Ende des vorangegangenen Kapitels begegnete uns Moses als ein Müßiggänger, als ein zum Mäkeln und zur Besserwisserei neigender alter Mann.

Moses hatte eine schwere Prüfung hinter sich, die vielleicht schwerste Prüfung, die einer Seele auferlegt werden kann: Er war durch die Hölle gegangen. Und seine Hölle war leer. Und seine Hölle war in seinem Herzen. Er hatte Jahrzehnte diese Leere in sich gehabt, ohne sich ihrer voll bewußt zu sein. Er hatte es vermieden, in ihren Abgrund zu schauen, hatte sich auf seinen Wanderschaften abgelenkt. Und dann, in der Wüste, beim brennenden Dornbusch, hatte ihm Gott diese Leere in ihrem ganzen Grauen vor Augen geführt. Und Moses hatte Gott in sich aufgenommen. Und nun war er ganz ausgefüllt von der Stärke Gottes.

Das wußte Aaron alles nicht. Er stand einem Menschen gegenüber, von dem eine Kraft, ein Wille, eine Überzeugung ausging, wie er es noch nie erlebt hatte.

»Was habe ich zu tun?« fragte er seinen Bruder.

Moses sagte: »Ganz gleich, was für ein Geschäft du betreibst, Aaron, gib es auf!«

»Ich bin Richter«, sagte Aaron stolz.

»Von nun an wirst du an meiner Seite stehen«, sagte Moses. »Ich gebe die Gedanken, du machst die Worte daraus.«

So geschah es.

Ausgelöst durch Moses' Ankunft entstand innerhalb des Volkes Israel eine merkwürdige politische Situation. Da kam ein Mann aus der Wüste, ein Mann, den niemand kannte, stellte sich hin und sagte: »Ich befreie Israel von der Knechtschaft Ägyptens.«

Das war nun genau das, was die Führer Israels selbst immer gepredigt hatten – Befreiung, Aufstand. Und je weniger das Volk eingesehen hatte, wovon es eigentlich befreit werden und wogegen es sich eigentlich erheben sollte, desto radikaler hatten die Führer agitiert, desto überzeugter waren sie von sich selbst gewesen, desto fanatischer hatten sie ihre Mission betrieben.

Und nun kam einer, der sagte dasselbe wie sie, aber seine Augen glühten dabei mehr als ihre, und seine Schultern strafften sich dabei mehr als die ihren. Ohne jede Rücksprache mit ihnen stellte sich dieser Mann an die Spitze des Volkes. Woher nahm er sich das Recht? Wie sollten sie gegen ihn auftreten? Wenn sie ihn einen Lügner nannten, dann machten sie sich selbst zu Lügnern. Wenn sie ihn gewähren ließen, würde ihr letzter Einfluß bald dahin sein.

»Du willst das Richtige«, sagten sie. »Wir sind auf deiner Seite. Aber du kennst die Situation hier nicht. Du sagst, du seist hier aufgewachsen. Das ist aber lange her. Sicher, Malul war ein grausamer Pharao, brutaler als sein Sohn Adikos. Aber Adikos ist schlauer als sein Vater. Seine Mittel der Unterdrückung sind schwerer zu durchschauen. Unter den Schlägen Maluls ist Israel stark geworden nach innen. Als er starb, waren wir ein einiges Volk. Adikos' Politik dagegen wirkt wie Säure. Sie zersetzt unser Volk von innen. Am Ende wird Adikos erreicht haben, woran sein Vater gescheitert ist. Es wird Israel nicht mehr geben. Du magst Malul gekannt haben, du magst zu seiner Zeit ein großer Mann gewesen sein. Gegen Adikos kommst du nicht an. Wir jedoch haben lange Erfahrung. Deshalb stell dich in unsere Dienste! Besser kannst du deinem Volk nicht dienen!«

»Ich stehe in den Diensten Gottes«, sagte Moses und ließ sie hinter sich.

»Wir werden zum Pharao gehen«, sagte Moses zu Aaron.

»Und was machen wir dort?« fragte Aaron.

»Wir werden unsere Forderungen vortragen.«

»Und was für Forderungen?«

»Wir werden fordern, er soll dem Volk Israel erlauben, daß es für drei Tage in die Wüste zieht, um seinem Gott ein Schlachtopfer darzubringen.«

Später wird Aaron keine Fragen mehr stellen. Später wird ihm Moses sagen, was er denkt, und bald wird er selbst denken, wie Moses denkt, und wird die Gedanken seines Bruders in Worte fassen.

Nun aber fragte er: »Gesetzt den Fall, der Pharao erlaubt dem Volk Israel in die Wüste zu ziehen: Was ist, wenn das Volk Israel gar nicht in die Wüste ziehen, seinem Gott gar kein Brandopfer darbringen möchte? Dann wird Pharao Adikos über uns lachen.«

»Pharao Adikos wird unseren Forderungen nicht nachkommen«, sagte Moses.

»Ich weiß nicht«, sagte Aaron. »Adikos ist ein vergleichsweise liberaler Mann.«

»Gott wird ihn mit Sturheit schlagen«, sagte Moses.

Aaron und Moses begaben sich also zum Palast des Pharao. Sie gingen zu Fuß durch die Stadt. Moses blickte nicht nach links und nicht nach rechts. Hier war er immerhin aufgewachsen. Es interessierte ihn nicht, was hier anders und neu geworden war, seit er die Stadt verlassen hatte.

Vor dem Tor zum Palast lagen Löwen, die waren besonders scharf dressiert, denn sie bewachten die Wohnstätte des Pharao. Sie waren angekettet, aber ihre Ketten waren lang genug, so daß niemand, den sie nicht kannten, an ihnen vorbei durch das Tor gehen konnte.

»Was sollen wir tun?« sagte Aaron. »Sie werden uns zerreißen, wenn wir nur in ihre Nähe kommen.«

Da ließ Moses seinen Stab über den Löwen kreisen, und die Löwen legten sich vor ihm nieder und wurden zahm wie Haushunde. Moses beugte sich zu jedem von ihnen nieder und umarmte ihn. Dann machte er sie von den Ketten los, und die Löwen rieben ihren Kopf an seinen Beinen und gingen neben ihm her.

So betraten Moses und Aaron den Palast des Pharao.

Die Diener fürchteten sich, als sie die Männer mit den Löwen an ihrer Seite sahen, und keiner wagte es, ein Wort zu sagen, und vor Schreck vergaßen sie, den Pharao zu warnen. Moses kannte das Innere des Palastes, hier war er schließlich aufgewachsen. Ohne zu zaudern, schritt er auf die Gemächer des Pharao zu.

Auch Adikos erschrak. Er wollte nach den Wachen rufen, aber die Löwen rissen ihre Mäuler auf, da blieb er still.

»Kennst du mich denn nicht mehr?« fragte Moses. »Wir haben an einem Tisch miteinander gegessen, und als wir Kinder waren, haben wir unten beim Ufer des Nil miteinander gespielt. Ich bin Moses. Das ist mein Bruder Aaron. Wir wollen mit dir verhandeln. Laß das Volk Israel sich sammeln, damit es in die Wüste ziehe, um seinem Gott ein Brandopfer darzubringen!«

»Ich will nicht mit euch reden«, sagte Adikos. »Geht, geht! Niemand verhandelt mit dem Pharao.«

»Wir werden wiederkommen«, sagte Aaron.

»Wir werden jeden Tag wiederkommen«, sagte Moses.

Moses und Aaron gingen.

»Gott hat ihn mit Sturheit geschlagen«, sagte Moses. »Es ist, wie ich dir gesagt habe.«

Vor dem Palast kettete Moses die Löwen wieder an, beugte sich noch einmal zu jedem nieder und umarmte jeden von ihnen.

»Warum tust du das?« fragte Aaron.

Er fragte, weil es ihn interessierte. Alles, was mein Bruder tut, ist richtig und gut und hat einen Grund, und wenn ich den Grund nicht weiß, dann will ich eben fragen, denn ich möchte meinen Bruder verstehen. So dachte Aaron.

»Die Löwen sind ein Gleichnis für das Volk Israel«, gab ihm Moses zur Antwort. »Ich befreie sie, und sie lieben mich dafür, und von dem Tag an können sie nicht mehr ohne mich sein.«

Auf dem Heimweg ging Aaron noch so manches durch den Kopf, und er fragte wieder.

»Du hast gesagt, Gott schlägt den Pharao mit Sturheit. Warum tut das Gott?«

»Damit er den Pharao noch grausamer bestrafen kann«, antwortete Moses.

Das war eine Auffassung von Schuld und Sühne, die Aaron sicher zutiefst zuwider war. Aber, dachte er bei sich, aus meinem Bruder spricht Gott, und Gottes Auffassung von Gerechtigkeit darf ein Mensch nicht kritisieren. Noch vor wenigen Tagen hatte Aaron seine Schwester einige Stunden lang warten lassen, ehe er sich ihren Traum angehört hatte, und ihr Traum war ja auch von Gott geschickt worden. Was für einen Eindruck muß Moses auf seinen großen Bruder gemacht haben!

Nach einigen Tagen kam ein Diener des Pharao zu Moses. Er war außer sich.

»Was hast du nur angerichtet«, sagte er. »Der Pharao weiß nicht, daß ich dich aufsuche, niemand weiß es. Ich bin für die Löwen vor dem Tor zum Palast verantwortlich. Ich liebe diese Tiere, und sie lieben mich. Jedenfalls bis du aufgetaucht bist, haben sie mich geliebt. Seither verweigern sie die Nahrung!«

»Du bist ein guter Mann«, sagte Moses. »Aber ich kann dir nicht helfen. Geh nach Hause! Den Palast des Pharao betrete ich erst wieder, wenn der Pharao mich rufen läßt.«

»Dann werden meine Löwen verhungern«, jammerte der Diener.

»Sie werden nicht verhungern«, sagte Moses.

»Sie werden nicht verhungern«, sagte Aaron.

Aber die Löwen verweigerten weiterhin die Nahrung, und sie wurden böse und ließen nun niemanden mehr zum Tor des Palastes. Auch nicht jene, die sie kannten. Die Minister mußten über die Mauer klettern, wenn sie ihren Dienst antraten, und die Bäcker warfen jeden Morgen das frische Brot für den Frühstückstisch des Pharao in die Fenster des Palastes.

Nach einigen Tagen kam der Diener wieder.

»Entweder du kümmerst dich um die Löwen«, sagte er zu Moses, »oder der Pharao läßt sie töten.«

»Dann soll er die Löwen töten«, sagte Moses.

»Dann soll er die Löwen töten«, sagte Aaron.

Am nächsten Tag war der Diener wieder da.

»Der Pharao will dich sprechen«, sagte er.

Da machten sich Moses und Aaron abermals auf den Weg zum Palast. Moses gab den Löwen zu fressen, und sie fraßen und waren nicht mehr böse.

Im Regierungssaal des Pharao warteten zwei Dutzend Männer auf Moses und Aaron. Es war eine bunte Schar. Ihre Kleidung war extravagant und dennoch vornehm. Das sollte zeigen, daß man es hier mit Berühmtheiten zu tun hatte, aber mit solchen, die ihren Ruhm einer außerordentlichen Tätigkeit verdankten.

Unter diesen Männern war auch ein alter Bekannter von Moses, ein Mann, an den er nur schlechte Erinnerungen hatte. Moses erkannte ihn sofort, gleich beim Betreten des Saales. Dieser Mann konnte sich nicht verstecken. Seine Haut war aus Gold, und wo Licht war, erstrahlte sein Körper, und wenn die Sonne auf ihn fiel, mußte man die Hand vor die Augen halten, so blendete sein Schimmer. – Es war Bileam ben Beor.

Als der alte Zauberer, dessen Gesicht immer noch glatt und jung war, Moses sah, nickte er ihm zu, und sein goldener Mund verzog sich zu einem feinen Lächeln.

»Ich sehe«, sagte er, »alt zu werden ist ein Fluch.«

»Jung zu bleiben ist auch ein Fluch«, sagte Moses. »Und es ist der größere Fluch.«

Moses und Aaron wurden Plätze zugewiesen. Dann betrat Pharao Adikos den Saal, setzte sich auf seinen Thron, und die Verhandlung begann.

Verhandlung? Ja, man kann es eine Verhandlung nennen, eine Verhandlung über den Gott Israels. Die anwesenden Männer waren allesamt Magier, die besten den Landes, und der Beste der Besten war Bileam ben Beor.

»Ich habe erfahren, ein Gott habe dich zu uns nach Ägypten geschickt«, sagte Adikos zu Moses. »Bevor ich wissen möchte, was für einen Auftrag er dir erteilt hat, sag mir: Was ist das für ein Gott?«

»Ich spreche für meinen Bruder«, sagte Aaron. »Solange er es mir erlaubt. Der Gott der Juden, Jahwe, hat in der Wüste zu meinem Bruder Moses gesprochen, und er hat ihm befohlen, nach Ägypten zu gehen.«

»Ich habe nie von diesem Gott Jahwe gehört«, sagte der Pharao. »Wieviel Macht hat euer Gott?«

»Sehr viel Macht«, formulierte Aaron vorsichtig.

»Er hat alle Macht der Welt«, korrigierte ihn Moses.

»Dann gebt uns hier und jetzt eine Demonstration seiner Macht«, sagte der Pharao.

Aaron tat, was er mit seinem Bruder abgesprochen hatte, er nahm den Stab des Moses und warf ihn vor den Pharao auf den Boden. Sofort verwandelte sich der Stab in eine Schlange.

»So viel Macht hat unser Gott«, sagte Aaron.

Da lachten die Magier und sagten: »Was für ein billiger Trick! Den führen unsere Schüler an Geburtstagen vor. Mehr kann euer Gott nicht?«

Auch sie warfen ihre Stäbe auf den Boden, und auch aus ihren Stäben wurden Schlangen.

Bileam ben Beor sagte nichts. Er beteiligte sich nicht an der Zauberei, er hatte seinen Stab in der Hand behalten. Still wie eine Statue stand er, und niemand konnte auf seinem Gesicht lesen, was in ihm vorging, denn man mußte meinen, innen sei er wie außen, nämlich ganz und gar aus Gold, und Gold kann ja bekanntlich nicht denken.

Die Schlangen wanden sich über den Boden, sie formierten sich, und es sah aus, als wollten sie gemeinsam auf die Schlange des Moses losgehen. Aaron wurde unsicher, er wollte schon dazwischentreten, aber die Magier hielten ihn zurück.

»Oh, nein!« riefen sie. »Wenn ihr dieses Spiel schon angefangen habt, auch wenn es ein kindisches Spiel ist, dann laßt es unsere Schlangen zu Ende bringen!««

Da klopfte Bileam ben Beor mit seinem Stab auf die Erde und rief: »Dieses Schauspiel ist weniger als kindisch, es ist unwürdig. Solche Dummheiten verspotten die Herrlichkeit des Pharao. Was sollen Schlangen auch anderes tun, als aufeinander loszugehen? Das liegt in ihrer Natur. Verwandelt die Schlangen zurück in eure Stäbe! Dann lehnt die Stäbe an die Wand! Trete jeder von euch zehn Schritte von seinem Stab zurück, und dann befehle jeder seinem Stab, gegen die anderen Stäbe zu kämpfen! So ein Schauspiel wäre es vielleicht wert, vom Auge des Pharao betrachtet zu werden.«

Moses war sofort einverstanden. Aaron hatte Bedenken. Er zog seinen Bruder am Ärmel beiseite.

»Ich kenne diesen Mann aus Gold nicht«, sagte er. »Aber wer auch immer er ist, er treibt ein übles Spiel. Er tut, als stehe er auf unserer Seite. Aber ich traue ihm nicht. Ich glaube, er will uns alle verspotten, dich, mich, die anderen Magier und auch den Pharao. Du solltest dieses Spiel nicht mitmachen.«

»Ich muß beweisen, daß unser Gott der mächtigste ist«, sagte Moses.

Aaron schwieg. Ich muß umdenken, sagte er sich, nichts mehr von all dem, was meinem Denken bisher Richtung und Linie gegeben hat, gilt mehr. Was mir groß scheint, kann im nächsten Moment ein Nichts sein, was mir wie eitle Prahlerei vorkommt, kann sich als kluge Strategie herausstellen. Da nahm sich Aaron vor, nie mehr eine Frage an seinen Bruder zu richten, ihn nie wieder zu kritisieren, ihm nie wieder einen Ratschlag zu geben, um den er nicht gebeten worden war.

Die Schlangen wurden in Stöcke zurückverwandelt. Die Stöcke an die Wand gelehnt. Wieder beteiligte sich Bileam ben Beor nicht an dem Spiel.

Die Stöcke lehnten also an der Wand, zehn Schritte vor jedem Stock stand der jeweilige Besitzer, Männer in farbenprächtigen Gewändern, die mit glitzernden Monden, Sonnen und Sternen bestickt waren. Hohe Hüte trugen die Männer, gewaltige Bärte fielen auf ihre Brust nieder, und die Schnauzbärte hingen an den Mundwinkeln herab und gaben den Gesichtern einen ernsten, düsteren, wichtigen Ausdruck. So standen sie und feuerten ihre Stöcke an.

»Friß ihn! Auf ihn! Ich befehle dir! Schlag ihn! Erwürg ihn!«

Die Stöcke blieben, was sie waren, nämlich Stöcke, die an einer Wand lehnten und nicht hörten, was ihnen befohlen wurde, denn wer hat schon einmal einen Stock mit Ohren gesehen. Auf dem starren, goldenen Gesicht von Bileam ben Beor breitete sich langsam, als schmelze das Metall seiner Wangen, ein Lachen aus. Aber das Lachen verging ihm bald.

Moses machte nämlich eine Handbewegung. Eine kleine Handbewegung. Nicht mehr. Da spaltete sich sein Stock an einer Seite, so daß die beiden Hälften wie ein aufgerissenes Maul waren, und dann fegte er über die anderen Stöcke und – fraß sie auf.

Die Magier kreischten, der Pharao sprang von seinem Thron auf, und die Diener wollten aus dem Saal fliehen.

»Ruhe!« rief Bileam ben Beor. »Ruhe! Es ist ein Zaubertrick! Nicht mehr! Wir werden den Zaubertrick studieren! Und wir werden ihn nachmachen!«

Zu Moses sagte er: »Ich gebe zu, ich bin beeindruckt. Ich dachte, ich kenne alle Zaubertricks der Welt. Diesen kannte ich nicht. Sag mir, wie funktioniert er!«

»Es ist die Macht Gottes«, sagte Moses.

»Das will ich nicht glauben«, sagte Bileam ben Beor, und das feine Lächeln drückte sich wieder in das Gold seines Gesichtes. »Was muß das für ein Gott sein, der eine solche Vorführung notwendig hat, um seine Macht zu demonstrieren? Warum baut ihr ihm Tempel? Laßt ihn doch auf dem Marktplatz auftreten!«

Und Aaron ertappte sich dabei, daß er dem Goldenen im Innersten recht gab. Der Gott, an den er geglaubt hatte, war ein Gott des Geistes, ein abstrakter Gott, so abstrakt wie das Gesetz und ebenso makellos. Er war nicht aus auf Effekt und Applaus. Aber Aaron schalt sich gleich: Was muß ich doch für ein Schwachgläubiger sein, daß ich mich durch das Gold in der Stimme dieses Mannes blenden lasse! Gott ist, wie er ist, und wenn es ihm gefällt zu zaubern, dann zaubert er eben.

Moses hingegen hatte das Spiel mit dem fressenden Stock gefallen.

»Gut«, sagte er zu Bileam ben Beor, »wenn dir das nicht Wunder genug ist!«

»Es ist genug!« rief der Pharao.

Adikos war sehr erschrocken. Magie im allgemeinen war ihm ein Greuel, er war ein aufgeklärter Tyrann, und das hieß für ihn, alles, was war, sollte ihm dienen, denn er war mächtiger, und mächtiger war er, weil ihm und seiner Polizei alles gehorchte. Gegen Stöcke, die andere Stöcke auffressen, kann auch die Polizei nichts machen.

»Mir genügt es!« wiederholte er.

Aber Moses hörte nicht auf ihn, er schwang seinen Stab, der satt war von den anderen Stäben, und er schwang ihn über den Köpfen der Magier. Die duckten sich und hielten die Arme über sich, als gelte es, Schläge abzuwehren. Aber Moses wollte sie nicht schlagen.

Er befahl seinem Stab, die Zauberer in Stein zu verwandeln. Und entweder Gott, der den Stab des Moses führte, gefiel das Spiel ebenfalls, oder aber er mußte jetzt weitermachen, wollte er seinen Diener nicht desavouieren, was ja auf ihn zurückgefallen wäre, denn das ganze Spektakel war nur veranstaltet worden, um die Ausmaße seiner Macht zu prüfen.

Alle Magier waren zu Stein geworden, nur Bileam ben Beor nicht. Still war es im Saal.

»Was ist jetzt?« fragte Adikos leise.

Das konnte er sich denken, daß diese Demonstration erst ein Vorspiel war, ein Vorspiel, dem Schrecklicheres folgen würde, wovon dann er betroffen sein würde, wer denn sonst.

»Ich würde sie allesamt im Nil versenken«, sagte Bileam ben Beor. »Ihre Kunst ist nichts wert.«

Dann drehte er sich um und verließ mit dröhnenden Schritten, die goldene Nase hoch oben, den Saal.

»Geh du auch!« sagte Adikos zu Moses. »Und du auch!« zu Aaron. »Ihr sollt euren Willen haben. Sammelt euer Volk, zieht mit eurem Volk in die Wüste. Bringt eurem Gott ein Brandopfer dar! Tut, was ihr wollt! Ich will mich mit eurem Gott nicht anlegen. Sagt ihm, von mir droht ihm keine Gefahr! Er hat sein Volk, ich habe mein Volk. Er soll mich in Frieden lassen. Dann werde ich sein Volk auch in Frieden lassen.«

Da verwandelte Moses die Magier wieder in Menschen zurück, und er und Aaron verließen den Palast des Pharao.

»Aber ganz recht hattest du nicht«, sagte Aaron zu seinem Bruder, als sie durch die Gassen der Stadt heimwärts gingen.

»In welchem Punkt hatte ich nicht recht?« fragte Moses.

»Du sagtest, Gott werde den Pharao mit Sturheit schlagen. Der Pharao aber hat sich als nachgiebig und einsichtig erwiesen. Was jetzt, wenn unser Volk, was ich befürchte, gar nicht in die Wüste ziehen möchte, wenn es unserem Gott, was ich leider auch befürchte, gar kein Brandopfer darbringen möchte? Dann wird Pharao Adikos über uns lachen.«

»Gott hat den Pharao mit Sturheit geschlagen«, sagte Moses.

Mehr sagte er nicht.

Es schien, als träfen Aarons Befürchtungen zu. Die Führer Israels versammelten sich, und viel Volk war gekommen, ihnen zuzuhören. Moses sollte ihre Fragen beantworten und Rechenschaft abgeben für das, was er getan, was er ohne jede Absprache, im Alleingang unternommen hatte.

»Haben wir dich nicht gewarnt«, sagten die Führer des Volkes. »Adikos ist schlauer als sein Vater. Und er kennt unser Volk besser, als du es kennst. Er erlaubt uns etwas zu tun, was wir gar nicht tun wollen. Jetzt steht er als ein gütiger Mann da, als ein Vater, der sich tolerant zeigt gegen die Torheiten seiner Kinder. Und wir, wir sind die Dummen und die Querulanten. Aber warum sollten wir in die Wüste ziehen, wenn wir das nicht wollen? Und warum sollten wir Gott ein Brandopfer darbringen? Sag uns einen Grund!«

»Weil es Gott befiehlt«, sagte Moses.

»Wir wissen davon nichts«, sagten die Führer des Volkes. »Hätte sich Gott nicht zuerst an uns gewandt?«

»Mir hat er seinen Willen mitgeteilt«, sagte Moses.

Das Gezeter der Würdenträger und Priester beeindruckte ihn wenig. Und daß viele der Menschen, die gekommen waren, ihren Kopf schüttelten oder ihn sogar offen auslachten, beeindruckte ihn auch nicht.

Aaron übernahm die Verteidigung seines Bruders, und das war allein der Grund, warum Moses dann doch nicht in dem Maß verspottet wurde, wie es die Führer des Volkes sich gewünscht hätten.

»Was ist schlecht daran, wenn der Pharao gut wird?« fragte er.

»Der Pharao ist nicht gut«, sagten die Führer. »Er will das Volk Israel vernichten. Sein Vater Malul hat es mit der Fronarbeit versucht, er versucht es mit Toleranz. Er ist nicht gut, er wird nur für einen gütigen Mann gehalten.«

»Wenn es Gottes Wille ist«, entgegnete Aaron, »daß der Pharao ein gütiger und toleranter Mensch wird, weil ihn alle für einen gütigen und toleranten Menschen halten, dann kann uns das doch nur recht sein. Vielleicht hat es dieses Umwegs bedurft, um ihn endgültig von dem Weg abzubringen, den sein Vater gegangen war ...«

Aaron merkte selbst, wie wenig griffig seine Argumentation war, und er sah, daß es allein der Respekt war, den er sich in den vielen Jahren seiner Richtertätigkeit erworben hatte, der die Menschen daran hinderte, auch ihn auszulachen. Gott, mein Gott, unser Gott, betete er im Stillen, gib meiner Zunge eine zündende Rede oder mach, daß etwas geschieht, was Moses und mich ins Recht setzt!

Da war plötzlich ein Lärm. Soldaten tauchten auf, Soldaten des Pharao. Ein Herold führte sie an.

»Ich habe etwas zu verkünden«, sagte er.

Es war eine Botschaft des Pharao an das Volk Israel: »Unter dem Einfluß von übler Zauberei«, hieß es, »ist der Pharao irregeleitet worden und hat die Erlaubnis erteilt, daß das Volk Israel für drei Tage in die Wüste ziehen darf, um dort seinem Gott ein Brandopfer darzubringen. Diese Erlaubnis ist hiermit aufgehoben.«

Weil Moses, hieß es weiter, der zweifellos der Führer Israels sei, diesen bösen Zauber geführt habe, werde der Pharao das Volk bestrafen müssen. Adikos hatte sich der Maßnahmen seines Vaters erinnert und führte die Fronarbeit für Hebräer und Hebräerinnen wieder ein.

»Du siehst«, sagte Moses zu Aaron, »Gott hat ihn mit Sturheit geschlagen.«

Und das Volk Israel stöhnte unter der Fron und erinnerte sich an den alten Haß gegen die Ägypter und forderte vom Pharao, daß er es für drei Tage in die Wüste ziehen lasse, um dort seinem Gott ein Brandopfer darzubringen.

Die neun Plagen

Von einem Abendessen im Dunklen – Von Licht, Rauch und Wärme – Von einem aufgeregten Gott – Von der Verwandlung von Wasser in Blut – Von lachenden Zauberern – Von einem eifrigen Gott – Von ekelhaften Fröschen – Von Sturheit und einem gebrochenen Versprechen – Von einem sachlichen Gott – Von Stechmücken – Von Läusen – Von krankem Vieh – Von Hagel und Heuschrecken – Von geplanten Attentaten – Von der Finsternis

Moses wollte, daß seine Familie in seiner Nähe war, aber er wollte nicht mit Zippora und den Söhnen unter einem Dach leben. Deshalb ließ er ein Stück weit neben seinem Haus noch eine Hütte bauen. Dort wohnte er. Zippora brachte ihm die Mahlzeiten. Manchmal, wenn er nach ihr schickte, kam sie in der Nacht und kroch zu ihm ins Bett. Sonst saß Moses am Tag über vor seiner Hütte und saß in der Nacht in seiner Hütte. Und wartete. Spürte wieder die Leere in sich. Wußte aber, es kann nicht diese Leere sein, denn Gott war ja in ihm und füllte ihn aus. Spürte aber trotzdem die Leere in sich. Denn er dachte, vielleicht ist er gar nicht mehr in mir und kommt nie mehr wieder.

Und dann saß er wieder einmal in seiner Hütte und nahm sein Abendessen zu sich, einen Topf mit Sauermilch, Brotfladen dazu, Oliven, Zwiebeln. Da hörte er hinter seinem Rücken ein Geräusch. Es war, als knackte ein Holzscheit im Herd. Es brannte aber kein Holzscheit in einem Herd, denn es war gar kein Herd da. Er öffnete die Augen und sah, daß seine Kammer hell erleuchtet war.

Seit Gott in ihm Einzug gehalten hatte, ging Moses mit seinen Sinnesorganen schonend und sparsam um, schließlich war er ja bereits hoch in den Jahren, und große Aufgaben standen bevor, da mußte man zusammenhalten, was man hatte. Das heißt, Moses hat nicht hingehört, wenn es seiner Meinung nach nichts Wichtiges zu hören gab, hat nicht gerochen, wenn es nichts Wichtiges zu riechen gab, und hat die Augen zugemacht, wenn er meinte, daß nichts da sei, was wert wäre, angeschaut zu werden.

Nun also ist es wieder soweit, dachte er. Er war nicht gefaßt darauf, und daß es mitten in der Nacht in seiner Hütte geschehen wird, damit hatte er nicht gerechnet. Er geriet in Aufregung.

Aber seine Aufregung hatte nicht nur theologische Gründe, sondern auch politische.

Die Hütte des Moses stand im Stadtteil Gossem, dort wohnten die Israeliten. Die Hütten waren am Tag leer, weil die Männer und die Frauen arbeiteten. Sie arbeiteten auf ihren Feldern und in ihren Werkstätten, wo sie immer gearbeitet hatten, und dann, wenn diese Arbeit verrichtet war, zogen sie in die Fabriken vor der Stadt, wo sie noch Stunden unbezahlter Fronarbeit für den Pharao leisten mußten, ehe sie endlich nach Hause durften. Das war blanker Terror, und der bewirkte in erster Linie, daß der Widerstandsgeist im Volk Israel geweckt wurde. Der Widerstand wiederum verschärfte den Terror.

Die Stabilität der Gesellschaft war in Gefahr. Alles, was gestern galt, galt heute nicht mehr.

Gestern hatten die Führer Israels gepredigt: »Erhebt euch! Leistet Widerstand! Kämpft gegen die Unterdrükkung!«

Gestern hatten die Leute geantwortet: »Wogegen sollen wir uns erheben? Wogegen sollen wir Widerstand leisten? Und gegen welche Unterdrückung sollen wir kämpfen?«

Heute sagten die Führer: »Die Fron, der Terror, das ist alles die Schuld des Moses. Er hat euch aufgehetzt. Bis er kam, haben wir in Frieden gelebt. Moses hat die Geduld des Pharao über Gebühr strapaziert. Moses könnt ihr euer Unglück danken!«

Die Menschen aber vergaßen, was ihre Führer gestern und vorgestern gesagt und gepredigt hatten.

Heute hielten sie dagegen: »Moses hat recht. Er hat uns aufgeweckt. Er hat gesagt, wir werden unterdrückt. Und werden wir etwa nicht unterdrückt? Er sagt, erhebt euch, leistet Widerstand, kämpft gegen die Unterdrückung. Wir wissen, was er meint. Also folgen wir ihm!«

Und Israel leistete Widerstand gegen den Pharao. Und der Pharao verschärfte seine Maßnahmen.

Eine der Maßnahmen war: Die Hütten und Häuser der Hebräer durften kein Licht haben. Soldaten kamen und sammelten alle Lampen ein. Im Dunkel, so meinten die Berater des Pharao, falle es den Menschen schwerer zu konspirieren. Wer dennoch mit Licht erwischt wurde, wurde verhaftet und eingesperrt.

Ehe sich Moses umdrehen konnte, vernahm er hinter sich eine Stimme, und diese Stimme kannte er.

»Dreh dich nicht um!« sagte die Stimme. »Neige dein Haupt.«

Gott in seiner Herrlichkeit war in der armen Hütte des Moses erschienen, und wieder hatte er sich die Form des Feuers gegeben, und aus dem Feuer sprach er zu seinem Knecht.

»Ich habe einen Auftrag für dich«, sagte Gott zu Moses. »Bist du bereit für mich?«

»Ich bin bereit« sagte Moses.

»Ich spüre, Moses, du bist nicht ganz bei der Sache.«

»Das ist wahr«, sagte Moses.

»Was sind deine Gedanken?«

»Ich mache mir Sorgen«, sagte Moses. »Dein Licht erstrahlt so hell, meine Hütte ist ganz ausgefüllt von deinem Licht. Nie habe ich diesen Raum so hell gesehen. Aber es ist den Hebräern verboten, in der Nacht ein Licht anzuzünden. Die Soldaten des Pharao werden kommen und mir die Tür einschlagen. Ich weiß wohl, dann wirst du zu mir stehen und sie vertreiben. Aber es wird Schwierigkeiten geben, und ich denke mir, im Augenblick können wir solche Schwierigkeiten nicht brauchen ...«

So redete Moses mit Gott, noch ehe er ihn begrüßt, noch ehe er seiner Freude Ausdruck verliehen hatte, daß Gott nach so langer Zeit – zwei Jahre waren seither vergangen – wieder zu ihm herabgestiegen war.

Gott schwieg. Eine kleine Weile noch war es gleißend hell in der Hütte des Moses. Dann verkleinerte Gott sein Licht, bis nur mehr eine schwache Glut übrig war.

»Ich werde für dich ein Feuer ohne Licht sein«, sagte Gott. »Bist du damit zufrieden?«

Moses antwortete nicht. Er kniete vor dem Tisch, auf dem Sauermilch in einer Schale war und Oliven lagen und noch eine Rinde Brot und ein kleiner Bund Zwiebeln. Er kniete und starrte auf den Boden, der schmutzig war wie der Boden eines Stalles, denn Zippora hatte zu Moses gesagt, sie koche für ihn und schlafe mit ihm, aber den Dreck mache sie ihm nicht weg.

»Ich spüre«, sagte Gott, »du bist immer noch nicht ganz bei der Sache.«

»Das ist wahr«, sagte Moses.

»Was sind denn jetzt deine Gedanken?«

»Ich mache mir noch immer Sorgen«, sagte Moses. »Du bist ein Feuer ohne Licht. Aber ein Feuer macht

Rauch, und der Rauch wird aus meiner Hütte steigen, und die ägyptischen Soldaten, die in der Nacht um Gossem herumschleichen, wie die Wölfe um ein Schafgehege und ein Loch im Zaun suchen, sie werden den Rauch sehen und werden denken, er hat ein Feuer gemacht, und die Strafe wird um so größer sein, weil das Feuer heimlich ist, was mit dem Fehlen des Scheins bewiesen wird.«

»Na gut«, sagte Gott, »dann werde ich ein Feuer ohne Rauch, ohne Wärme und ohne Licht für dich sein.«

Und Moses spürte, wie die Wärme in seinem Rücken abnahm, bis die Luft in seiner Hütte nicht anders war wie die Luft vor seiner Hütte.

Nach einer Weile sagte Gott: »Mir scheint, du bist immer noch nicht bei der Sache.«

»Das ist wahr«, sagte Moses.

»Was ist denn noch?«

»Ich habe mich kundig gemacht«, sagte Moses. »Seit du mir im brennenden Dornbusch erschienen bist, habe ich die Geschichte des Volkes Israel studiert. Da heißt es, du seist dem Abraham erschienen. Aber er mußte nicht das Haupt vor dir beugen wie ich. Ihm bist du nicht in der Form des Feuers erschienen. Ihm hast du dich als der gezeigt, der du bist. Mit ihm hast du gesprochen wie zu einem Freund. Ich dagegen darf dich nicht ansehen. Warum darf ich das nicht?«

»Sei unbesorgt, Moses«, sagte Gott, »es wird die Zeit kommen, da werden wir beide, du und ich, uns von Angesicht zu Angesicht gegenüber stehen, und wir werden miteinander sprechen wie zwei Freunde.«

Und dann gab Gott dem Moses Anweisungen.

»Mach dich frühmorgens auf den Weg«, sagte er. »Geh hinunter zum Nil. Du wirst dort dem Pharao begegnen. Wiederhole vor ihm, was du vor zwei Jahren zu ihm gesagt hast. Er soll dich und das Volk Israel für vier Tage in die Wüste ziehen lassen.«

»Er wird es nicht erlauben« sagte Moses.

»Er wird es nicht erlauben«, sagte Gott. »Denn ich werde ihn abermals mit Sturheit schlagen. Damit ich ihn am Ende härter bestrafen kann. Nimm deinen Stab und sage zum Pharao, wenn er euch nicht ziehen läßt, dann wirst du das Wasser des Nil zu Blut machen.«

»Aber«, sagte Moses, »was ist, wenn ...«

»Frage nicht«, unterbrach ihn die Stimme Gottes. »Es betrübt mich, wenn ich meinen besten Diener zweifeln sehe.«

So selbstsicher und stark das Auftreten Moses' unter den Menschen war, Gott gegenüber war er, was er ehedem in der Wüste vor dem brennenden Dornbusch gewesen war, nämlich ein zum Mäkeln und zur Besserwisserei neigender alter Mann. Denn die Stärke und die Selbstsicherheit unter den Menschen waren die Stärke und die Sicherheit Gottes, die in ihm wirkten und mit denen er draußen eins war.

Eine Weile lang schwieg Moses.

Dann setzte er noch einmal an: »Was ist, wenn ...«

Er bekam keine Antwort mehr. Still, kalt und dunkel war es in seiner Kammer. Gott hatte ihn verlassen.

»Er hat mich wieder verlassen«, sagte Moses zu sich selbst, sagte es laut. »Er hat mich verlassen, und ich weiß nicht, ob er je wiederkommt.«

Er verfluchte seine Zweifel, verfluchte seine Kleinlichkeit.

»Wie soll ich, der ich den kleinsten Geist von allen habe, der Anführer und Anwalt eines Volkes von Kleingeistern sein!« sprach er zu sich selbst.

Aber am nächsten Morgen tat Moses, wie ihm Gott befohlen hatte. Und wer ihn durch die Straßen und

Gassen der Stadt hinunter zum Nil gehen sah, der mußte denken: Dieser Mann ist alles, und er kann alles sein, alles kann er sein nur eines nicht, nämlich ein Kleingeist.

Moses wurde wieder von seinem Bruder Aaron und diesmal auch von seiner Schwester Mirjam begleitet.

Als ihn nämlich Gott am Abend zuvor verlassen hatte, war Moses sofort hinübergelaufen zur Hütte des Aaron, um ihm zu erzählen, was kein Mensch bei sich behalten kann, und zufällig war Mirjam bei ihrem Bruder zu Besuch

»Mir ist Gott wieder erschienen«, keuchte Moses.

Und Mirjam fragte sofort: »Wie ist er?«

»Ich weiß es nicht«, sagte Moses. »Er war leider wieder nur Feuer, und diesmal brannte dieses Feuer nicht einmal vor meinen Augen, sondern hinter meinem Rücken.«

»Wie hat er gesprochen, wie hat seine Stimme geklungen?« wollte Mirjam wissen.

»Ist es nicht viel wichtiger zu wissen, was er gesagt hat, als zu wissen, wie er es gesagt hat?« sagte Aaron.

»Das finde ich nicht«, sagte Mirjam, die an ihren Erzengel dachte. »Der Inhalt des Göttlichen ist meistens nicht so sensationell wie die Art seiner Übergabe.«

»Ich weiß nicht«, sagte Moses nachdenklich, »er war, wenn man das so sagen kann, er war irgendwie aufgeregt.«

»Gut«, sagte Mirjam. »Wenn Gott irgendwie aufgeregt war, dann sei du morgen auch irgendwie aufgeregt, wenn du mit dem Pharao sprichst.«

Und sie hatte noch in der Nacht folgenden Vorschlag gemacht: »Du wirst Aaron mitnehmen, der soll aufpassen, was du sagst. Und du wirst auch mich mitnehmen, und ich werde darauf achten, wie du es sagst.«

Damit war Moses einverstanden.

Sie trafen Pharao Adikos unten am Nil, als er gerade sein Morgenbad nehmen wollte – genau, wie es Gott dem Moses vorausgesagt hatte.

»Laß unser Volk ziehen«, sagte Mirjam ohne Umschweife.

»Israel will für drei Tage in die Wüste, damit es seinem Gott ein Schlachtopfer darbringen kann«, ging der gewissenhafte Aaron ins Detail.

Moses holte lediglich tief Luft, pumpte seinen mächtigen Brustkorb auf und funkelte mit den Augen und bemühte sich, so aufgeregt wie möglich zu wirken.

Der Pharao ließ sich nicht beeindrucken, weder von Mirjams Flehen noch von der Sachlichkeit des Aaron und schon gar nicht von der Körperlichkeit des Moses.

»Nein!« sagte er. »Nein!«

»Und wenn ich dir sage, daß mir Gott die Macht gegeben hat, das Wasser des Nil in Blut zu verwandeln, was sagst du dann?«

»Nein«, sagte Adikos.

Da reichte Moses dem Aaron seinen Stab, und Aaron hielt den Stab über das Wasser des Nil, und aus dem Wasser des Nil wurde Blut.

Der Pharao aber blieb immer noch gelassen.

»Das will ich prüfen«, sagte er.

Er schickte seine Diener aus, die sollten die Versammlung der Magier zum Ufer des Nil rufen.

Die Zauberer kamen, und Bileam ben Beor führte sie an. Sie untersuchten das Blut aus dem Nil und nickten schließlich befriedigt.

»Das ist zwar ein guter Trick«, sagte Bileam ben Beor. »Aber es ist nur ein Trick. Mehr ist es nicht. Ich kann das auch.«

Bileam ben Beor schickte einen Diener mit einem Eimer zum nächsten Brunnen. Das Wasser des Brunnens war rein. Bileam ben Beor schleuderte das Wasser in die Luft, und als es auf den Boden fiel, war es rot wie Blut.

»So geht das«, sagte er.

»Wir werden Brunnen graben«, sagte Pharao Adikos zu Moses, Mirjam und Aaron. »Meinetwegen soll euer Gott den Nil in Blut verwandeln. Richtet ihm aus, der Pharao kann ihn nicht achten, solange er nicht mehr kann als meine Zauberer.«

Mirjam und Aaron waren niedergeschlagen, als sie neben Moses nach Gossem zurückgingen.

»Wir müssen dieses Mißgeschick unbedingt vor unseren Leuten verschweigen«, sagte Aaron. »Die Leute werden sonst an der Macht unseres Gottes zweifeln.«

»Die Leute werden auch an deiner Führerschaft zweifeln«, sagte Mirjam zu Moses.

»Erstens war es kein Mißgeschick«, sagte Moses, »zweitens ist die Macht Gottes unendlich, drittens wird an meiner Führerschaft niemand zweifeln. Im Gegenteil. Ein Kämpfer wird um so glaubwürdiger, je länger der Kampf dauert. Was soll das für ein Sieg sein, der sich im Handumdrehen einstellt?«

Und dann, nach wenigen Tagen bereits, erschien Gott dem Moses abermals, und wieder erschien er ihm in der Hütte, und diesmal war er von Anfang an ein kaltes, rauchloses, dunkles Feuer.

»Geh morgen noch einmal zum Pharao«, sprach die Stimme Gottes zu Moses. »Übergib ihm diesmal diese Botschaft: Mein Gott Jahwe, sage zu ihm, ist sehr zornig, er drängt darauf, daß ihm sein Volk ein Brandopfer darbringe. Gib Israel drei Tage, laß Israel in die Wüste ziehen!«

»Und der Pharao wird wieder nein sagen?«

»Der Pharao wird wieder nein sagen.«

»Und womit soll ich ihm diesmal drohen?«

»Was, glaubst du, ist das Schlimmste, was einem Herrscher wie dem Pharao zustoßen kann?« fragte Gott. »Wovor, denkst du, fürchtet er sich am meisten?«

Moses sagte: »Ich weiß nicht, er wird sich vor dem Tod am meisten fürchten wie jeder andere Mensch auch.«

Gott sagte: »Nein, Moses, der Pharao ist nicht wie jeder andere Mensch. Er fürchtet sich nicht vor dem Tod. Ich kenne ihn. Es gibt nichts Schlimmeres für ihn als der Ekel. Und weißt du, wovor er sich am meisten ekelt? Vor Fröschen. Sag ihm: Wenn er mein Volk nicht ziehen läßt, werde ich eine ekelhafte Froschplage über Ägypten schicken.«

Wieder lief Moses noch in derselben Nacht zu Aaron und Mirjam und erzählte.

Mirjam fragte: »Wie war er heute?«

»Irgendwie eifrig«, sagte Moses.

»Gut«, sagte Mirjam, »dann sei du ebenfalls irgendwie eifrig, wenn wir mit dem Pharao sprechen.«

Der Pharao begegnete ihnen gutgelaunt, amüsiert sogar, lachend, forderte sie auf, Platz zu nehmen, bot ihnen Getränke an.

»Na«, sagte er, »was bietet ihr mir heute für eine Unterhaltung? Das war lustig mit dem Blut im Nil. Was für einen Zaubertrick hat euch diesmal euer Gott beigebracht?«

Moses unterdrückte seine Wut, denn es versetzte ihn in Wut, daß der Pharao seinen Gott lächerlich machte.

Er sagte: »Wenn du uns nicht ziehen läßt, dann wird Jahwe eine Froschplage über Ägypten schicken.«

Die Augen des Pharao weiteten sich, sein Lachen wurde unsicher.

»Ach was«, sagte er, »damit werden meine Zauberer ebenso fertig wie mit dem roten Wasser des Nil.«

»Woher nimmt er nur diese Selbstsicherheit«, sagte Mirjam, als sie neben ihren Brüdern nach Gossem zurückging.

»Es ist Sturheit«, sagte Moses. »Und die kommt von Gott. Der Pharao kann sich nicht gegen diese Sturheit wehren.«

»Das heißt«, fragte Aaron, »Adikos, wenn es allein nach ihm ginge, würde uns ziehen lassen?«

Darauf gab Moses keine Antwort.

Gott schickte eine Froschplage über Ägypten. Überall hockten die Frösche, groß wie der Haufen eines Kamels, quakten, waren fett, waren glotzäugig, glitschig. Über die Straßen hüpften sie, in die Häuser drangen sie ein, man wußte nicht, woher all die Löcher kamen.

Den Palast des Pharao schienen die Frösche besonders zu lieben. Die Diener kamen nicht nach, die Tiere zu erschlagen. Und wenn sie tot waren, stanken sie. Im Schlafgemach des Pharao verkrochen sie sich. Wenn er am Abend die Bettecke zurückschlug, saß dort ein dikker Frosch, der machte »Quak!« und ließ seine Zunge springen.

Man hörte den großen Pharao schreien.

Gott hatte recht gehabt: Vor nichts ekelte sich Adikos mehr als vor Fröschen, und der Ekel war stärker als die Angst vor dem Tod.

Adikos ließ Moses rufen und sagte: »Nimm diese Frösche weg! Bitte deinen Gott, sage ihm, ich will alles tun, was er will. Ich laß sein Volk ziehen, ich laß euch drei Tage in die Wüste ziehen, meinetwegen auch sechs Tage, so lange ihr wollt, nur nimm diese Frösche weg!«

Moses kniete sich nieder und betete zu Gott, und Gott nahm die Frösche weg.

Kaum aber hatte der letzte Frosch den Palast verlassen, da packte den Pharao die alte Sturheit.

Er ließ nach Gossem ausrichten: »Ich bin der Pharao, und ich werde mein Versprechen nicht einhalten. Aber weil ihr mich erschreckt habt, soll das Volk Israel noch mehr unter meiner Macht und meinem Mutwillen leiden als bisher.«

Der Pharao schaffte den Sabbat ab, es gab von nun an nicht einen arbeitsfreien Tag für die Männer und Frauen Israels.

Die alten Führer des Volkes jammerten und klagten Moses an: »Das haben wir jetzt davon! Hättest du uns doch in Ruhe gelassen! Warum gehst du zum Pharao? Warum provozierst du ihn?«

Das Volk aber stand hinter Moses.

»Wollen wir es doch nicht durcheinanderbringen«, sagten die Männer und Frauen. »Nicht Moses hat den Sabbat abgeschafft, sondern der Pharao. Moses kämpft gegen den Pharao. Und wir kämpfen mit ihm.«

Gott erschien Moses zum dritten Mal.

»Geh morgen wieder zum Pharao und sage ihm: Wenn er mein Volk nicht ziehen läßt, dann werde ich eine Stechmückenplage schicken.«

Und Moses beeilte sich, seiner Schwester und seinem Bruder Bericht zu erstatten.

»Wie war er?« fragte Mirjam.

»Heute kam er mir sachlich vor«, sagte Moses.

»Gut«, sagte Mirjam, »dann werden wir ebenfalls sachlich sein, wenn wir mit dem Pharao sprechen.«

Am nächsten Morgen traten sie wieder vor den Pharao hin. Diesmal bat er sie nicht, Platz zu nehmen, und Getränke ließ er für sie nicht bringen. Sie waren keine Gäste.

»Ich werde selbstverständlich nicht nachgeben«, sagte der Pharao. »Ein zweites Mal wird es eurem Gott nicht gelingen, mir einen Schrecken einzujagen.«

Aaron zog darauf den Stab seines Bruders durch den Staub vor des Pharao Füßen, da schwirrten die Stechmücken in die Luft, und es waren Millionen und Abermillionen.

Und die Stechmücken quollen aus dem Sand und überfluteten das Land in einer schwarzen, surrenden Welle. Die Menschen schlugen nach ihnen, aber es waren zu viele, und es sah aus, als tanzten die Leute über die Straßen, so fuchtelten sie mit den Armen und verrenkten sich, um die Mücken zu töten und sich die Stiche zu kratzen.

Der Pharao ließ feine Netze an den Fenstern seines Palastes anbringen. Dann rief er seine Zauberer.

»Wie geht dieser Trick?« fragte er. »Sagt mir, wie er geht, und dann tut etwas dagegen!«

»Das ist kein Trick«, sagten die Zauberer.

»Was soll das heißen?«

»Das hat tatsächlich ein Gott gemacht«, sagten sie, und zerknirscht fügten sie hinzu. »Gib nach, Pharao! Laß Israel ziehen! Was kann es dir schon schaden, wenn dieses Volk für drei Tage in die Wüste geht, um seinem Gott ein Brandopfer darzubringen! Der Gott Israels ist mächtig.«

Da wollte Adikos nachgeben, wollte einen Boten nach Gossem schicken mit der Erlaubnis für das Volk Israel, in die Wüste zu ziehen, so lange es wolle. Aber dieser mächtige Gott, vor dem die Zauberer gewarnt hatten, Jahwe, schlug den Pharao abermals mit Sturheit.

»Nein«, sagte Adikos. »Auch ich bin mächtig. Und das Volk Israel soll meine Macht spüren!«

Der Pharao erfand die Schichtarbeit. Nun hatten die Hebräer und Hebräerinnen nicht einmal mehr in der Nacht Ruhe.

»Tag und Nacht sollt ihr für mich arbeiten«, sagte Adikos. »Während eure Frauen schlafen, sollen eure Männer arbeiten.«

Israel stöhnte unter der Fron.

Wieder kamen die alten Führer, zeigten auf Moses: »Was hat uns der nur angetan? Du, laß uns von nun an in Frieden!«

Die Mückenplage überzog das ganze Land. Zum ersten Mal meldete sich auch Unmut aus dem Volk.

»Du bist unser Führer, Moses«, hieß es. »Wir glauben an dich. Wir vertrauen auf dich. Aber was für eine Strafe soll das für unsere Feinde sein, die uns nicht weniger trifft als sie?«

Und zum ersten Mal murrten auch die Ägypter.

Sie sagten: »Warum läßt der Pharao die Hebräer nicht diese drei Tage in die Wüste ziehen? Wen stört das, wenn die weg sind? Soll er sie doch ganz aus dem Land jagen!«

Gott erschien dem Moses zum vierten Mal.

Und er sagte: »Geh zum Pharao und sage ihm: Wenn du uns nicht ziehen läßt, dann wird Jahwe auch noch Ungeziefer schicken.«

Wieder machte sich Moses auf den Weg hinunter zum Nil, der treue, gehorsame Moses. Läuse waren gefürchtet, sie waren gefährlich, denn sie übertrugen das Fleckfieber, und das Fleckfieber war der Tod.

»Willst du denn nicht nachgeben?« sagte er zum Pharao. »Setzen wir uns zusammen, nur wir beide. Ich will meinen Bruder und meine Schwester nach Hause schicken. Nur wir beide. Wir sind alte Männer. Wir kannten uns, als wir Kinder waren. Wir werden einen

Weg finden. Glaube es mir, unser Gott Jahwe ist stärker als du. Er wird Läuse schicken. Die sind nicht nur eklig wie Frösche, nicht nur lästig wie Stechmücken, sie bringen den Tod.«

Der Pharao blieb stur.

»Ich habe Mitleid mit dir«, sagte Moses.

Adikos meinte, Moses wolle ihn verspotten. Aber Moses wollte ihn nicht verspotten, er hatte wirklich Mitleid mit ihm, denn er wußte ja, die Sturheit wuchs ihm nicht aus dem eigenen Willen.

Die Läuse kamen, und die Menschen starben. Es starben die Ägypter, und es starben die Israeliten. Und es starben jeden Tag hundert Menschen bei den Ägyptern und hundert Menschen bei den Israeliten. Und es war ein leichtes, sich auszurechnen, wann es keinen einzigen Ägypter und nicht einen Israeliten mehr geben würde.

»Halt ein!« rief der Pharao. »Bitte deinen Gott um Gnade! Ich nehme alles zurück. Ihr könnt ziehen, meinetwegen könnt ihr ziehen, nur damit dieses Elend aufhört!«

Moses betete zu Gott, und Gott nahm die Läuse von dem Land, in dem Ägypter und Israeliten lebten.

Aber dann hämmerte Gott dem Pharao erneut die Sturheit in den Kopf.

Und der Pharao sagte: »Ich breche abermals mein Versprechen, ich laß euch nicht ziehen.«

Die Unterdrückung gegen Israel wurde noch mehr verschärft, nun mußten sogar die Kinder in die Lehmfabriken gehen. Wenn ein Kind stark genug war, um auch nur einen Ziegelstein zu heben, wurde es zur Arbeit abkommandiert.

Zum ersten Mal gab es Aufstände gegen Moses.

Viele Frauen sagten: »Jetzt reicht es! Laß uns endlich in Frieden! Wir haben dich nicht gebeten, für uns Verhandlungen zu führen, Moses. Wenn du unbedingt mit dem Pharao einen Privatkrieg führen willst, bitte, das ist deine Sache, aber zieh nicht uns und unsere Kinder mit hinein!«

Moses sagte: »Nein, ihr habt mich nicht gebeten. Das ist richtig. Ich bin kein Mann des Volkes. Ich habe euch gegenüber keine Verantwortung. Gott hat mich beauftragt zu tun, was ich tue, euer Gott, mein Gott, unser aller Gott.«

Sie aber sagten: »Siehst du denn nicht? Sieht dein Gott denn nicht? Es wird alles zerstört werden, wir werden zerstört, das ägyptische Land wird zerstört. Was habt ihr eigentlich vor, du und dein Gott?«

Und auch bei den Ägyptern wurde geklagt und angeklagt und geschrien: »Was willst du eigentlich, Pharao? Wir haben die Stechmücken ertragen, die Frösche haben uns geekelt, das Wasser des Nil ist uns ungenießbar geworden. Und nun der Tod im Fieber. Was willst du eigentlich noch, Pharao? Gib nach, Pharao!«

Aber der Pharao gab nicht nach. Und Jahwe gab auch nicht nach.

Gott erschien dem Moses zum fünften Mal.

Er sagte: »Geh zum Pharao, und teile ihm mit, wenn er euch nicht ziehen läßt, dann werde ich die Viehseuche schicken.«

Und wieder sprach Moses mit dem Pharao, und wieder blieb der Pharao stur, denn Gott schlug ihn wieder mit Sturheit.

Die Viehseuche wütete im Land, und der größte Teil des Viehs der Ägypter, aber auch der größte Teil des Viehs der Israeliten starb. Es drohte eine Hungersnot.

Aber der Pharao blieb weiter stur, weil ihn Gott mit Sturheit schlug. Und der Pharao verschärfte die Fronarbeit, und Israel litt unter dem Terror mehr als je zuvor.

Und dann: Moses wird nach Hause gebracht. Wird in seine Hütte gelegt. Er ist verletzt. Nicht schwer verletzt, eine Wunde an der Stirn. Aufgebrachte Hebräer haben Steine nach ihm geworfen. Sie wollten diesen Führer töten, der ihnen nur Leid brachte. Moses muß Wachen vor seiner Hütte aufstellen.

In derselben Nacht erschien ihm Gott zum sechsten Mal.

Er sagte: »Geh noch einmal hinunter, geh ein sechstes Mal zum Pharao, sprich mit ihm und drohe ihm: Es werden Geschwüre über euch kommen, ihr werdet krank werden.«

»Wir sind doch schon krank«, sagte Moses.

»Es gibt noch viele Krankheiten in der Schreckenskammer Gottes!«

Moses sagte: »Hör zu, Gott, mein Gott! Mein eigenes Volk, dein Volk Israel, war immer auch betroffen von den Strafen. Die Menschen fragen sich, warum bestraft uns Gott, wenn er die Ägypter bestrafen will. Ich kann ihnen keine Antwort geben. Und weil ich ihnen keine Antwort geben kann, richtet sich ihr Zorn gegen mich. Sie haben Steine nach mir geworfen. Es ist aber kein guter Führer, nach dem Steine geworfen werden.«

Da sagte Gott: »Gut, dann werde ich diesmal mein Volk ausnehmen. Nur die Ägypter sollen mit Geschwüren geschlagen werden.«

»Aber«, sagte Moses, »es gibt viele Ägypter, die waren nie in ihrem Leben böse zu uns. Sie fragen sich, warum werden wir bestraft. Warum leiden wir wegen des Pharao Sturheit, so fragen diese Menschen.«

»Geh!« sagte die Stimme Gottes. »Geh und tue, was ich dir befehle!«

Aber Moses wollte eine Antwort haben.

»Laß mich nicht im Zweifel zurück!« bat er. »Warum läßt du auch Unschuldige leiden?«

»Ich nehme dem Volk der Ägypter nur zurück, was ich ihm durch meinen Knecht Josef gegeben habe«, sagte Gottes Stimme. »Josef, mein Liebling, er hat Ägypten gerettet, als eine Hungersnot war. Seither ist das Volk der Ägypter in meiner Schuld.«

»Das ist doch schon fast hunderte Jahre her!« rief Moses. »Welche Schuld tragen die Menschen heute? Die Zeit bringt Verzeihen und Vergessen. Wenn es nicht so wäre, dann könnte der Mensch nicht leben, denn alle Schuld, die je aufgehäuft worden ist, müßte er tragen.«

»Was ist die Zeit?« sagte die Stimme Gottes.

Darauf wußte Moses keine Antwort.

»Geh, Moses!« sagte Gott. »Häufe du keine Schuld auf dich.«

Moses stieg wieder hinunter zum Nil, warnte den Pharao. Sagte ihm offen, diesmal werde die Strafe nur die Ägypter treffen. Adikos bleibt stur.

Die siebte Plage folgte: Hagel. Das Vieh wurde dahingerafft durch die Seuche, der Hagel schlug die Ernte nieder. Zum Elend kam der Hunger. Der Pharao blieb stur. Und dann die achte Plage: Heuschrecken. Was der Hagel stehengelassen hatte, fraßen die Heuschrecken auf. Das Land war öde. Nichts blieb von der herrlichen Fruchtbarkeit Ägyptens.

Da trafen sich Abgesandte Israels und Abgesandte der Ägypter, und sie trafen sich heimlich.

Die Israeliten sagten: »Wir müssen uns von unseren Führern befreien, ihr müßt euch vom Pharao befreien, wir müssen uns von Moses befreien.«

Man beschloß, zusammen zu stehen, um diesem Wahnsinn ein Ende zu bereiten. Die Ägypter wollten den Pharao töten, die Israeliten wollten Moses töten.

Aber Moses erfuhr von der Verschwörung.

Er sprach zu Gott: »Höre mich, Gott, mein Gott! Ich habe den Sinn des Ganzen vergessen. Geht es wirklich nur um das Brandopfer, das wir dir darbringen sollen? Wenn wir so weitermachen, werden wir untergehen, Israel wird untergehen, und Ägypten wird untergehen. Ich will aber nicht in die Geschichte eingehen als einer, der zwei Völker ruiniert hat. Gibt es wirklich keinen friedlichen Weg?«

Gott sagte: »Nein.«

»Und was wird nun weiterhin geschehen?« fragte Moses.

»Dein Gott kennt alle Plagen«, sprach die Stimme hinter dem Rücken des Moses. »Erst einen kleinen Teil der Plagen habe ich geschickt.«

Gerade als die ägyptischen Aufständischen und die israelitischen Aufständischen sich zusammenfanden, um den Palast des Pharao und die Hütte des Moses zu stürmen, griff Gott ganz tief hinunter in die Hölle, in den tiefsten Höllengrund griff er, und von dort holte er eine Handvoll Dunkelheit herauf, höllische Finsternis, und streute sie über das Land.

Finsternis hieß die neunte Plage.

Es war so dunkel, daß niemand auch nur einen einzigen Schritt zu tun wagte. Es wurde genau so still wie am ersten Tag der Schöpfung oder wie am letzten Tag der Schöpfung.

Und dann rief durch die Finsternis Moses dem Pharao zu: »Laß mein Volk endlich ziehen!«

Und der Pharao rief zurück: »Nein! Laß dich nie mehr bei mir blicken! Wenn ich dich sehe, dann werde ich dich töten.«

Und Moses rief: »Laß uns ziehen, laß uns ziehen für immer.«

Und der Pharao rief: »Das werde ich nicht tun!«

Das waren die neun Plagen. Aber Gott schickte noch eine zehnte Plage, und die brachte mehr Leid als alle anderen Plagen zusammen.

Die zehnte Plage

Vom Bürgerkrieg auf Erden – Von einer drohenden Meuterei im Himmel – Von einem »Zwischenfall« – Von der Verkündung der zehnten Plage – Von den seelischen Konflikten des Aaron und der Mirjam – Von der neuen Einsamkeit des Moses – Von den Ministern des Pharao – Von den gemeinsamen Tränen der Hebräer und der Ägypter – Von einer tapferen Frau – Von der Nacht des Würgers – Vom Zusammenbruch des Pharao

Das Chaos brach aus. Bei den Hebräern wuchs der Widerstand gegen Moses. Viele Ägypter protestierten gegen den Pharao. Hebräer kämpften gegen Hebräer, Ägypter gegen Ägypter. Hebräer gegen Ägypter. Ägypter gegen Hebräer. Das Vertrauen zerbrach. Recht wurde zu Rechthaberei. Freude wurde zu Schadenfreude. Der Verstand begab sich unter das Joch des Hasses. Was von den Naturkatastrophen verschont geblieben war, wurde vom Bürgerkrieg niedergemacht.

Die besonnenen Köpfe – es waren nur noch wenige – fragten sich: »Was ist nur aus uns geworden?«

Und sie fragten sich weiter: »Wer trägt daran die Schuld?«

Die Antwort war wieder Krieg, denn schuld hatte immer der andere.

Chaos auf Erden. Aber auch Unzufriedenheit und Ratlosigkeit im Himmel. Seit Abraham seinen Sohn Isaak auf Geheiß Gottes auf den Berg geführt hatte, um ihn zu opfern, war im Himmel kein Widerspruch mehr gewesen. Gottes Wort war Engels Tat. Nun machte sich wieder Unzufriedenheit unter den himmlischen Heerscharen bemerkbar.

»Wir verstehen ihn nicht«, sagten die Engel zu den Erzengeln, die über ihnen standen. »Wie soll das denn nur enden? Was für ein Ziel hat Gottes Haß auf den Pharao?«

»Was gehen euch Gottes Ziele an«, antworteten Michael, Gabriel, Ariel, Raphael, Uriel und die anderen.

»Wenn der Weg so viel Leid bringt, dann will man wissen, wie das Ziel heißt«, sagten die Engel.

»Niemand kann Gottes Schöpfung verstehen außer er selbst«, hielten die Erzengel dagegen.

»Wundern wird man sich aber wohl noch dürfen«, sagten die Engel.

Auch die Erzengel wunderten sich. Auch sie waren nicht zufrieden mit der Vorgehensweise Gottes. Das Problem war ja nicht, daß man Gottes Willen nicht verstand, es war ja klar, was er wollte. Er wollte den gottähnlichen Pharao demütigen. Er wollte Rache für sein Volk. Das war alles verständlich. Aber wie er diese Rache führte, das war eigentlich nicht zu akzeptieren. Am Ende würde der Pharao gedemütigt sein, ohne Zweifel, aber um welchen Preis!

Die Engel murrten. Sie murrten, weil sie mit den Menschen Mitleid hatten. Und die Erzengel griffen nicht so strikt durch, wie es ihr Auftrag gewesen wäre. Denn auch die Erzengel hatten Mitleid mit den Menschen. Mitleid mit den Hebräern, Mitleid mit den Ägyptern.

Und dann ereignete sich ein Zwischenfall. Es war ein Zwischenfall, nicht mehr. So viel schlimmes Leid war bereits geschehen, daß große Tragödien zu Zwischenfällen wurden.

In einer der Ziegeleien des Pharao arbeitete eine Hebräerin, die war hochschwanger. Sie hätte nicht zur Arbeit gehen dürfen, es war viel zu anstrengend für sie, in ihrem Zustand den feuchten Lehm aus der Grube zu schöpfen und zum Ofen zu schleppen. Aber die Schergen des Pharao waren nach ihrer Unfähigkeit, Mitgefühl zu empfinden, ausgesucht worden. Sie trieben die Frau in die Fron.

Die Frau brach zusammen und gebar. Aber sie war zu schwach, um sich um das Neugeborene zu kümmern, und sie war zu schwach, um Hilfe herbeizurufen. Die anderen Frauen achteten nicht auf sie, nicht weil sie böse oder gleichgültig waren, auch sie arbeiteten mit ihrer letzten Kraft, und die machte ihre Sinne eng, so daß sie nur sahen, was sie für ihre Arbeit sehen mußten.

Das Neugeborene rutschte über den nassen Boden und fiel in die Lehmgrube und wurde, ohne daß es jemand bemerkte, in den Lehm verknetet, und es hätte zu einem Ziegel gebrannt werden sollen.

Diesen Zwischenfall, der doch eigentlich eine Tragödie war, konnte ein Engel mittlerer Rangordnung nicht ansehen. Es war zu viel. Er dachte nicht mehr an den großen Plan, den er ohnehin nicht verstand, er dachte nur noch an die kleine Hilfe. Er flog ohne Befehl Gottes vom Himmel herab und nahm den Lehmklumpen aus der Hand der Arbeiterin, die ihn, ohne zu wissen, was sie da in ihren Händen hielt, zum Ofen bringen wollte. Der Engel hob das Kind in die Luft, befreite es von der Erde, drückte es an seine heilende Brust und trug es hinauf in den Himmel.

Und der Engel brachte das Kind vor den Thron Gottes, und er hielt es hoch. Zeigte es Gott. Sagte kein Wort.

Gott betrachtete das Kind und betrachtete den Engel. Blickte dem Engel in die Augen. Aber der Engel hielt Gottes Blick stand. Denn das Auge des Engels war gemacht aus Liebe zur Unschuld, und das ließ seinen Blick stark sein.

Gott erhob sich. Er erhob sich, stieg von seinem Thron herab und wandte den Engeln den Rücken zu.

Lange stand er so.

In den Reihen der Engel wurde getuschelt. Die einen sagten, Gott weine. Woher sie das wüßten, fragten die anderen. Man sehe es an seinen Schultern, sagten die einen.

»Seht ihr nicht dieses leichte Beben? So ist es, wenn man weint.«

»So ist es, wenn ein Mensch weint«, sagten die anderen. »Aber Gott ist kein Mensch. Gott weint nicht. Worüber sollte Gott auch weinen?«

Dann gab es Engel, die meinten, er hätte aber allen Grund zum Weinen, denn, was zur Zeit unten auf der Erde geschehe, sei zum Weinen.

Es kam sogar zu vereinzelten Unmutsäußerungen. »Beende deinen Zorn, Jahwe!« wurde gerufen.

»Laß Gnade walten!« wurde gerufen.

Gott drehte sich zu seinen Heerscharen, unübersehbar waren sie, als würde die Zahl der Menschen mit sich selbst multipliziert, und noch viel mehr Engel waren im Himmel.

»Nur, wer weiß, was die Zeit ist«, sagte Gott mit einer Stimme, die so laut war, als würde die Lautstärke aller Geräusche der Welt mit sich selbst multipliziert, und noch viel lauter war die Stimme Gottes, »darf Rechenschaft von Gott verlangen. Denn nur wer weiß, was die Zeit ist, weiß auch, welche Folgen das Tun Gottes hat, und nur wer das weiß, kann über das Tun Gottes richten.«

Da senkten die himmlischen Heerscharen ihre Häupter und gingen weiter ihrem himmlischen Tagwerk nach.

Gott aber erschien Moses ein zehntes Mal.

Und rauh war seine Stimme, als er zu ihm sprach: »Nun, Moses, werde ich eine zehnte Plage gegen Ägypten schicken, und diese Plage wird den Pharao brechen. Geh du noch einmal zum Nil hinunter, sprich noch einmal mit dem Pharao!«

Moses antwortete: »Das kann ich nicht. Das trau ich mich nicht. Der Pharao hat geflucht und geschworen, er werde mich töten, wenn er mich noch einmal sieht.«

»Glaubst du denn, das würde ich zulassen? Glaubst du, ich, der ich den Himmel und die Erde und die Mächte unter der Erde geordnet habe, ich könnte nicht denn Arm eines Mörders halten?«

»Nein, das glaube ich nicht«, sagte Moses.

In sich zusammengesunken kniete er in seiner Hütte. Seine Hände hatte er zwischen seine Knie geklemmt. Sein Atem ging schwer, jedes Wort war wie ein Seufzen.

»Warum soll ich hinunter gehen zum Nil und mit dem Pharao sprechen? Warum? Was soll so ein Gespräch denn bringen? Und könnte ich ihn überzeugen mit Aarons Redetalent, so daß er das Volk Israel ziehen läßt, was hätte all die Anstrengung für einen Sinn? Du würdest ihm zum zehnten Mal Sturheit in den Kopf setzen. Ich bin zu alt, um Verhandlungen zu führen, von denen ich im voraus weiß, daß sie keinen Erfolg haben werden.«

»Bist du noch mein treuer Diener?« fragte Gott.

»Ich bin dein treuer Diener«, antwortete Moses.

»Bist du immer noch bereit, alles zu tun, um mir deine Treue zu beweisen?«

»Ja«, sagte Moses. »Ich will alles tun, um dir meine Treue zu beweisen. Aber ich möchte nach dem Sinn fragen dürfen.«

Gottes Stimme räusperte sich.

»Gut«, sagte er. »Gut. Dann wollen wir diesmal den Besuch beim Pharao sein lassen. Geh in die Stadt, stelle dich auf die Straßen und Plätze und verkünde: Jahwe wird in der Nacht kommen als Würger, und er wird den Ägyptern jede Erstgeburt nehmen. Verkünde das!«

Da erschrak Moses. Und die Worte wollten ihm nicht in den Mund. Und als ihm endlich die Worte in den Mund kamen, redete er gegen eine Wand. Denn Gott hatte ihn verlassen.

»Ich bin allein«, sagte Moses. »Ich bin allein.«

Und es war ein anderes Alleinsein als damals in der Wüste, bevor er den brennenden Dornbusch gesehen hatte. Damals war das Alleinsein aus Leere gemacht, die Leere hatte ihn ausgehöhlt, so daß von ihm selbst nur noch eine Hülle übrig war. Nun aber war sein Alleinsein eine Folge der Inbesitznahme seiner Seele durch Gott, und von ihm selbst war kaum mehr übrig geblieben als Nichts.

Moses hätte gern mit seinem Bruder Aaron gesprochen, hätte ihn um seinen Rat fragen wollen. Er tat es nicht. Er wußte, was Aaron dachte. Daß Gott alle Prinzipien von Recht und Gesetz brach, das dachte Aaron. Aber Moses wußte auch, daß sein Bruder seine eigenen Gedanken verurteilte, daß er, seit ihn Gott zum Sprachrohr seines Bruders gemacht hatte, Recht und Gesetz dem Willen Gottes unterordnete. Und Moses wußte auch, daß sich Aaron bemühte, aus Gottesliebe manche Fragen nicht zu stellen, die aus Menschenliebe dringend gestellt werden wollten. Und Moses wußte, daß Aaron unter diesem Konflikt litt, weil eine Antwort, ganz gleich, wie sie ausfiele, immer sein ganzes Leben in Frage stellen würde. Moses wollte diesen Konflikt in der Seele seines Bruders nicht noch verschärfen.

Und Mirjam? Mirjam hatte ein neues Betätigungsfeld gefunden. Sie pflegte die Armen, die Kranken, die Elenden. Sie gab all ihre Kraft. Wenn mich einer fragt, auf welcher Seite ich in dieser Angelegenheit stehe, kann ich mit ruhigem Gewissen sagen, auf der Seite all derer, die Hilfe brauchen. So dachte Mirjam. Nannte die Plagen, die Gott über das Land geschickt hatte, die so viel Leid gebracht hatten, die schuld daran waren, daß sie bis an die Grenzen ihrer Kraft Arme, Kranke, Elende, Verzweifelte pflegen mußte, nannte die Tragödie der Völker Israels und Ägyptens eine Angelegenheit. Mich interessiert nicht, wer schuld ist, dachte sie. Wer bin ich denn? Eine alte Frau. Sonst nichts. Niemand interessiert sich für meine Meinung. Also habe ich keine Meinung. Meine Meinung liegt in meinen Händen, und meine Hände äußern ihre Meinung, indem sie helfen. So dachte die Schwester des Moses. Und Moses wußte, genau so würde sie mit ihm sprechen, wenn er sie besuchte, um von ihr einen Rat zu erbitten.

»Ich bin allein«, sagte Moses zu sich selbst, und er sagte es laut.

Es war niemand da, der es hörte. Kein Mensch, kein Engel, kein Gott.

Also begab sich Moses hinunter in die Stadt, stellte sich auf die Straßen und Plätze und erfüllte mit schwerem Herzen den Auftrag Gottes.

»Ägypter«, rief er, »Ägypter, hütet euch! Mein Gott Jahwe, der so viel Leid auf unser Land geschickt hat, weil der Pharao sich gegen seinen Willen stellt, mein Gott Jahwe wird in der Nacht kommen, und er wird ein Würger sein, und er wird töten jeden Erstgeborenen und jede Erstgeborene aus eurem Volk.«

Da brach Panik aus. Erwachsene Söhne flohen in die Arme ihrer Mütter. Erwachsene Töchter krochen in die

Betten ihrer Eltern. Und es gab keine Familie, in der nicht geweint wurde.

Die Söhne der Minister flehten ihre Vätern an: »Ihr habt Einfluß«, sagten sie. »Wenn jemand noch Einfluß hat auf diesen sturen, bösen, unbeugsamen, alten Mann im Pharaonenpalast, dann seid ihr es. Sprecht mit ihm, sagt, er soll nachgeben, er soll das Volk Israel endlich ziehen lassen!«

Die Minister eilten zusammen mit ihren Söhnen in den Palast. Der Pharao saß auf seinem Thron, das Unglück hatte ihn häßlich gemacht, seine Haut war wie Holz, sein Mund wie ein Kieselstein, grau, hart, kalt.

»Was wollt ihr?«

Er blickte seinen Leuten nicht mehr in die Augen.

»Der Gott Israels«, sagten die Minister, »wird in der Nacht kommen und alle Erstgeburt erwürgen. Dies hier sind unsere Söhne, der Stolz des Landes. Willst du, daß sie nicht getötet werden, dann gib nach!«

Eine lange Stille war um den Thron des Pharao.

Schließlich begann Adikos zu sprechen. Aber immer noch nicht blickte er seine Minister an. »Gut« sagte er. »Gut. Dann soll es so sein. Aber wir werden Moses und seinem Gott den Triumph nicht gönnen.«

»Was meinst du damit?« fragten die Minister, und sie hatten Angst, denn eine Erfahrung hatten sie in der letzten Zeit machen müssen, nämlich daß alles, was sie nicht wußten, schlimmer war, als sie sich vorstellen konnten.

»Der Gott des Moses soll sie nicht bekommen«, sagte der Pharao. »Er wird sie nicht bekommen.«

Und er gab den Ministern den Befehl, ihre eigenen Söhne zu töten. Jetzt. Hier. Vor seinen Augen.

»Dann werden Moses und sein Gott sehen, daß sie keine Macht über die Väter Ägyptens haben.«

Die Loyalität dieser Minister muß sehr groß gewesen sein. Sie zückten ihre Schwerter und gingen auf ihre Söhne los. Töteten sie vor den Augen des Pharao.

Der Pharao befahl: »Diesem Vorbild sollen alle Väter in Ägypten folgen. Wenn jeder Vater seinen erstgeborenen Sohn oder seine erstgeborene Tochter tötet, dann haben wir den Gott Israels betrogen. Und wer einen Gott betrügen kann, der hat ihn auch besiegt.«

Aber das Volk der Ägypter scherte sich nichts um diesen absurden Befehl. Die Menschen flohen aus ihren Wohnungen, und sie flohen zu den Juden, baten, aufgenommen zu werden, flehten um Schutz vor dem Pharao und Jahwe. Und viele Hebräer versteckten erstgeborene Ägypter in ihrem Haus. Die Menschen wollten, daß ein Ende sei. Ein Ende der Grausamkeit, ein Ende der Rache, ein Ende der Not, ein Ende der bösen Taten, ein Ende der bösen Worte. Ein Ende des Wahnsinns.

Nun saßen sich in den hebräischen Wohnungen Ägypter und Juden gegenüber, und sie erinnerten sich an das, was sie erzählt bekommen hatten, erinnerten sich an die Zeit, als Josef nach Ägypten gekommen war, wie er das Land als Vizekönig durch die sieben mageren Jahre geführt hatte, weinten gemeinsam, als sie an die langen Jahre des Friedens, des Wohlstands, des Glücks dachten.

»Unsere Völker waren befreundet«, sagten sie. »Was ist nur geschehen? Wie ist es so weit gekommen? Wer trägt die Schuld?«

Und als sie merkten, daß der eine zu einer Rechtfertigung ausholen wollte und der andere auch zu einer Rechtfertigung ausholen wollte, da hoben sie schnell die Arme zur Beschwichtigung.

Sie sagten: »Fragen wir nicht! Oder fragen wir erst später. Schauen wir nicht mehr zurück. Oder schauen wir erst wieder zurück, wenn unsere Felder wieder Früchte tragen, wenn unsere Wunden verheilt sind.«

Eine tapfere Frau stand auf – viele Generationen von Gerechten werden klagen, daß der Name dieser tapferen Frau nicht überliefert wurde –, sie stand auf und sagte nur: »Ich gehe und will alles, was ich habe, für den Frieden geben.«

Die Frau – wir wissen nicht einmal, ob sie Hebräerin oder Ägypterin war – verließ den Versammlungsraum und ging heim. Ihre Angehörigen hatten das Haus verlassen, hatten das wenige Vieh, das noch übrig war, mitgenommen, hatten alles mitgenommen, was einigermaßen Wert hatte und was sich tragen ließ.

Die Frau öffnete alle Türen in ihrem Haus, ging durch die leeren Räume ihres Hauses. Im ersten Zimmer fand sie ein Bild an der Wand, das zeigte eine Katze, und dieses Bild war alles, was sich in diesem Zimmer lohnte. Im zweiten Zimmer nahm sie aus einer Schublade einen Kamm, dem fehlten ein paar Zacken, aber sonst gab es nichts, was sich in diesem Zimmer gelohnt hätte. Im dritten Zimmer stolperte sie über einen Besen, der hatte einen verzierten Griff, den machte sie ab und da sah er aus wie ein Zepter. Im vierten Zimmer endlich, es war ihr eigenes Zimmer, zog sie das Leintuch vom Bett und faltete es zusammen. Nun ging sie zum Nil hinunter, tauchte das Leintuch ins Wasser, das wie Blut war, da wurde das Tuch rot und sah aus wie ein Königsmantel aus Purpur. Nun hatte sie alles beieinander, und es war alles, was sie besaß.

Zuerst ging sie zum Palast des Pharao.

Sie stellte sich unter das Schlafgemach des Pharao und rief: »Hörst du, Pharao! Du hast mir alles genommen, und ich will dir alles geben!«

Da kamen die Wachen des Pharao und jagten die Frau davon und warfen ihr die Dinge, die sie mitgebracht hatte, nach. Das Bild mit der Katze, den Kamm mit den fehlenden Zacken, das Zepter aus dem Besenstil und den purpurnen Königsmantel aus dem Leintuch von ihrem Bett.

Die Frau sammelte alles auf und machte sich auf den Weg zum Tempel der Juden.

Sie stellte sich vor die Tür und rief: »Hörst du mich, Jahwe! Du hast mir alles genommen, und ich will dir alles geben!«

Die Tempeldiener kamen gelaufen und jagten die Frau davon, und ihre Habe warfen sie ihr hinterher.

Da verbrannte die Frau das Bild mit der Katze, den Kamm mit den fehlenden Zacken, das Zepter aus dem Besenstiel und den purpurnen Königsmantel aus dem Leintuch von ihrem Bett.

Und sie riß sich die Kleider vom Leib und die Haare vom Kopf und rief zum Tempel Jahwes und zum Palast des Pharao: »Ich habe nichts mehr als mich selbst. Zerreißt mich, und teilt mich unter euch auf!«

Sie wartete auf dem Platz. Aber weder Jahwe noch der Pharao wollte sie haben. Sie stand länger, als diese Geschichte dauert, sie wurde zu Stein, und im Märchen heißt es, der Stein war härter und schwerer als alle Steine, und er ließ sich nicht wegtragen und ließ sich nicht zerschlagen, und darum steht er noch heute am selben Ort.

In der Nacht erschien Gott dem Moses noch einmal.

»Ihr sollt ein Fest feiern«, sagte er. »Ihr sollt ein fehlerloses, männliches, einjähriges Lamm schlachten und verzehren. Das Blut dieses Lammes, das sollt ihr an die Türpfosten eurer Wohnungen streichen. Denn wenn in der Nacht der Würger kommt, dann wird er jene Häuser verschonen, an denen das Blut des Lammes zu sehen ist.«

Und wieder ließ ihn Gott allein, noch ehe Moses ein Wort gefunden hatte.

Und dann, um Mitternacht, ging der Würger durch die Städte und Dörfer Ägyptens, und alle Erstgeborenen wurden getötet, Mädchen, Knaben, Frauen, Männer. In der Bibel wird dieses Grauen recht lakonisch abgehandelt. Aus den Sagen aber, die sich um das Buch der Bücher ranken, erfährt man manche Einzelheit.

Da gab es einen Mann, der erhob nach dieser Nacht Klage, er sagte: »Ich hatte in meinem Leben fünf Frauen, und alle meine Frauen haben mir einen Sohn geboren. Für mich gab es nur einen Erstgeborenen. Für meine Frauen aber war jeder ihrer Söhne ein Erstgeborener. Alle meine Söhne sind mir genommen worden.«

Und er klagte über die Grausamkeit, und die Grausamkeit war noch schlimmer für ihn zu ertragen, weil sie ihn schlimmer getroffen hatte als die anderen.

Eine Frau führte Klage, die sagte: »Ich hatte fünf Männer, und von jedem dieser Männer habe ich einen Sohn empfangen. Für mich gab es nur einen Erstgeborenen, für meine Männer aber war jeder meiner Söhne ein Erstgeborener. In dieser Nacht sind mir alle fünf Söhne genommen worden.«

Es gab Familien, deren Erstgeborener war bereits gestorben, vielleicht schon vor Jahren und auf natürliche Weise. Da hat Gott diese Erstgeborenen zum Leben erweckt.

Sie kamen in die Häuser ihrer Eltern, sie traten auf die Mutter zu und sagten: »Kennst du mich? Ich bin wieder am Leben!«

Traten auf den Vater zu und sagten: »Kennst du mich? Ich bin wieder am Leben!«

Und Vater und Mutter umarmten ihre Söhne, umarmten ihre Töchter. Und dann sanken die Söhne, dann sanken die Töchter nieder und wurden ihren Eltern ein zweites Mal genommen. Denn keine Mutter, kein Vater sollte sagen dürfen: Mein Erstgeborener ist in dieser Nacht verschont worden.

Auch die Söhne der Minister, die von ihren Vätern vor den Augen des Pharao getötet worden waren, standen aus ihren Gräbern auf.

Und sie schleppten ihre Väter vor den Pharao und sagten: »Wir erheben Anklage gegen dich, Pharao, wir erheben Anklage gegen euch, unsere Väter!«

Da haben die Väter ein zweites Mal zu ihren Schwertern gegriffen und haben ihre Söhne noch einmal getötet. Aber die Söhne sind noch einmal von den Toten auferstanden, und zwar nur, um sogleich wieder niederzusinken. Denn kein Vater sollte sagen dürfen: Mein Erstgeborener ist in dieser Nacht vom Würger verschont worden.

Als er genug getötet hatte, brach Gott in die Tempel der Ägypter ein und stürzte die Götzen um und zertrat die Bilder, zerrieb die Statuen zu Sand und blies den Sand in die Wüste.

Aber immer noch war es nicht genug. Denn einen Erstgeborenen gab es noch, nämlich den Sohn des Pharao. Er war das Liebste, was der Pharao besaß. Wenn es etwas in seinem Leben gab, das sein hartes Herz weich stimmen konnte, dann war es der Anblick seines Sohnes.

Der Pharao führte seinen Sohn in das innerste Gemach des Palastes, dort gab es keine Fenster, er stellte sich vor ihn, umarmte ihn, weil er dachte, so könne er ihn vor dem Würgegriff Jahwes bewahren. Aber Gott senkte Verzweiflung und Verwirrung in das Herz des

Sohnes, und er griff nach dem Schwert seines Vaters, zog es aus der Scheide und stürzte sich in die Klinge.

Wenn es darum geht, die Rache Gottes zu schildern, scheint der Phantasie der Berichterstatter keine Grenzen gesetzt zu sein. Als wäre Grausamkeit die einzige Möglichkeit, Gottes Macht zu beweisen, erzählen uns die Sagen eine Ungeheuerlichkeit nach der anderen.

Wie auch immer – am Ende brach der Pharao doch noch zusammen.

Adikos rief nach Moses, schrie nach Moses.

»Bitte deinen Gott, er soll innehalten!«

Der Pharao, Herr der Herren, irrte durch die Stadtteile, in denen die Juden wohnten, er tat es seinem Vater Malul nach, der erst am Ende seines Lebens die Juden besucht hatte. Aber Adikos sollte jetzt noch nicht sterben.

»Helft mir«, flehte er zu den Männern und Frauen, die ihn anstarrten. »Helft mir! Betet zu euerem Gott!

Die Männer und Frauen sagten: »Kommt uns der Pharao besuchen? Jetzt, nach all dem, was geschehen ist? Jetzt kommst du uns besuchen? Jetzt weinst du? Wen suchst du? Moses suchst du? Den anderen. Bist du gekommen, damit ihr beide das Leid unter euch aufteilt, das ihr angerichtet habt? Werdet ihr jetzt weiterstreiten, wer von euch beiden mehr Leid angerichtet hat?«

Dann stand der Pharao vor der Hütte des Moses und rief: »Moses, komm heraus! Ich will mit dir sprechen.«

Moses antwortete: »Ich kann nicht herauskommen. Du hast mir gedroht, wenn du mich noch einmal siehst, dann wirst du mich töten.«

»Ich werde dich nicht töten«, sagte der Pharao. »Komm heraus, zeig mir dein liebes Gesicht! Ich werde dich und dein Volk ziehen lassen. Ihr dürft drei Tage in die Wüste gehen, um eurem Gott ein Brandopfer darzubringen.«

Moses aber rief: »Nein, das genügt meinem Gott nicht mehr. Nicht nur drei Tage in die Wüste wollen wir, wir wollen Ägypten verlassen für immer!«

»Geht!« rief der Pharao. »Geht!«

Wie ein Bettler stand er vor der Hütte.

Da trat Mirjam heraus.

»Warum zitterst du?«, fragte sie. »Es ist vorbei.«

Da sagte der Pharao: »Warum läßt mich euer Gott leben? Ich bin auch ein Erstgeborener. Warum lebe ich noch?«

Mirjam sagte: »Der Durst unseres Gottes ist gestillt.«

Der Aufbruch

Vom Ultimatum des Pharao – Von den Dingen, die mitgenommen, und den Dingen, die zurückgelassen wurden – Vom göttlichen Befehl zu plündern und den Tränen des Moses – Von Josefs letztem Willen – Vom Geruch des Paradieses – Vom Grab des Josef

Vierhundertdreißig Jahre waren vergangen, seit Josef seine Brüder Ruben, Simeon, Levi, Jehuda, Issachar, Gad, Ascher, Dan, Naftali, Sebulon und Benjamin und seinen Vater Jakob nach Ägypten gerufen hatte. Lange lebten Ägypter und Hebräer in Frieden. Aber noch länger herrschte bittere Feindschaft zwischen den beiden Völkern.

Nun führte Moses sein Volk aus Ägypten heraus. Zurück bleiben ein zerstörtes Land, demoralisierte Menschen, das bittere Gefühl, gedemütigt worden zu sein, die quälenden Fragen nach der eigenen Schuld, die lauernde Lust auf Rache.

Der Pharao konnte es nicht eilig genug haben.

Zu Moses sagte er: »Gut, ihr habt mich besiegt. Euer Gott hat mir genommen, was ich lieb hatte. Er hat mich besiegt. Jahwe hat sich als der Stärkere von uns beiden erwiesen. Israel soll ziehen, wohin es will. Geht! Aber geht schnell! Verschwindet aus meinem Reich!«

Und er stellte ein Ultimatum: »Ich gebe euch einen Monat Zeit. Wird ein Israelit nach diesem Monat auf den Straßen der Stadt oder auf den Feldern des Landes oder den Ufern des Nil gesehen, so soll er getötet werden. Nach Ablauf des Ultimatums bezahle ich für jeden toten Hebräer!«

Sechshunderttausend, so heißt es, sechshunderttausend Männer, Frauen und Kinder sammelten sich. Die Menschen luden ihre gesamte Habe auf Wagen und Lasttiere, sie verkauften ihre Häuser, ihre Werkstätten, ihre Boote, ihre Felder. Viele bekamen dafür nur einen Bruchteil dessen, was der Besitz wert war. Andere bekamen gar nichts.

Nachbarn standen plötzlich da, die sagten: »Ab nächstem Monat gehört das uns.«

Und wenn sich die Eigentümer empörten, sagten die Nachbarn: »Dann zeig uns doch an! Sollen wir dich zur Polizei des Pharao begleiten?«

Aber nicht alle Ägypter waren darauf aus, zu betrügen oder einen günstigen Schnitt zu machen. Viele zahlten, was die Sache wert war, verabschiedeten sich mit einem Handschlag von den früheren Besitzern.

Und dann, wenige Tage, bevor die Frist verstrichen war, erschien Gott dem Moses, und wieder erschien er ihm in seiner Hütte als ein kaltes, dunkles, rauchloses Feuer.

»Moses, mein Knecht«, sagte er, »hast du dir dein Volk angesehen?«

Moses kniete, den Rücken zur Stimme Gottes. Er war müde, und seit dem Sieg über den Pharao war ihm schon manchmal der Gedanke gekommen, ob die Einsamkeit der Leere nicht leichter zu ertragen gewesen wäre als die Einsamkeit des Erfülltseins von Gott.

»Ja«, sagte er, »ich habe mein Volk angesehen. Ich spreche jeden Tag mit unseren Leuten. Ich sehe sie. Ich höre sie.«

»Und es stört dich nicht, in welchem Zustand sich dein Volk befindet?«

»Was meinst du? Daß die Menschen erschöpft sind, daß sie traurig sind, daß viele von ihnen verzweifelt sind, daß sie fast nichts mehr besitzen, daß sie verwundet sind, daß sie in der Nacht von Alpträumen geweckt werden?«

»Das stört dich nicht?« fragte Gott.

Moses lachte, und böser Sarkasmus war in diesem Lachen.

»Ob mich das nicht stört? Freilich wäre es besser, die Menschen wären nicht erschöpft, nicht traurig, nicht verzweifelt, hätten nicht ihren Besitz verloren und ihre Gesundheit, könnten die Nächte durchschlafen.«

»Der Pharao und sein Volk tragen die Schuld«, sagte Gott.

Moses schwieg.

»Gibst du mir nicht recht, Moses?«

Moses schwieg immer noch.

»Hältst du mir noch die Treue, Moses?« fragte die Stimme Gottes.

»Ja«, sagte Moses nach einer Weile.

Aber erst nach einer Weile.

»Das war zwar leise gesagt, aber es war gesagt«, sprach Gott. »Ich will nicht, daß mein Volk Ägypten verläßt wie ein Bettler das Haus eines feinen Herrn. Die Männer und Frauen Israels haben Fronarbeit geleistet durch viele, viele Jahre, sie dürfen nicht mit leeren Händen gehen. Geht in die Häuser der Ägypter, nehmt mit, was ihr tragen könnt, Schmuck, Geschirr, die Aussteuer für ihre Töchter, die Ersparnisse für die Söhne! Plündert ihre Speisekammern! Brecht die Kleiderkästen auf! Nehmt, nehmt, nehmt!«

Da weinte Moses.

»Du brauchst mir deine Tränen nicht zu erklären«, sagte Gott. »Deine Tränen beleidigen mich! Steh auf! Geh zu deinen Leuten, und sag ihnen, was ich dir gesagt habe! Hüte dich, meinen Zorn auf dich zu ziehen!«

Da ging Moses zu seinen Leuten und sagte ihnen, was Gott ihm gesagt hatte.

Und hatte es am Ende der zehn Plagen viele im Volk Israel gegeben, die Mitleid hatten mit den Frauen und Männer Ägyptens, so waren es jetzt nur noch wenige.

»Gott hat recht«, sagten sie. »Fast dreihundert Jahre lang hat unser Volk Fronarbeit geleistet in Ägypten! Und wenn wir ihnen alles wegnähmen, was sie besitzen, wäre es nicht genug! Gott hat recht. Sein Name sei gepriesen!«

Man will meinen, die Ägypter hätten sich zur Wehr gesetzt. Man läßt doch nicht einfach einen Menschen in sein Haus und schaut zu, wie er die Vorratskammer plündert, wie er die Kleiderkästen aufbricht, die Aussteuer für die Tochter an sich rafft, die Rücklagen für den Sohn in seine Tasche streicht. Aber die Ägypter wagten es nicht, sich zu wehren.

So ging das vor sich: Ein Israelit betrat das Haus eines Ägypters und sagte: »Mein Gott hat mich zu euch geschickt, das ist der, der den Pharao besiegt hat, der die neun Plagen gemacht hat. Der auch die zehnte Plage gemacht hat. Er hat zu mir gesagt, ich soll euch besuchen und soll mitnehmen, so viel ich tragen kann.«

Aber nicht alle Israeliten taten so. Manche Familie besuchte ihre Nachbarn, neben denen sie ein Leben lang gewohnt hatte, und der hebräische Mann umarmte den ägyptischen Mann und die hebräische Frau umarmte die ägyptische Frau, und Tränen standen in den Augen aller, denn Freunde trennten sich.

Alles war bereit zum Aufbruch, da kam Mirjam gelaufen, aufgeregt war sie, die weißen Haare flogen ihr um den Kopf.

»Moses!« rief sie. »Aaron! Der Engel Gottes ist mir in der Nacht erschienen, und er hat mir gesagt, ich soll euch daran erinnern, was dem Josef auf seinem Totenbett versprochen worden war!«

»Was war denn dem Josef auf dem Totenbett versprochen worden?« fragte Aaron.

»Das hat der Engel nicht gesagt. Er hat wohl vorausgesetzt, daß ihr das wißt.«

»Wenn es wichtig wäre«, sagte Moses, »hätte es mir Gott persönlich gesagt und nicht seinen Engel zu dir geschickt.«

Aber dann war sich Moses auf einmal nicht mehr sicher. Ich war in letzter Zeit unfreundlich zu Gott, dachte er bei sich, und er dachte es leise, sehr leise bei sich. Vielleicht hat er mich verlassen, diesmal für immer verlassen, dachte er weiter. Vielleicht spricht er von nun an nur noch durch seinen Erzengel zu meiner Schwester Mirjam.

»Also gut«, sagte er, »vielleicht gibt es einen unter uns, der sich noch daran erinnert, was dem Josef auf seinem Totenbett versprochen worden war.«

Es gab jemanden. Eine alte Frau, eine urururalte Frau muß es gewesen sein. Sie behauptete, sie sei eine Tochter des Patriarchen Ascher, eines Bruders des Josef.

»Das kann nicht sein«, tuschelte Aaron seinem Bruder zu. »Entweder sie lügt oder sie ist verblödet. Wäre sie Aschers Tochter, müßte sie vierhundert Jahre alt sein oder sogar mehr.«

Moses dachte an all das, was sich ereignet hatte, seit ihm Gott im brennenden Dornbusch erschienen war.

»Ich will lieber kein Risiko eingehen«, sagte er zu Aaron.

Man brachte die alte Frau zu den Brüdern.

»Kannst du dich an Josef erinnern?« wurde sie gefragt.

»Ich weiß es«, sagte die Alte.

»Was weißt du?«

»Ich weiß es. Die Knochen. Es sind die Knochen.«

»Was für Knochen denn?« wurde sie gefragt.

»Die Knochen des Josef. Daß sie nicht vergessen werden. Das haben sie ihm versprochen. Daß er nicht allein in Ägypten zurückbleibt, wenn Israel eines Tages das Land verläßt.«

Niemand wußte, wo Josef begraben worden war. Die Zeit drängte. Der Pharao hatte inzwischen begonnen, seine Armee aufzurüsten. Jeder ägyptische Mann ab dem fünfzehnten Lebensjahr mußte sich melden. Er bekam eine Uniform angezogen und eine Waffe in die Hand gedrückt. Damit war deutlich gemacht, daß der Pharao nicht gewillt war, die Frist auch nur um eine Stunde zu verlängern.

Aaron rief einen Gelehrtenrat zusammen, und die Gelehrten waren sich nach kurzer Beratung einig, daß es nur eine Möglichkeit gab, herauszufinden, wo Josef begraben worden war.

»Josef war der Gesalbte Gottes«, sagten die Gelehrten. »Er hatte den Geruch des Paradieses an sich. Und der Geruch des Paradieses vergeht nicht. Über den Geruch können wir das Grab Josefs finden.«

Moses schüttelte den Kopf und rollte mit den Augen und warf die Arme in die Luft.

»Ja!« rief er. »Sehr gut! Dann ist es ja ganz leicht! Und wie riecht das Paradies? Weiß bitte jemand, wie das Paradies riecht?«

Da hoben die Gelehrten die Schultern. »Weiß keiner mehr«, sagten sie. »Tiere vielleicht, Tiere wissen es womöglich. So viel bekannt ist, haben die Tiere ja nicht vom Baum der Erkenntnis gegessen.«

Da erinnerte sich Moses an die beiden Löwen, die vor dem Palast des Pharao Wache hielten. Er hatte ihnen damals ins Ohr geflüstert, er wußte nicht mehr was, aber sie hatten ihm gehorcht. Wenn sie mir gehorcht haben, dachte er, dann darf man annehmen, daß sie mich verstanden haben.

Allein lief er durch die Stadt zum Pharaonenpalast. Die Löwen sprangen auf, als sie Moses sahen. Er beugte sich zu jedem von ihnen nieder, flüsterte ihnen etwas ins Ohr und machte sie von den Ketten los. Ohne zu zögern liefen die Löwen zum Ufer des Nils. Dort hoben sie die Köpfe und sogen die Luft durch ihre Nase ein.

»Josef liegt im Nil begraben«, sagte Moses.

Und so war es.

Der Pharao war Josefs Freund gewesen, und er war ein Freund des Volkes gewesen, und als Josef gestorben war, hatte er sich gesagt: Dieser Mann hat uns allen Glück gebracht. Er ist wie der Fluß, der durch unser Land fließt. Alles Leben verdankt Ägypten dem Nil. Deshalb will ich, daß Josef das schönste Grab bekommt, das es auf unserer Erde gibt.

So hatte der Pharao vor vielen, vielen Jahren gedacht, und er hatte verfügt, daß der Leichnam des Josef im Nil bestattet wurde.

Die Männer bargen die Gebeine ihres Ahnen.

Die Zeit, die Pharao Adikos dem Volk Israel gegeben hatte, war abgelaufen. Sechshunderttausend Männer und die Frauen dazu und die Kinder dazu zogen aus dem Land. Ihnen voran Moses, in einer Holzlade trug er die Gebeine des Josef auf seinen Schultern.

Entscheidung im Roten Meer

Von Staubsäulen und Feuersäulen – Von der Versöhnung zwischen Moses und Gott – Vom Wortbruch des Pharao – Von der Notwendigkeit, in der Nacht Wachen aufzustellen – Vom Angriff im Morgengrauen – Von der Teilung des Wassers – Von den zwölf Straßen durch das Meer – Vom großen Untergang – Von einem großen Lied zu Jahwes Ehren

Wer führte das Volk Israel? Gott selbst führte es. Am Tag nahm er die Gestalt einer Staubsäule an, die vor der riesigen Karawane her zog, in der Nacht wurde aus der Staubsäule eine Feuersäule, die den Israeliten den Weg zeigte. Moses vertraute auf Gott, die Menschen vertrauten auf Moses.

Moses ging an der Spitze der Karawane, er trug den Schrein mit den Gebeinen des Josef. Hinter ihm gingen Aaron und Mirjam, dann folgten die Familie des Aaron und Zippora mit den Söhnen. Moses ging weit vor den anderen. Nicht einmal Aaron und Mirjam wagten es, näher als auf Rufweite zu ihm aufzurücken. Die Geschehnisse der letzten Monate, das Grauen, die Katastrophe des Zusammenbruchs aller Zivilisation, ja, auch die versuchten Aufstände gegen Moses hatten das Bild, das das Volk sich von ihm machte, verklärt, erhöht, zuletzt zu einem Heroenbild, spätere Generationen würden sagen: zu einem Heiligenbild geformt. Moses war der Mittler. Er war der Mann, der mit Gott sprach, dem Gott seine Pläne, wenigstens einige seiner Pläne, anvertraute.

Nach dem Lärm der Stadt und dem Chaos des Bürgerkriegs waren die Stille der Wüste und ihre ewige Gleichförmigkeit Balsam für die verwundeten Seelen, und auch wenn so viele Menschen miteinander waren, hatte doch jeder bei sich die Empfindung, als wäre er allein. Und nur in der Einsamkeit ist der Mensch empfänglich für das Heilige – das ja auch das Heilende ist.

Moses erging es nicht anders als den anderen. Ja, er war der Mittler. Sein Volk war ihm gefolgt, es hatte auf ihn geflucht, hatte sogar die Hand gegen ihn erhoben, Steine waren geworfen worden, aber zuletzt hatte das Volk seinem Führer vertraut. Und er – er hatte geflucht auf Gott, hatte geweint, hatte sich innerlich gegen Gott empört, hatte sich sogar geschämt für seinen Gott, hatte ihn verurteilt, hatte ihn einen Mörder, einen Schlächter genannt. Aber dann war er ihm doch gefolgt. Und als Moses nun, auf Rufweite vor seinem Volk, durch die Wüste ging, am Tag die Staubsäule vor Augen, in der Nacht die Feuersäule, da schloß er seinen Frieden mit Gott.

Inzwischen tat es dem Pharao leid, daß er nachgegeben hatte. Jetzt, da Moses nicht mehr vor seinen Augen war, kam es Adikos vor, als wäre der Gott des Moses gar nicht so mächtig, wie er ihm noch vor Tagen erschienen war.

»Ich hätte noch ein wenig aushalten sollen«, sagte er sich.

Und diesmal war es nicht Gott, der ihm Sturheit ins Herz legte, diesmal war es sein eigener Entschluß. »Ich werde mich nicht an die Abmachungen halten«, sagte er zu sich.

»Ich will Rache für meinen Sohn. Ich will Rache für mein Volk. Und wenn ich die Hebräer schon nicht als Sklaven zurückholen kann, so will ich sie in der Wüste vernichten.«

Jeder Mann, der stark genug war, eine Waffe zu tragen, wurde zur Armee gerufen, auch Knaben, die das fünfzehnte Lebensjahr vollendet hatten, mußten die Uniform anziehen und die Waffe in die Hand nehmen.

Die Offiziere erklärten, was bevorstand: »Es wird ein kurzer Einsatz sein«, sagten sie. »Erstens haben wir den Vorteil der Überraschung auf unserer Seite. Zweitens kennen wir die Wüste, die anderen kennen sie nicht. Drittens, und das macht die Sache besonders leicht für uns, haben die Israeliten nur wenige Waffen bei sich, nur Dinge für ihre Bequemlichkeit haben sie uns weggenommen, Schmuck und Hausrat.«

Der Pharao ließ keine Zeit verstreichen, an der Spitze seiner Armee rückte er aus.

Moses und sein Volk waren währenddessen beim Roten Meer angekommen. Aaron, der in den letzten Wochen ganz selbstverständlich die Verantwortung für alle Erfordernisse des Tages übernommen hatte – Moses war von nun an der unumstrittene geistige Führer Israels –, Aaron hatte beschlossen, daß die Karawane einige Tage am Ufer des Roten Meeres ausruhe, bevor sie auf ihrem Weg weiterzog.

»Wir wissen nicht, wie weit dieser Weg ist«, sagte er. »Wir müssen vorsorgen. Müssen Kräfte sammeln. Es kann nicht Gottes Wille sein, daß er uns alle Sorge abnimmt. Wäre es so, hätte er uns nicht den Verstand gegeben.«

Aaron war ein kluger Führer des Volkes. Er nahm es als wahrscheinlich an, daß sich der Pharao an die Vereinbarung hielt. Nicht weil er Adikos als einen besonders vertrauenswürdigen Mann kennengelernt hatte, kam er zu dieser Einschätzung, sondern weil er die Angst in den Augen dieses Mann gesehen hatte.

Dennoch rechnete Aaron mit der Unvernunft und dem Wahnsinn. Sein Leben lang hatte er immer gepredigt, daß der Mensch ein im Grunde vernünftiges Weisen sei, hatte aber immer hinzugefügt, daß es dem Menschen oft sehr schwer falle, sich auf diesen festen Grund zu stellen.

»Wir werden in den Nächten Wachen aufstellen«, sagte er.

Da lachte man ihn aus.

»Wachen? Damit sie die Schakale verscheuchen?«

»Nein«, sagte Aaron, »eine kleine, aber gut bewaffnete Truppe.«

»Was denkst du denn«, sagten die allzu Selbstsicheren, »wer kann uns noch etwas tun? Wir haben den Pharao besiegt! Wir haben einen Mann unter uns, der direkten Rat von Gott bezieht. Was soll uns denn geschehen?«

Aaron lächelte und blickte die, die so redeten, mit seinen sanften Augen an.

»Dann tut es einem alten, mißtrauischen Mann zuliebe, der euch allen sein ganzes Leben lang gedient hat«, sagte er.

Da meldeten sich viele Männer freiwillig zur Wachtruppe, denn Aaron war beliebt, und kaum einen gab es im Volk Israel, der sich nicht schon gedacht hätte: Dem Aaron möchte ich gerne einmal meine Dankbarkeit zeigen.

Moses wurde verehrt, aber Aaron wurde geliebt.

Und Aaron hatte recht. In der zweiten Nacht riefen die Wachen Alarm. Als die Hebräer aus ihrem Schlaf hochschreckten, sahen sie, daß sie in einem weiten Halbkreis von den Soldaten des Pharao umzingelt waren. Die Morgensonne spiegelte sich in den Waffen dieser Armee, und es sah aus, als wäre da für jeden Israeliten eine ägyptische Waffe.

Eine bessere Stelle für einen Angriff hätten sich die Offiziere des Pharao nicht ausdenken können. Flucht war den Hebräern nicht möglich, vor ihnen war das Meer, hinter ihnen ein Heer von zornigen, zu allem entschlossenen Soldaten. Kein Mann trug die Uniform des Pharao, der nicht in seiner Familie mindestens einen Lieben durch die zehn Plagen verloren hatte. Nie hatte der Pharao über ein Heer verfügt, das mehr motiviert war zu kämpfen als dieses.

Als die Israeliten sahen, wie hilflos ausgeliefert sie waren, da begannen einige wieder zu jammern und zu schreien und Moses anzuklagen.

»Was ist mit deinem Gott? Hat er denn nicht gesehen, daß ein Heer hinter uns her war? Was für einen Gott hast du uns da eingeredet! Hättest du uns doch nur in Ruhe gelassen! Wärest du doch geblieben, wo du warst! Wir hatten uns an die Fron gewöhnt, das war unser Leben. Du hast den Pharao provoziert. Nun sollen wir hier in der Wüste sterben?«

Moses drehte seinem Volk den Rücken zu, hob die Arme und redete mit Gott.

»Du hast uns hierher geführt«, sagte er. »Was sollen wir tun? Was können wir tun?«

Und Gott antwortete seinem Knecht: »Habt Vertrauen zu mir! Was seid ihr doch für ein Volk? Habe ich euch nicht herausgeführt aus der Knechtschaft? Habe ich nicht alles gehalten, was ich versprochen habe? Und ich habe euch versprochen, ich werde euch in ein Land führen, in dem Milch und Honig fließen? Und ihr glaubt mir nicht? Und ihr verzagt? Erhebt euch, spannt eure Karren an! Treibt die Tiere hinein in das Meer!«

»Ich vertraue dir«, sagte Moses.

Moses sprach mit seinem Bruder. Und Aaron zweifelte nicht. Und Aaron sprach zum Volk. Und das Volk glaubte Aaron. So weit war Moses, der Vermittler zwischen Gott und den Menschen, vom Volk entfernt, daß er selbst einen Vermittler brauchte, und einen besseren als Aaron hatte es nie gegeben.

Aaron hob den Stab des Moses über das Wasser des Roten Meeres, und da teilten sich die Fluten. Ein trokkener Weg führte in die Tiefe des Meeres hinab, und rechts und links dieses Wegen stand das Wasser wie eine gläserne Schlucht. Die erste Sonne des Tages schien in die Wasserwände, Fische waren zu sehen und Algen und Krebse und viele schöne Dinge, die das Meer bisher vor den Augen der Menschen verborgen hatte.

»Es ist ein Wunder«, riefen die Leute. »Aaron hat ein Wunder gemacht.«

»Ich habe das Wunder gemacht mit dem Stab meines Bruders Moses«, sagte Aaron.

»Gott hat das Wunder geschehen lassen«, sagte Moses. »Und er hat es getan, obwohl ihr es nicht verdient.«

Aber dann, als es darum ging, wer zuerst die Straße ins Meer hinein betritt, da hieß es: »Was, auf so einem Weg sollen wir gehen? Rechts und links Wasserberge! Sind die stabil? Wer garantiert uns das? Nein!«

Streitigkeiten zwischen den einzelnen Stämmen kamen auf.

Die einen sagten: »Der Stamm Ruben soll vorausgehen! Der Ruben war schließlich der älteste unserer Patriarchen.«

Andere sagten: »Was hat das damit zu tun? Der Stamm Levi soll vorausgehen. Levi hat immer das ganz große Wort geführt. Jetzt kann er es beweisen!«

Da kam plötzlich das Gerücht auf: »Nein, derjenige Stamm, der als erster durch das Meer geht, der wird, wenn wir im Land sind, wo Milch und Honig fließen, herrschen über die anderen.«

Nun schoben sie einander, jeder wollte der erste sein.

In der Geschichte eines mittelalterlichen Rabbi wird folgendes erzählt: Gott hat gesehen, daß die Streitereien zwischen den Stämmen nicht so schnell zu schlichten waren. Und weil die Zeit drängte – schließlich bewegte sich das Heer der Ägypter auf die Israeliten zu –, hat Gott sein Wunder etwas differenziert. Er hat nicht nur eine Straße durch das Meer gemacht, sondern zwölf. Diese zwölf Straßen verliefen parallel zueinander und waren voneinander getrennt durch dünne Wasserwände, in die aber Fenster eingelassen waren für den Fall, daß sich die Mitglieder der einzelne Stämme versöhnen und die Hand reichen wollten.

Ich weiß nicht, wie der Rabbi das herausgekriegt hat, durch das Studium alter Schriften oder durch Meditation – wie auch immer, das Volk Israel erreichte trockenen Fußes, wie es heißt, das andere Ufer des Roten Meeres.

Und der Pharao? Er war so voller Haß, so voller Vernichtungswut, daß er jede Vorsicht fahren ließ und den Befehl gab, das Rote Meer auf dieselbe Weise zu durchqueren, wie es vor ihm das Volk Israel getan hatte.

Und als seine Armee an der tiefsten Stelle des Meeres angelangt war, dort, wo der Weg wieder nach oben zum anderen Ufer führte, da gab Gott dem Moses den Befehl, er soll dem Aaron den Stab geben, damit der ihn noch einmal über das Wasser halte, und das hat Aaron getan, und da fielen die Wasserwände zusammen und begruben die Armee des Pharao unter sich.

Aus einer anderen Geschichte erfahren wir, daß zwar das gesamte Heer des Pharao im Roten Meer ertrunken sei, Adikos selbst aber überlebt habe. Im letzten Augenblick habe er nämlich diesem Wunder doch noch mißtraut und sei vor dem Meer stehengeblieben. Da aber habe sich die Erde aufgetan, und Samael, einer der ersten und obersten Teufel persönlich, habe aus der Hölle nach oben gegriffen und habe Adikos hinuntergerissen. Der Pharao sei nicht gestorben, er stehe bis zum heutigen Tag neben dem Eingang zur Hölle, Gott lasse ihn nicht in die Hölle, Gott lasse ihn nicht auf die Erde, in den Himmel lasse ihn Gott schon gar nicht. So steht Adikos auf einem Fleck, auf den niemand, wirklich niemand Anspruch erhebt. Und das sei die schlimmste Strafe, die denkbar sei.

Gott hatte sein Volk errettet. Israel feierte. Ein Fest für seinen Gott Jahwe.

Bei diesem Fest trug Moses ein Lied zu Ehren Jahwes vor. Im Morgengrauen, als sich alle schlafen gelegt hatten, erschien Gott im Zelt des Moses.

»Du brauchst dich nicht umzudrehen«, sagte er. »Aber knie nieder, und halte deine Augen fest geschlossen!«

Moses meinte, in Gottes Stimme so etwas wie Rührung zu hören.

»Dafür, daß du mir dieses Lied gesungen hast«, sagte Gott, »will ich dir einen Wunsch erfüllen.«

»Dann laß mich deine Herrlichkeit sehen!« sagte Moses.

Gott gab zur Antwort: »Ich gewähre Gnade, wem ich will, und ich schenke Erbarmen, wem ich will. Du kannst mein Angesicht nicht sehen. Denn kein Mensch kann mich sehen und am Leben bleiben. Aber ich will dich berühren.«

Moses kniete auf dem harten Wüstenboden, er schloß die Augen, drückte sie ganz fest zu und spürte die Hand Gottes auf seinem Scheitel.

Das Lied, das Moses gesungen hat, ist überliefert, es ist ein Lied für einen kriegerischen Gott:

Ich singe dem Herrn ein Lied,
denn er ist hoch und erhaben.
Rosse und Wagen warf er ins Meer.
Meine Stärke und mein Lied ist der Herr,
er ist für mich zum Retter geworden.
Er ist mein Gott, ihn will ich preisen;
den Gott meines Vaters will ich rühmen.
Der Herr ist ein Krieger,
Jahwe ist sein Name.
Pharaos Wagen und seine Streitmacht
warf er ins Meer.
Seine besten Kämpfer versanken im Schilfmeer.
Fluten deckten sie zu,
sie sanken in die Tiefe wie Steine.
Deine Rechte, Herr, ist herrlich an Stärke;
deine Rechte, Herr, zerschmettert den Feind.

Durch die Wüste

Von der Attraktivität der urbanen Zivilisation – Vom Werben Jahwes um sein Volk Israel – Von den Entbehrungen der Wüste – Vom Wasser aus dem Fels – Vom Brot vom Himmel – Vom Fleisch vom Himmel – Von den langen, nächtlichen Gesprächen zwischen Gott und seinem Diener Moses – Von der Erziehung Gottes durch Moses – Vom Land der Amalekiter – Vom Krieg – Von Moses' erhobenen Armen

Das Volk Israel war während der langen Zeit in Ägypten nicht von Jahwe abgefallen, aber sein Gott war in den Hintergrund gedrängt worden. Unter der Tyrannei Maluls war die Religion noch Trost und Selbstvergewisserung gewesen. In der langen Regierungszeit von Pharao Adikos, die ja, wie berichtet, bis auf die wenigen Jahre vor seinem Ende, vergleichsweise liberal gewesen war, verlor die hebräische Religion an Attraktivität. Nicht daß sich die Israeliten anderen Göttern zugewandt hätten, nein, die unbekümmerte Diesseitigkeit urbaner Zivilisation bot dem fordernden Gott Jahwe eine stärkere Konkurrenz, als sie jede andere Gottheit hätte bieten können. Moses wußte nur zu gut, daß diese Zivilisation auf drei Grundpfeilern ruhte: Reichtum, Bequemlichkeit, Vergnügen.

Freilich war das Lied des Moses in erster Linie ein Dank an Jahwe. Zugleich aber sollte dem Volk Israel damit gesagt werden: Seht her, unser Gott Jahwe ist ein attraktiver Gott, er ist ein Sieger, und er läßt uns alle Anteil nehmen an seinem Sieg. Und ganz gleich, wie stark, schön, aufregend, anziehend der Lebensstil der Ägypter auch sein mag, Jahwe fegt ihn hinweg mit seiner Kraft, und diese Kraft ist schöner, aufregender, anziehender als aller Reichtum, alle Bequemlichkeit, alle Vergnügungen Ägyptens.

Moses warb beim Volk Israel für Jahwe. Und Jahwe warb um sein Volk. All die Wunder, was waren sie anderes als ein Werben um sein Volk – auch mit den Mitteln der Unterhaltung. Und wenn Gott verkündet hatte, er werde Israel in ein Land führen, in dem Milch und Honig fließen, dann konnten darunter doch nur Bequemlichkeit und Reichtum verstanden werden. Es gibt Gottheiten, die interessieren sich gar nicht oder doch nur am Rand für uns Menschen, zum Beispiel die meisten griechischen Götter. Es gibt Gottheiten, die verbreiten nur Angst und Schrecken, und die einzige Beziehung zwischen ihnen und uns Menschen besteht aus Furcht und Strafe. Der Gott Israels, Jahwe, aber ist der anspruchsvollste aller Götter: Er will geliebt und gefürchtet werden. Er zieht an und stößt ab und das bisweilen gleichzeitig. Er straft und verzeiht, er verurteilt und gewährt Gnade. Und er ist ein eifersüchtiger Gott.

Und er sagte es auch zu Moses: »Ich bin ein eifersüchtiger Gott!«

Jahwe ist maßlos. Maßlos in seinen Forderungen. Maßlos aber auch in seinen Versprechungen. Maßlos in seinen Strafen. Maßlos in seiner Gnade. Wer ihm folgt, wird ausgezeichnet – aber diese Auszeichnung kann auch eine Auszeichnung im Leiden sein.

Die Entbehrungen in der Wüste waren groß. Das Volk folgte Aaron, Aaron folgte Moses, Moses folgte Gott. In der Wüste waren die Tage heiß und die Nächte kalt, der Boden, auf dem die Menschen schliefen, war aus Stein, es gab kein Wasser, und es gab kein Brot.

»Was hat dein Gott versprochen?« fragte einer den Moses.

Moses wußte, wenn seine Leute »dein Gott« sagten und nicht »unser Gott«, dann lag Meuterei in der Luft. Früher hatte er sich davor gefürchtet, hatte ein schlechtes Gewissen gehabt, hatte sich für Jahwe verantwortlich gefühlt, als sei sein Gott ein unfolgsames Kind, dessen Streiche er hinterher wieder gutmachen müßte.

»Ich will mit dir nicht über Gott diskutieren«, sagte er zu dem Mann.

»Warum?« fragte der Mann. »Ist es doch nur dein Gott?«

»Es ist unser Gott«, sagte Moses. »Aber er diskutiert nicht.«

Da ging der Mann und grinste verschämt.

Er winkte verlegen ab, als die anderen in bedrängten: »Was hat er gesagt? Was hat er geantwortet? Hast du es ihm gegeben?«

Die Entbehrungen nahmen zu, das Wasser wurde knapper, das Vieh bald so reduziert, daß kein Stück mehr geschlachtet werden durfte, die Kornvorräte, die auf den Karren aus Ägypten mitgeschleppt worden waren, waren aufgebraucht.

Da kamen dann andere, wollten mit Moses sprechen, nun war es bereits ein Dutzend, und die Männer grinsten nicht verlegen und schon gar nicht unterwürfig.

»Was hat uns Jahwe versprochen?« fragten sie.

Moses gab ihnen die gleiche Antwort, die er dem Mann gegeben hatte: »Ich will mit euch nicht über Gott verhandeln.«

»Aber wir wollen!« sagte das Dutzend.

»Gut«, sagte Moses. »Was wollt ihr wissen, was ihr noch nicht wißt über Jahwe, unseren Gott?«

»Wir wollen wissen, wann er sich daran macht, seine Versprechen einzulösen, das wollen wir wissen. Das

Land, in dem Milch und Honig fließen, wo ist dieses Land, wie weit ist es noch bis dorthin, wo bleibt die Verpflegung?«

»Ich weiß es nicht«, sagte Moses.

»Du weißt es nicht!« riefen da die Männer durcheinander. »Du hast uns weggeführt von den Fleischtöpfen Ägyptens, und du weißt nicht, wohin die Reise geht?«

»Ich vertraue auf Gott«, sagte Moses. »Und ihr solltet auch auf ihn vertrauen. Hat er uns nicht durch das Rote Meer geführt ...«

»... direkt in die Wüste«, entgegneten höhnisch die Männer. »Ist Verdursten besser als Ertrinken?«

»Ihr seid unzufrieden«, sagte Moses.

»Wahrhaftig!« sagten die Männer. »Wir haben ja auch allen Grund, unzufrieden zu sein.«

»Ein unzufriedener Mann ohne Gott ist eine Last«, sagte Moses. »Ein unzufriedener Mann aus dem Volk Gottes aber ist ein Narr.«

»Und ein Mann ohne Wasser ist bald ein toter Mann«, wurde geantwortet.

Moses kannte seine Leute, er wußte, wenn nicht bald ein Zeichen gesetzt würde, würde früher oder später eine Meuterei unausweichlich sein.

»Gut«, sagte er. »Holt Eimer und Wasserschläuche und alles, was dicht ist, und wartet vor meinem Zelt auf mich!«

Moses war voller Zuversicht. Er begab sich in sein Zelt, kniete sich nieder und betete.

»Gott im Himmel«, betete er, »der du uns auf Wegen führst, die wir nicht kennen, laß uns diese Wege im Besitz unserer Kräfte gehen. Du weißt«, sprach er weiter, in einem Ton übrigens, als säße er jemandem gegenüber, so vertraut war er inzwischen mit seinem Herrn,

»du weißt, sie sind engherzig und engstirnig, voll Ungeduld und voll Vergessen. Wie die Kinder sind sie. Noch schlimmer als die Kinder, denn die Kinder sind unschuldig, und diese hier sind es nicht mehr. Aber sie sind dein Volk. Ich verlasse mich auf dich, auf dich, meinen Herrn.«

Dann trat er vor sein Zelt, wo inzwischen Hunderte Männer und Frauen warteten, denn das Dutzend hatte Stimmung gemacht. Es werde der Mann geprüft, dem man alles zu verdanken habe, hatten sie zweideutig verkündet. Und es war gar nicht so sicher, was die Hetzer unter ihnen mehr wollten – Wasser oder kein Wasser. Alle hatten Eimer in den Händen, Wasserschläuche, Schüsseln, Tassen.

»Wir haben Durst!« riefen die Menschen vor dem Zelt des Moses. Und sie hatten wirklich Durst.

Moses ging voran, schritt aus wie ein junger Mann, schwang seinen Stab. Bei einem Felsen, der aus der weiten, trostlosen Ebene ragte, blieb er stehen.

»Das ist Gottes Geschenk an euch«, sagte er. »Aber ihr sollt auch wissen, ihr seid dieses Geschenkes nicht würdig!«

Er schlug mit seinem Stab gegen den Fels, da sprudelte Wasser hervor, frisches, kühles Wasser, so viel, daß alle Gefäße nicht ausreichten, es aufzufangen, so viel, daß sich ein See bildete, in dem Mensch und Vieh ein Bad nehmen konnten.

»So ist Jahwe«, sagte Aaron. »Er ist der Überfluß.«

Jetzt waren sie begeistert, die Engherzigen, die Engstirnigen, die Sturen, die Besserwisser, sogar die Hetzer.

Und sie riefen: »Groß ist unser Gott Jahwe, der solche Zauberkunststücke vollführt. Groß ist unser Gott!«

Das machte den Moses traurig.

»Nun haben sie ein Beispiel für die Macht und die Liebe Jahwes«, sagte Aaron. »Nun werden sie zufrieden sein.«

»Sie werden nicht zufrieden sein«, sagte Moses.

Moses hatte recht.

Schon bald kam das Dutzend wieder und sagte: »Du hast uns weggeführt von den Fleischtöpfen Ägyptens. Wir haben Hunger. Was nützt Wasser dem Menschen, wenn er Hunger hat? Welchen Nährwert hat Wasser? Milch, ja, Milch hätte einen Nährwert. Honig, ja, Honig hätte ebenfalls einen Nährwert. Wohin wollte uns dein Gott führen?«

Wieder hielt Moses Zwiesprache mit Gott, und er sagte zu ihm: »Sei nachsichtig mit diesem Volk, mit seiner Ungeduld, mit seiner Engherzigkeit und seiner Engstirnigkeit.«

Und zu dem Dutzend, das vor seinem Zelt wartete, sagte er: »Macht die Brotkörbe fertig, ihr Undankbaren. Morgen könnt ihr sie füllen.«

Und am nächsten Morgen, als die Menschen erwachten, da lagen auf dem Boden weiße Flocken, aber es war nicht Schnee, die Flocken waren klebrig und schmeckten süß und ein wenig salzig auch, angenehm auf jeden Fall, und diese Flocken stillten den Hunger. Die Mutigsten hatten sie probiert – vielleicht auch die Hungrigsten.

»Was ist das?« fragten sie mit vollem Mund.

»Wir wollen den Flocken den Namen Manna geben«, schlug Aaron vor. »Es ist Brot vom Himmel. Mein Bruder hat mit unserem Gott verhandelt, und unser Gott hat versprochen, er werde Brot vom Himmel schicken, solange unser Weg durch die Wüste führt. Ihr seht, er hat sein Versprechen gehalten.«

Oh, wie begeistert waren sie!

»Unser Gott!« riefen sie. »Was für einen wunderbaren Gott haben wir! Niemand hat so einen Gott wie wir! Warum sollten wir uns einem anderen Gott zu Füßen werfen, wenn wir doch einen Gott haben wie den unseren!«

Aber Moses wußte, lange würden die Begeisterung und die Zufriedenheit wieder nicht halten.

Und Moses hatte wieder recht.

Es dauerte nicht lange, da baute sich das Dutzend erneut vor dem Zelt des Moses auf.

»Dein Manna!« sagten die Männer. »Weißt du, es hängt uns zum Hals heraus! Kein erwachsener Mann, keine erwachsene Frau will sich auf die Dauer von einer Speise ernähren, die wie Kindernahrung schmeckt! Erwachsene Menschen brauchen hin und wieder Fleisch. Wir wollen Fleisch! Dein Gott hat uns von den Fleischtöpfen Ägyptens weggezerrt! So schlecht es uns dort auch gegangen ist, wir hatten wenigstens ordentlich zu essen! Gehungert hat jedenfalls keiner. Reichlich war der Tisch gedeckt, abwechslungsreich. Hier gibt es nur Manna und Wasser! Einmal etwas Gebratenes! Einmal nur etwas Gebratenes!«

Dieselbe Prozedur: Moses sprach mit Gott, Gott versprach ein Wunder. Am nächsten Morgen brachte der Wind eine große Schar von Wachteln. Die Vögel ließen sich im Lager der Israeliten nieder, und so bekamen sie Fleisch in die Töpfe.

Und das Volk Israel sang: »Unser Gott ist groß! Es ist unser Gott! Eindeutig unser Gott! Und unser Gott ist groß!«

Moses hielt Zwiesprache mit Gott: »Du hörst sie«, sagte er und versuchte, seiner Stimme einen milden, versöhnlichen Ton zu geben, »sie sind wie die Kinder.«

»Nein, nicht wie die Kinder sind sie«, sagte Gott. »Kein Kind ist so dumm, so uneinsichtig, so unzufrieden, so anspruchsvoll, so undankbar, so dreist, so frech, so erbärmlich, so käuflich wie diese!«

Inzwischen hatte sich zwischen Gott und Moses – ich scheue mich, das Wort auszusprechen, weil sich auch Moses davor scheute, aber ich spreche es doch aus, weil auch Moses das Wort für sich aussprach, laut aussprach, oft aussprach –, ja, inzwischen hatte sich zwischen Gott und Moses eine Freundschaft entwickelt. Die beiden verbrachten viele Nächte im Gespräch miteinander.

Gott sagte: »Es ist ein dummes, es ist ein querulantisches, ein hartnäckiges Volk. Wäre es nicht besser, ich vernichte es? Es ist ja doch nicht mehr das Volk des Abraham, des Isaak, des Jakob, des Josef!«

»Das kannst du nicht tun«, sagte Moses. »Es ist mein Volk, und es ist dein Volk!«

»Dich würde ich selbstverständlich am Leben lassen«, sagte Gott. »Ich lasse dich noch lange leben, und du gründest ein neues, ein besseres Volk.«

»Nicht in jedem Fall wünscht sich der Mensch ein langes Leben«, sagte Moses, und er sagte es mit einem leichten Flattern von Ironie in seiner Stimme, das war ihm in den Gesprächen mit Gott zur Angewohnheit geworden und hatte den Vorteil, daß er jederzeit, wenn Gott, der leider sehr unberechenbar war, an einem Satz oder einem Wort sich stieß, behaupten konnte, er habe es ja gar nicht ernst gemeint. »Manchmal kann ein langes Leben ein langer Fluch sein«, sagte Moses.

»Ich weiß«, sagte Gott. »Wenn ein Leben leer ist, wie dein Leben leer war, bevor ich dir in dem brennenden Dornbusch erschienen bin. Aber nun bin ich bei dir und werde dich nie wieder verlassen. Wir beide könnten einen neuen Bund schließen, der dritte nach Abraham und Jakob.«

»Du mußt Geduld haben mit deinem Volk«, sagte Moses.

»Warum muß ich Geduld haben?« fragte Gott. »Warum muß ich überhaupt etwas? Ihr müßt, ich muß nicht. Alles, was ich tue, ist, als würde es zum ersten Mal getan. Ich kann das Volk Israel vernichten und mir ein neues Volk machen.«

»Der Mensch ist, wie du ihn erschaffen hast«, holte Moses zu einer Generalverteidigung aus.

»Ich habe Fehler gemacht«, gab Gott zu. »Ich werde diese Fehler nicht wiederholen.«

»Man muß ein Haus nicht gleich einreißen, wenn die Haustür klemmt«, sagte Moses.

Viele Nächte hindurch blieb Moses wach, weil er nicht wagte einzuschlafen, denn er fürchtete, dann werde Gott einen Sturmwind schicken oder ein Erdbeben. Nur weil im Augenblick keiner wach war, der mit Gott über eine solche Maßnahme hätte argumentieren können. Aaron hatte einen gesegneten Schlaf, Mirjam tat nichts lieber als schlafen. Alle Verantwortung lastete auf Moses. Wenn die Menschen gewußt hätten, was für Gespräche er mit Gott führte, sie wären in Angst und Schrecken verfallen, Panik wäre ausgebrochen wie vor einem Weltuntergang, denn es wäre ja tatsächlich der Weltuntergang geschehen, jedenfalls der Untergang ihrer Welt, wenn Moses nicht so tapfer, so erfindungsreich, so klug vor Gott argumentiert hätte.

»Wenn das Bild, das du dir von deinem Volk machst«, sagte Moses, »nicht übereinstimmt mit der Realität dieses Volkes, dann mußt du an deinem Bild etwas ändern.«

Und Gott sagte wieder: »Warum muß ich das tun? Was ist mehr wert, das Bild, das Gott in sich trägt, oder die Summe aller Untaten und Unfähigkeiten, aus denen der Mensch besteht?«

»Du fragst mich«, sagte Moses. »Also willst du von mir eine Antwort.«

»Ja, ich will eine Antwort von dir.«

»Ich bin ein Mensch«, sagte Moses. »Und für einen Menschen kann es auf diese Frage doch nur eine Antwort geben. Nur wenn du einen anderen Gott fragst, könntest du eine andere Antwort erwarten.«

»Es gibt keinen anderen Gott neben mir«, sagte Gott.

»Eben«, sagte Moses.

Die Wahrheit ist: Moses erzog Gott. Ja, auch Gott erzog Moses. Aber Moses hat auch Gott erzogen.

Die Jahre vergingen. Die Wanderschaft durch die Wüste schien kein Ende zu nehmen. Viele Israeliten waren gestorben.

»Ihnen war doch versprochen worden, daß sie in das Land geführt werden, in dem Milch und Honig fließen«, sagten die Angehörigen und Freunde der Toten. »Hat Gott sie nicht so geliebt wie uns?«

Moses gab längst keine Antworten mehr. Aaron gab Antworten, aber es fiel ihm immer schwerer. Und er war manchmal verzweifelt, weil er sich sagte: Ich selbst glaube nicht mehr an meine Antworten, ich bin ein Betrüger! Und daß er ein Betrüger für die Sache Gottes war, das machte seine Verzweiflung nicht kleiner.

Eines Tages kamen sie in einen Landstrich, in dem flossen nicht Milch und Honig, aber es gab doch Felder, die nicht nur aus Staub und Stein waren, und es gab Zweige und Blätter, die nicht nur verdorrt waren.

Es gab Weiden, die waren nicht üppig wie die Weiden in Ägypten gewesen waren, aber sie konnten eine Herde ernähren. Das Wasser sprudelte nicht in breiten Bächen von grünen Bergen, aber es gab Brunnen, die nicht versiegten.

Es war das Land der Amalekiter.

Die Israeliten wollten durch das Land ziehen, wollten sich dabei Zeit lassen, wer weiß, wie lange, Wochen, Monate, Jahre vielleicht, wollten sich in dieser Zeit vom Land ernähren.

Man führte ausführliche Verhandlungen. Die Antwort war negativ.

Die Amalekiter sagten: »Ihr sein ein Lumpenvolk. Woher kommt ihr eigentlich? Aus Ägypten? Wer verläßt freiwillig so ein blühendes Land? Oder seid ihr gar nicht freiwillig gegangen? Wir wollen gar nicht wissen, was der Grund ist, daß ihr Ägypten verlassen habt. Das geht uns nichts an. Dafür soll euch unser Land nichts angehen! Durch unser Land lassen wir euch nicht ziehen. Das Land ernährt uns, gerade uns ernährt es. Wenn geteilt wird, kriegt jeder zu wenig. Ihr müßt einen Umweg um unser Land machen!«

Aber Israel wollte nicht wieder in die Wüste zurück.

Joshua, der Sohn des Nun aus dem Stamme Ephraims, der wiederum ein Sohn des Josef gewesen war – Joshua war inzwischen der politische Führer Israels, Moses selbst hatte ihn ausgewählt, Joshua verhandelte mit den Amalekitern.

Er sagte: »Wir müssen durchziehen! Es muß möglich sein für wenige Tage, für wenige Wochen vielleicht, daß sich zwei Völker auf diesem Land einig sind. Das muß möglich sein, sonst sterben wir.«

»Das ist nicht unser Problem«, antworteten die Amalekiter. »Viele Menschen auf dieser Welt sterben, während wir hier sitzen und miteinander reden. Durch unser Land zieht ihr nicht! Wenn ihr es versucht, dann bedeutet das Krieg.«

Joshua hielt Rat mit den anderen Führern Israels. Inzwischen war eine neue Generation von Verantwortungsträgern herangewachsen. Immer noch war Aaron der unbestrittene oberste Ratgeber des Volkes. Und Moses war der Mann Gottes. Von Moses wurde gesprochen wie von einem Heiligen, von einem Mann, der mehr im Geiste als körperlich anwesend war. Die politischen Tagesgeschäfte aber wurden von Joshua und Hur geleitet. Hur war ein Mann aus der Mitte des Volkes, der überaus begabt war, in militärischen Dingen ebenso wie in der Kunst der Diplomatie.

Joshua und Hur entschieden: »Es bleibt uns keine andere Wahl. Wenn wir durch die Wüste ziehen, werden wir verhungern und verdursten. Wir müssen durch das Land der Amalekiter ziehen. Wir müssen uns wenigstens eine Zeitlang von diesem Land ernähren. Sonst verlieren wir alle unsere Kräfte. Wenn die Amalekiter Krieg wollen, sollen sie Krieg bekommen.«

Diese Entscheidung wurde Aaron vorgelegt, und Aaron legte sie Moses vor, und Moses legte sie Gott vor. Und Gott billigte die Entscheidung vor Moses, Moses billigte sie vor Aaron, Aaron billigte sie vor Joshua und Hur, und Joshua und Hur gaben ihre Befehle.

Krieg!

Moses stieg auf einen Hügel, um die Schlacht überblicken zu können.

Und er rief zu Gott: »Hilf deinem Volk noch einmal! Es wird Krieg geben gegen die Amalekiter. Ich weiß nicht, was für Götter die Amalekiter haben. Beweise, daß du ein mächtiger und attraktiver Gott bist!«

So sprach Gott zu Moses: »Hebe deine Arme zu mir empor. Mein Volk soll sehen, daß ich auf seiner Seite stehe. Solange du deine Arme zu mir erhebst, solange wird Israel siegreich sein.«

So stand dieser alte, mürbe, müde Mann Moses oben auf dem Hügel, während unten die Schlacht tobte. Die Arme ausgestreckt zum Himmel.

Wie alt war Moses?

Hundertzwanzig Jahre alt war er, und die Arme wurden ihm schwer. Sie sanken herab, er konnte nichts dagegen tun. Aber im selben Maße, wie ihm die Arme schwer wurden und herabsanken, wurde die Armee der Hebräer von den Amalekitern zurückgedrängt.

Da eilten Aaron und Hur herbei und stützten die Arme des greisen Führers. Und siehe: Die Israeliten kehrten in die Schlacht zurück und versetzten den Amalekitern schwere Schläge.

Aber Aaron war ebenfalls ein alter, schwacher Mann, er konnte den Arm des Moses, für den er verantwortlich war, nicht lange halten, und auch Hur konnte den anderen Arm des Moses, für den er verantwortlich war, nicht so lange halten, wie die Schlacht dauerte. Deshalb gaben sie Befehl, rechts und links von Moses zwei kleine Mäuerchen zu bauen, jede gerade so hoch, daß sie als Armstütze ausreichte. Nun konnte Moses relativ bequem dem Gott Israels seine Demut beweisen.

Israel errang einen Sieg über die Amalekiter. Das Vieh wurde auf die Weiden getrieben, die Kornkammern wurden geplündert, die Wasserschläuche gefüllt.

Die zehn Gebote

Von einem Siegeslied – Von neuen Entbehrungen – Von einem großen Versprechen – Von vierzig einsamen Tagen – Vom Gesetz Gottes – Von einer drohenden Meuterei – Vom goldenen Kalb – Von der großen Abrechnung – Von einer großen Müdigkeit

Israel jubelte. Israel betete seinen Gott an. Israel sang. Moses dichtete ein Lied für den Sieger Gott, der seine Feinde demütigte und vernichtete.

Schrecken und Furcht überfiel sie,
sie erstarrten zu Stein
vor der Macht deines Arms,
bis hindurchzog, o Herr, dein Volk,
bis hindurchzog das Volk, das du erschufst.

»Mit diesem Sieg«, sagte Aaron zu Moses, »mit diesem Sieg hat sich Gott einen festen Platz im Herzen Israels gesichert. Nie mehr wieder werden die Menschen an ihm zweifeln. Wir müssen die Erinnerung an diesen Sieg wach halten.«

»Sie werden diesen Sieg ebenso vergessen, wie sie alles vergessen haben«, sagte Moses. »Wie sie den Sieg über die Ägypter im Roten Meer vergessen haben, wie sie das Wasser aus dem Felsen vergessen haben, wie sie das Brot vom Himmel vergessen haben, wie sie das Fleisch vom Himmel vergessen haben.«

»Wir müssen ihnen ein Idol geben«, sagte Aaron, der Pragmatiker. »Laß ein Bild von Jahwe malen oder in Stein hauen oder aus Gold gießen!« sagte er. »Beschreibe dem Maler, dem Bildhauer, dem Goldschmied, wie Jahwe aussieht. Dieses Bild werden wir bei unserer Wanderung vorantragen.«

»Ich kann dem Künstler nicht beschreiben, wie Jahwe aussieht«, sagte Moses. »Ich habe unseren Gott noch nicht gesehen.«

»Du hast ihn gehört, seine Stimme hast du gehört«, sagte Aaron. »Ist es nicht so, daß der Mensch sich ein Bild macht von einem anderen Menschen, auch wenn er nur seine Stimme hört?«

»Ich kann mir ein Bild von einem Menschen machen, wenn ich seine Stimme höre«, sagte Moses. »Aber ich kann mir von Gott kein Bild machen. Denn das Bild wäre immer eine Verhöhnung. Immer ist Gott größer, als wir ihn uns denken.«

»Aber die Menschen wollen ein Bild von ihrem Gott«, sagte Aaron, der die Menschen besser kannte als sein Bruder. »Wenn sie kein Bild von ihrem Gott haben, dann werden sie auch bald keinen Gott mehr wollen.«

»Sie werden sich ein Bild in ihrem Herzen machen«, sagte Moses. »Und dieses Bild muß ihnen genügen.«

Nach drei langen, entbehrungsreichen Monaten in der Wüste kamen die Israeliten an den Berg Sinai. Sie schlugen ihr Lager auf. Da war die Stimmung schon wieder sehr schlecht. Der Sieg über die Amalekiter war vergessen. Wie Moses befürchtet hatte. Die Menschen waren bedrückt. Sie waren hungrig. Es zermürbte sie, immer Durst zu haben, jeden Tag nach den Wasserrationen einzurichten – ob die Kinder spielen dürfen, ob man ein längeres Gespräch beginnen soll, das womöglich mehr Energie benötigte, als gut war.

Schon begannen die ersten wieder zu murren.

»Was hat uns dieser Sieg über die Amalekiter gebracht? Nichts hat er gebracht. Gerade einen vollen Magen für ein paar Wochen. Nur damit wir spüren, wie schön es ist, satt zu sein. Daß wir trinken konnten, so viel unser Bauch aufnehmen konnte, damit wir hinterher um so böser den Durst fühlen.«

Man versammelte sich wieder vor dem Zelt des Moses. Aber Moses erschien nicht. Man rief seinen Namen. Er hörte nicht oder wollte nicht hören. Noch wagte es keiner, das Zelt des heiligen Mannes zu betreten, ohne daß er gerufen worden wäre.

Moses kniete in seinem Zelt. Gott sprach mit ihm.

Der Herr sagte: »Befiehl deinem Volk! Alle sollen ihre schönsten Kleider anziehen und sollen sich am Fuß des Berges Sinai versammeln. Ich habe Israel etwas mitzuteilen.«

»Hörst du sie schreien?« fragte Moses.

»Ich höre sie schreien«, sagte Gott.

»Wirst du ihnen Wasser und Brot geben?« fragte Moses.

»Ich will ihnen etwas viel Besseres geben als Wasser und Brot«, sagte Gott. »Ich will meinem Volk ein Gesetz geben.«

»Was nützt ein Gesetz, wenn Hunger und Durst herrschen«, sagte Moses.

»Ohne Gesetz werden Hunger und Durst nicht zu beherrschen sein«, sagte Gott.

Demütig neigte Moses sein Haupt, küßte den Boden, denn es war heiliger Boden.

»Was soll ich tun?« fragte er.

»Steig hinauf auf den Berg! Steig durch die Wolken, die den Berggipfel umhüllen! Frag nicht! Geh! Sag nicht, du seist zu alt dazu!«

Da rief Moses seinen Bruder Aaron zu sich, teilte ihm mit, was Gott gesagt hatte.

»Ich möchte, daß Hur dich begleitet«, sagte Aaron.

»Der Herr ist bei mir«, sagte Moses. »Von einer Begleitung war nicht die Rede.«

Aaron vertrieb die Menschen vor dem Zelt des Moses. Ein großes Fest stehe bevor, sagte er. Jahwe habe zu Moses gesprochen.

»Zieht eure besten Kleider an!« befahl Aaron. »Wer sich weigert, der soll sich auf der Ferse umdrehen und gehen. Wer jetzt murrt, soll nicht zum Fest geladen werden!«

Da standen die Meuterer allein da, die Menschen eilten in ihre Zelte und suchten nach schönen Kleidern, und wer keine schönen Kleider fand, der nahm, was er fand, und nannte, was er in der Hand hielt, ein schönes Kleid und glaubte auch, es sei ein schönes Kleid, und die anderen glaubten es ebenso, denn es ging ihnen nicht viel anders.

Und das Volk Israel versammelte sich am Fuß des Berges Sinai und wartete. Wartete. Wartete ...

Moses machte sich auf den Weg. Er stieg auf den Berg, stieg durch die Wolken.

Und dort ist ihm Gott begegnet.

»Und nun«, sagte Gott zu Moses, »dreh dich um, dann siehst du meinen Schatten, wie er an dir vorüberzieht. Kein Mensch kann mir ins Angesicht schauen.«

Gott hat sich dem Moses offenbart. Durch die Nebelschleier hindurch meinte Moses dann doch, das Angesicht Gottes zu sehen. Es kann nicht sein, sagte er sich. Aber er war zufrieden. Er war zufrieden und sagte sich, auch wenn es Einbildung ist, ist es gut, denn eine Einbildung von Gottes Angesicht ist mehr wert als jedes Bild der Welt.

Was kann darüber gesagt werden? Wie soll ein Menschenmund das je erzählen können?

Vierzig Tage war Moses oben auf dem Berg Sinai. Gott hat ihm Nahrung gegeben und hat ihm den schönsten Schlaf gegeben, der je einen Menschen erquickt hat, er hat ihm, seinem Diener, gegönnt, sein eigenes Leben zu überblicken, und er hat ihm Trost gegeben, weil so viele Jahre in diesem Leben sinnlos und leer gewesen waren, und Gott hat Moses am Ende sein Gesetz gegeben.

Gott sprach diese Worte:

»Ich bin Jahwe, dein Gott, der dich aus Ägypten geführt hat, aus dem Sklavenhaus. Du sollst neben mir keine anderen Götter haben. Du sollst dir kein Gottesbild machen und keine Darstellung von irgend etwas am Himmel droben, auf der Erde unten oder im Wasser unter der Erde. Du sollst dich nicht vor anderen Göttern niederwerfen und dich nicht verpflichten, ihnen zu dienen. Denn ich, der Herr, dein Gott, bin ein eifersüchtiger Gott.

Du sollst den Namen des Herrn, deines Gottes, nicht mißbrauchen.

Sechs Tage darfst du schaffen und jede Arbeit tun. Der siebte Tag ist ein Ruhetag, dem Herrn, deinem Gott, geweiht. An ihm darfst du keine Arbeit tun.

Ehre deinen Vater und deine Mutter, damit du lange lebst.

Du sollst nicht morden.

Du sollst nicht die Ehe brechen.

Du sollst nicht stehlen.

Du sollst nicht falsch gegen deinen Nachbarn aussagen.

Du sollst nicht nach dem Haus deines Nächsten verlangen.

Du sollst nicht nach der Frau deines Nächsten verlangen oder nach irgend etwas, was deinem Nächsten gehört.«

Ein Blitz fuhr vom Himmel und schrieb das Gesetz in zwei Steintafeln.

Vierzig Tage war das Volk Israel ohne seinen Führer. Die Menschen harrten aus am Berg Sinai. Allmählich aber wurden die Leute unruhig. Wer möchte es ihnen verdenken?

Sie sprachen mit Aaron und sagten: »Dein Bruder Moses, er ist ein großer Mann, er spricht mit Gott. Jetzt ist er schon vierzig Tage weg. Vielleicht ist er gestorben, vielleicht kommt er gar nicht mehr. Dann haben wir keinen Führer mehr, dann haben wir keinen Gott mehr. Denn alles, was wir von unserem Gott wissen, kam aus dem Mund deines Bruders. Vielleicht lebt dieser Gott nur im Mund und im Herzen deines Bruders. Wir wissen es nicht. Aber wenn es so ist, was machen wir dann? Was machen wir, wenn Moses tot ist? Dann ist unser Gott auch tot.«

So sprachen sie.

Aaron beschwichtigte: »Wartet ab! Habt doch Vertrauen! Warum habt ihr kein Vertrauen in Jahwe? Warum habt ihr kein Vertrauen in Moses? Hat er euch je etwas versprochen, was er nicht gehalten hat?«

»Dein Bruder spricht von Dingen, die man nicht sehen kann. Die man nicht angreifen kann. Man kann sich nicht freuen, weil man nichts sieht, nichts hört, weil die Sonne nicht darauf scheint. Man fürchtet sich nicht, weil der Mond den Dingen keinen Schatten gibt. Nur Worte gibt uns dein Bruder, nur Worte. Und Worte sind wie Luft, wenn der Mund zu ist.«

Aaron, dieser Mann des Volkes, der Pragmatiker, er hat gesehen, wie kritisch die Situation war, daß die Geduld des Volkes erschöpft war, daß Worte tatsächlich keinen Trost mehr geben konnten. Die alten Eifersüchteleien unter den verschiedenen Stämmen brachen wieder hervor. Erledigt geglaubte Abrechnungen wurden wieder aufgetischt. Aus jedem Stamm meldete sich ein neuer Führer. Manche dieser Führer scheuten sich nicht, offen gegen Moses aufzutreten. Gerüchte gingen um, Moses sei vom Berg gestürzt. Verzweiflung breitete sich aus. Frauen weinten laut, Kinder verkrochen sich. Die Männer erhoben den Blick nicht mehr vom Boden.

Da rief Aaron das Volk zu sich und verkündete: »Sammelt alles ein, was aus Gold ist, und bringt es mir!«

Das geschah, und Aaron ließ das Gold einschmelzen. Er ließ aus Lehm eine Form anfertigen, die ein Kalb darstellte. In diese Form wurde das flüssige Gold gegossen.

»Dann soll das euer Gott sein«, sagte Aaron.

Und die Menschen tanzten um das goldene Kalb. Und es war ein wenig Ruhe in ihren Herzen. Es war ein großes Fest. Die Menschen hatten Hunger, sie hatten Durst, es war ihnen zu essen und zu trinken versprochen worden, und es war ihnen ein Fest versprochen worden. Das Fest war ihnen gegeben worden.

»Moses hat uns allen ein Fest versprochen«, sagten die Menschen. »Und Aaron hat das Versprechen gehalten.«

Gerade als das Fest in vollem Gange war, als alle um das goldene Kalb tanzten, kam Moses vom Berg herab, trug schwer an den Steintafeln, auf denen Gottes Gesetz stand. Er hörte von weitem die Musik, hörte die

Menschen singen und lachen und kreischen. Und dann sah er: Er sah, wie sich sein Volk vor einem goldenen Kalb niederkniete, als wäre dieses lächerliche Ding sein Gott.

Da erfaßte ihn ein mächtiger Zorn, und der Zorn raffte alle Kraft zusammen, die in dem alten Körper war. Moses hob die Steintafeln hoch über seinen Kopf und schmetterte sie auf das goldene Idol nieder.

Und dann hielt Moses Gericht. Er rief die Männer zu sich, die sich nicht an dem Fest beteiligt hatten.

»Zieht euer Schwert«, befahl Moses. »Geht durch das Lager von einem Tor zum anderen und tötet alle, die auf unseren Gott geflucht haben!«

Es heißt, in dieser Nacht seien dreitausend Menschen getötet worden.

In derselben Nacht ist Gott dem Moses erschienen und er sagte zu ihm: »Du hast meine Rache ausgeführt. Die Schuldigen hast du getötet. Die übriggeblieben sind, will ich vernichten. Ich will keinen Unterschied machen zwischen Schuldigen und Unschuldigen.«

»Nein!« sagte Moses und sein Körper zitterte, so sehr mußte er weinen. »Ich wollte dein Diener nicht sein. Ich wollte nicht und bin doch dein Diener geworden. Mein Herz tut mir weh. Ich möchte, daß das Blutvergießen ein Ende hat.«

»Aaron trägt die Schuld«, sagte Gott.

»Verzeih ihm«, sagte Moses. »Verzeih ihm! Verzeih allen! Verzeih uns Menschen, daß wir so sind, wie wir sind! Verzeih uns bis in alle Ewigkeit!«

Moses stirbt

Von letzten Fragen – Von alten Träumen und Erinnerungen – Von der Frau aus Kusch – Von Zipporas Schmerz – Von Aarons Ermahnungen – Von Mirjams Empörung – Von Gewitter und Sturm – Von einem rollenden Brunnen – Von Aarons Tod – Von Moses Traum – Vom Tod des Helden

»Was wird sein, wenn ich tot bin?«

Diese Frage beherrschte von nun an alle Gedanken des Moses.

»Was wird sein, wenn ich tot bin? Was wird sein mit meinem Volk? Wird das Volk ohne mich seinen Weg weitergehen können? Wird Israel von Jahwe abfallen, wenn ich nicht mehr bin? Was werden unsere Feinde tun, wenn ich nicht mehr bin? Hat Israel neue und gute Führer?«

Solche Fragen stellte sich Moses.

Schließlich mußte er sich sagen: »Ich kann diese Fragen nicht beantworten. Wenn ich tot bin, bin ich tot. Es gibt keine Verantwortung über den Tod hinaus.«

Und als er sich das gesagt hatte, änderten sich seine Sorgen. Die Sorge verließ ihn nicht, sie änderte sich. Nicht mehr fragte er, was wird aus Israel nach meinen Tod.

Nun fragte er sich: »Was wird aus mir in der kurzen Zeit, die ich noch zu leben habe?«

Darüber dachte er nach. Moses war hundertzwanzig Jahre alt.

»Meine Kraft reicht nur mehr für mich selbst«, sagte er. »Israel hat einen neuen Führer, einen starken Führer. Joshua. Joshua kann an hundert Dinge gleichzeitig denken. Ich aber kann nur noch an mich selbst denken.«

Immer öfter kam es vor, daß Moses sich auch am Tag in den Schatten legte und träumte. Seine Träume waren stark und breit und jugendlich. Und diese Träume waren nicht belastet mit der Aufforderung, sie zu erfüllen. Moses, der den größten Teil seines langen Lebens auf Wanderschaft war, wollte nicht mehr gehen. Er wollte nicht getragen werden, und er wollte nicht gehen.

Zu sich selbst sagte er, wobei es ihm gleichgültig war, ob ihm jemand zuhörte oder nicht: »Meine Träume wollen bleiben, ich liebe meine Träume, also will ich bei ihnen bleiben.«

Als die Karawane zu einer Oase kam, bat er Joshua: »Laßt uns ein paar Tage hier lagern. Bleiben wir ein paar Tage, ich brauche Ruhe.«

Und Joshua sah keinen Grund, dem alten Mann diesen Wunsch abzuschlagen.

Moses begab sich zu dem Brunnen bei dieser Oase, legte sich in den Schatten der Bäume.

Und Mirjam, seine Schwester, sagte zu den Leuten: »Laßt ihn in Ruhe! Er spricht jetzt mit Gott. Ihr müßt ihm am Tag seine Ruhe lassen.«

Aber Moses sprach nicht mit Gott. Nicht am Tag. Nachts manchmal. Aber hinterher war er sich nicht ganz sicher, ob Gott auch mit ihm gesprochen hatte. Der Gedanke, daß all seine Gespräche mit Gott in Wahrheit Selbstgespräche gewesen sein könnten, entsetzte ihn nicht, sondern amüsierte ihn.

»Dann hat er eben aus meinem Mund mit meiner Stimme gesprochen«, sagte er laut. »Was macht den Unterschied?«

Und er sagte sich: »Als ich meinte, auf dem Berg Sinai seinen Schatten zu sehen, vielleicht war es mein Schatten, den die Sonne auf den Nebel geworfen hat.«

Und auch dieser Gedanke entsetzte ihn nicht, sondern belustigte ihn. Und am meisten belustigte ihn die Vorstellung, er könnte diese Gedanken seinem Bruder Aaron mitteilen, und was der wohl für ein Gesicht machen würde.

Den ganzen Tag lag Moses im Schatten bei dem Brunnen. Träumte, schmunzelte, schlief.

Im Traum sah er sich, wie er als junger, als aufbrausender Mann am Hof von Pharao Malul gewesen war. Er sah sich, wie er hinausgegangen war zum Volk Israel, das unter der Fronarbeit litt, sah sich, wie er die Menschen in den Ziegeleien besuchte, in den Steinbrüchen, auf den Feldern, erinnerte sich daran, wie er den ägyptischen Aufseher erschlagen hatte ... – Das alles kehrte in seinen Träumen wieder.

In seinen Träumen bat er diesen Aufseher um Vergebung, er entschuldigte sich bei ihm für seinen Jähzorn. Er träumte von seiner Kindheit, von seiner Mutter, obwohl er gar nicht genau wußte, wer eigentlich seine Mutter war. Er sah eine Frauenhand vor sich, die über seine Stirn fuhr und ihn streichelte ...

Da erwachte Moses am Brunnen, und neben ihm saß wirklich eine Frau, und die streichelte wirklich über seinen Kopf. Moses kannte die Frau schon vom Sehen, es war keine Frau aus dem Volk Israel, sie stammte aus der Stadt Kusch und hatte sich der Karawane angeschlossen.

Die Frau aus Kusch sprach nicht mit Moses, sie saß nur neben ihm. Sie hielt seine Hand. Das war alles, was sie tat. Das tat dem Moses wohl. Er hatte das Gefühl, als könne er sich endlich entspannen, endlich, nach hundert Jahren. Alle Sorge fiel ab vom ihm.

»Was ist deine Aufgabe?« fragte er die Frau.

»Ich habe keine Aufgabe«, sagte sie. »Ich bin froh, wenn man mich nicht wegschickt.«

»Willst du mir erzählen, warum du deine Heimatstadt Kusch verlassen hast?« fragte er.

»Ich will es lieber nicht erzählen«, sagte sie.

»Dann will ich nicht fragen«, sagte er. »Und ich werde es nicht zulassen, daß jemand dich fragt.«

Sie lächelte, hielt seine Hand.

»Ich will, daß deine Aufgabe von nun an ist, daß du bei mir bist«, sagte Moses.

»Das will ich«, sagte die Frau.

Von nun an war die Frau aus Kusch bei Moses.

Die beiden sprachen miteinander. Er erzählte von seinem Leben. Sie von ihrem. Er dachte, sie sagt nicht die Wahrheit. Aber er dachte sich auch: Was ist die Wahrheit, wenn ein Menschenleben erzählt wird? Er erzählte ihr von den unwichtigen Dingen seines Lebens. Und als er erzählte, wurden gerade diese Dinge wichtig. Die Farbe alter Schuhe, der Geruch eines Hauseingangs, der erste Blick am Morgen aus dem Fenster seines Zimmers ...

Von Gott erzählte er nicht. Nach Gott fragte die Frau aus Kusch nicht. Sie interessierte sich für die Farben von Schuhen, die Gerüche von Hauseingängen, die Blicke aus Fenstern der Jugend.

Moses nahm die Frau aus Kusch mit in sein Zelt. Und was sagte Zippora, seine Frau?

»Du wirst von nun an meine Nebenfrau sein«, sagte Moses zu ihr. »Ich werde dir ein Zelt bauen lassen, das ist ganz allein für dich. Bei mir wird die Frau aus Kusch leben. Denn sie ist meine Lieblingsfrau von nun an.«

Zippora weinte und schrie: »Du liegst den ganzen Trag draußen beim Brunnen und schläfst, und wenn du nicht schläfst, dann träumst du, oder du erinnerst dich, wie du sagst, erinnerst dich an dein Leben, und hast dich auch schon daran erinnert, wie wir uns kennengelernt haben, das hast du jedenfalls behauptet, und jetzt schickst du mich fort, weil ein junges, geiles Ding dahergeflattert ist! Immer hast du dich für alles Mögliche interessiert, nie für mich, für Politik und deinen Gott, nie für mich!«

»Und nie für mich selbst«, sagte Moses. »Seit Gott durch den brennenden Dornbusch zu mir gesprochen hat, habe ich nicht eine Minute an mich gedacht. Jetzt will ich an mich denken!«

Aber Zippora gab nicht so schnell auf. Sie lief hinüber zu Aaron.

»Zeig ihm seine Gesetzestafeln!« schrie sie. »Er hat sie doch vom Berg heruntergebracht! Er hat doch behauptet, Gott selber hat darauf geschrieben! Was steht da über die Ehe? Lies es ihm vor, Aaron!«

Und Aaron nickte. Das war bedeutend. So schnell nickte Aaron nicht. Das wußte jeder. Jeder wußte, Aaron nickt nur bei absolut eindeutigen Fällen. Sonst wiegt er seinen Kopf hin und her oder tut gar nichts.

»Mein Bruder«, sagte Aaron zu Moses. »Hier steht: Du sollst nicht die Ehe brechen.«

»Das ist richtig«, sagte Moses. »Das steht hier.«

»Dann handle danach«, sagte Aaron. »Du bist dem Volk ein Vorbild!«

»Das ist richtig«, sagte Moses. »Ich bin dem Volk ein Vorbild.«

Dann zog er den Vorhang zu seinem Zelt zu, und in dem Zelt wartete die Frau aus Kusch auf ihn.

»Das darfst du nicht durchgehen lassen«, kreischte Zippora. »Du bist Aaron, der Richter! Was nützt ein Richter, wenn er nicht einschreitet? Was hast du für eine Macht, wenn einer vor deiner Nase den Vorhang zu seinem Zelt zuziehen kann?«

Da tat Aaron etwas, was er noch nie getan hatte: Er betrat das Zelt des Moses ohne dessen Erlaubnis. Und er sah, die Frau aus Kusch im Bett des Moses liegen. Sie blickte ihn an, nicht herausfordernd, nicht einmal neugierig. Sie blickte ihn einfach nur an.

»Bruder«, sagte Aaron, »willst du nichts zu deiner Verteidigung sagen?«

Moses ging auf Aaron zu, blieb vor ihm stehen, seufzte tief und hob hilflos die Arme.

»So ist das mit uns«, sagte er. »Ich könnte sie wegschicken. Sie würde gehen. Sie würde nicht schreien wie Zippora. Sie würde nicht einmal weinen. Aber ich will nicht.«

»Du brichst das Gesetz«, sagte Aaron.

»Das weiß ich selber«, fuhr ihn Moses an. »Ich sagte, wir sind so. Ich meinte, wir Menschen sind so. Ich habe hundertzwanzig Jahre alt werden müssen, um das einzusehen. Ich will sie nicht wegschicken. Ich will bei ihr liegen! Ich weiß, daß ich das Gesetz breche. Und ich tue es trotzdem. Und ich weiß nichts zu meiner Verteidigung zu sagen. Und jetzt laß mich!«

»Nein«, sagte Aaron, »ich lasse dich nicht! Du bist dem Volk Rechenschaft schuldig. Wenn du das Gesetz Gottes brichst, werden es die anderen nicht halten!«

»Gut«, sagte Moses. »Ich werde Gott fragen. Ich werde ihn fragen, ob er in meinem Fall eine Ausnahme erlaubt. Warten wir die kommende Nacht ab. Dann wird Gott kommen, und er wird es mir sagen, wenn ihm nicht gefällt, was ich tue.«

Aaron verließ das Zelt seines Bruders. Aber er legte sich vor dem Eingang nieder und wartete auf die Nacht.

Moses lag neben der Frau aus Kusch, die er so liebte, in die er sich verliebt hatte wie ein junger Mann, und in der Nacht brach ein Wetter los, der Himmel krachte, Blitze fuhren nieder.

Die Frau aus Kusch zitterte vor Angst und sagte zu Moses: »Das ist Gott, er will dir sagen, daß es nicht recht ist, wenn du bei mir liegst.«

»Nein, nein«, sagte Moses, »nein, ich kenne Gott ganz anders, wenn der mir etwas sagt, dann kommt er in mein Zelt. Das ist nur ein Unwetter, sonst ist das nichts.«

Am nächsten Tag kam Aaron, und er brachte Mirjam mit.

Und sie sagten: »Hast du das gehört, Moses? Gott hat gesprochen in der Nacht. Ein Donnerwetter in der Wüste! Wann gibt es das? Alle fünfzig Jahre vielleicht. Das ist kein Zufall! Gott will, daß du die Frau aus Kusch fortschickst!«

Moses sagte: »Nicht, daß ich wüßte, daß Gott so mit mir redet. Nein, Gott hat nichts dagegen, daß dich diese Frau liebe. Ich liebe sie von ganzem Herzen, ich liebe sie mehr, als ich jemals in meinem Leben einen Menschen geliebt habe. Das weiß Gott, und darum macht er bei mir eine Ausnahme.«

Mirjam war empört. Aaron war empört. Aber es war nun einmal so, daß Gott nicht ihnen erschienen war, sondern ihrem Bruder, und ihren Kopf hätten sie nicht verwettet, daß Moses unrecht hat.

Sie machten aus, eine weitere Nacht abzuwarten.

Mirjam sagte: »Eine Nacht wollen wir noch zuwarten. Gott soll dir ein unzweifelhaftes Zeichen geben.«

In der kommenden Nacht lag Moses wieder bei seiner geliebten Frau aus Kusch, da kam ein Sturm auf, ein ungeheurer Sturm, ein glutheißer Sturm tobte durch das Lager, so trocken, so heiß, daß die Seile, die die Zelte festhalten, brachen und viele Zelte weggeweht werden.

Die Frau aus Kusch fürchtete sich und sagte: »Das ist die Antwort Gottes auf unsere Liebe. Gott will es nicht!«

Moses sagte: »Nein, nein, nein! Ich kenne Gott ganz anders. Wenn er mir etwas sagen will, dann kommt er zu mir in mein Zelt. Ich kenne ihn, mach dir keine Sorgen! Das ist ein Sturm, mehr nicht.«

Er drückte die geliebte Frau aus Kusch fest an sich. Sein Zelt hielt dem Sturm stand.

Am nächsten Tag kamen Aaron, Mirjam, Zippora.

Und sie triumphierten: »Hast du den Sturm gehört in der Nacht? Hast du das mitgekriegt? Diese Verwüstung! Das ist doch eine eindeutige Antwort Gottes. Schick diese Frau weg!«

Moses sagt: »Nein, ich will nicht!«

Festzustellen ist, daß Mirjam inzwischen die ganze Angelegenheit zu ihrer gemacht hatte. Sogar noch heftiger als Zippora pochte sich auf die Einhaltung des sechsten Gebotes.

»Das lasse ich nicht zu!« donnerte sie los. »Bevor ich das zulasse, wird sich der Brunnen vor deinem Zelt wie ein Hund benehmen, wird dieser Brunnen winselnd hinter mir hergehen.«

Etwas anderes ist ihr in der großen Aufregung nicht eingefallen.

Moses ließ sich durch nichts beeindrucken, er behielt die Frau aus Kusch in seinem Zelt. Sie war seine Lieblingsfrau, sie hat sein Herz gewärmt. Die Karawane zog weiter und vor der Karawane her, wie es die Leute gewohnt waren, zog die Rauchsäule, die den Weg wies.

Da hörten die Menschen hinter sich ein Rumpeln, und sie drehten sich um. Was war geschehen?

Die Legende erzählt, der Brunnen habe sich selbst aus dem Boden gerissen, ein steinerner, schwerer Brunnen, und er sei, wie ein Hund seinem Herrn nachfolgt, der Karawane nachgefolgt, nachgerollt. Am Abend rollte er durch das Lager der Israeliten und legte sich vor dem Zelt der Mirjam nieder.

»Das ist der Mirjams-Brunnen«, sagten die Leute.

Und die meisten sagten, ja, es ist so, wie Moses sagte, Gott hat eine Ausnahme gemacht. Gott will, daß die Frau aus Kusch im Zelt des Moses ist. In diesem Fall, sagten die Leute, hat Gott eine Ausnahme gemacht und hat sich für die Liebe und gegen die Ehe entschieden.

Und Aaron, der Pragmatiker, der das Volk besser kannte als alle, sagte: »Aber nur in diesem Fall! Nur in diesem einen Fall!«

Und die Legende sagt, es habe auch etwas Gutes gehabt, dieser Gesetzesbruch durch Moses. Denn dem Volk Israel sei von da an niemals mehr das Wasser ausgegangen, denn immer war ein Brunnen da.

»Unser Mirjams-Brunnen«, sagte die Leute.

Da war dann Mirjam stolz, daß ihr Name für den Segen des Wassers stand.

Und Zippora? Sie fand sich ab. Viel hatte sie von ihrem Mann nie gehabt. Zwischen dem wenigen, was er ihr gegeben hatte, und dem gar nichts, was er ihr nun gab, war der Unterschied so gering, das er kaum benannt werden konnte. Sie fand sich ab.

Und Aaron? Er hielt von nun an für lange Zeit kühlen Abstand zu seinem Bruder.

Eines Tages – das Volk Israel war beim Berg Hor angekommen – betrat Aaron das Zelt des Moses.

Er sagte: »Bruder, komm mit mir, komm mit mir!«

Aaron führte Moses auf den Berg.

»Ich werde sterben«, sagte er. »Auf diesem Berg werde ich sterben. Ich möchte mit dir ein paar Dinge bereden. Siehst du, ich habe mir immer gewünscht, daß Gott auch mir einmal begegnet, daß er auch mit mir einmal spricht, so wie er mit dir immer gesprochen hat, so oft gesprochen hat. Er hat auch im Traum mit unserer Schwester Mirjam gesprochen. Jedenfalls hat er einen seiner besten Engel zu ihr geschickt. Mit mir hat er weder gesprochen, noch hat er mir einen Engel geschickt. Ich habe eine einzige Frage an dich: Was wird sein, wenn wir tot sind? Was kommt danach?«

»Ich weiß es doch auch nicht«, sagte Moses.

»Hat er es dir denn nicht gesagt?« fragte Aaron.

»Nicht, daß ich wüßte«, sagte Moses.

»Ich fürchte«, sagte Aaron, »ich fürchte, daß nichts ist danach, gar nichts.«

»Das kann ich mir nicht vorstellen«, sagte Moses. »Das hätte er mir bestimmt gesagt.«

»Wie sollen wir das rauskriegen?« fragte Aaron. »Es wäre doch gut, wenn man das wüßte.«

»Ich hätte mich früher darum kümmern sollen«, sagte Moses. »Hättest du mich nur früher danach gefragt! Jetzt bin ich zu müde, um darüber nachzudenken. Ich will nichts mehr wissen. Gar nichts mehr. Nicht einmal, was nach dem Tod ist.«

»Ich werde es bald wissen«, sagte Aaron.

Er legte sich auf den Boden und starb.

Und Moses scharrte ein Grab mit seinen Händen aus und legte seinen Bruder hinein.

Im selben Monat starb auch Mirjam.

Eines Nachts hatte Moses einen Traum. Er sah im Schlaf seinen alten Erzrivalen, den Zauberer Bileam ben Beor, der kam ihn besuchen.

Und er fragte: »Moses, sage mir, was habe ich falsch gemacht in meinem Leben?«

Und Moses antwortete ihm im Traum: »Du hast nicht zum Himmel hinauf geblickt, du hast dich nicht erhoben.«

Und Bileam ben Beor sagte: »Ich bin als Kind in einen Honigtopf gefallen, und die Sonne hat mich zu Gold gemacht. Ich bin zu schwer, um mich zum Himmel zu erheben.«

Und Moses sagte im Traum: »Das ist keine Rechtfertigung. Sogar Steine sind nicht zu schwer, um sich zum Himmel zu erheben.«

Er zeigte Bileam ben Beor die Gesetzestafeln vom Berg Sinai.

»Siehst du«, sagte er, »die sind vom Himmel heruntergeschwebt, gerade in meine Arme.«

Moses träumte, Bileam ben Beor habe die Gesetzestafeln wie Flügel genommen, eine links, eine rechts, und sei mit ihnen davongeflogen. Über die Wüste. Über das Meer. In den Dunst am Horizont.

Da wachte er auf.

Voll Angst sagte er zu sich: »Das Gesetz Israels ist gestohlen worden!«

Er wollte nachsehen, aber er kam nicht dazu, denn vor seinem Zelt stand Gott.

Gott nahm Moses an der Hand und sagte: »Denk jetzt nicht an das Gesetz! Ich will dich auf einen Berg führen. Du wirst das Land, in dem Milch und Honig fließen, zwar nicht betreten, aber ich will es dir zeigen.«

Gott führte Moses auf den Berg, und er zeigte ihm das Land Kanaan.

»Dorthin werde ich mein Volk führen«, sagte Gott.

Und Moses starb.

Nachwort

So schnell geht das? – Ich weiß, der Tod des Helden möchte zelebriert werden. In der Glorie des Todes adelt sich sein ganzes Leben, und der Adel ist nichts anderes als die Bestätigung des tiefen Sinns seines, und weil vorbildlich, auch unseres Daseins. So will man.

Mir hat das nie behagt. Ich war immer der traurigen Ansicht, der Tod sei ein elender Gleichmacher, der niemanden und nichts erhöht und der sein Geschäft leise macht. Es schlagen keine Tschinellen, wenn ein Herz stillsteht. Ich bewundere den Homer der Odyssee, der selbstverständlich gewußt hat, was für Sagen über den Tod seines Helden erzählt werden, der ihn in seiner Erzählung aber vor dem Pathos eines Summenstrichs bewahrt hat.

Diese Enthaltsamkeit wirkt um so radikaler, als die Odyssee ein Schlußstein im Gebäude der griechischen Mythologie ist. Da hätte man sich eine Beerdigung mit großem Orchester doch wohl wünschen dürfen. Homer sagt: Was wollt ihr wissen? Er wird sterben, wie jeder stirbt. Der Tod wird unerwartet kommen, auch wenn er längst erwartet war. Der Held stirbt wie wir. Sagt Homer – das beruhigt mich.

Der Tod des Moses setzt ebenfalls einen Schlußstein. Seine fünf Bücher erzählen eine Familiengeschichte im weitesten Sinn, und diese Familiengeschichte ist mit seinem Tod an ihr Ende gekommen. Von nun an werden Geschichten eines Volkes erzählt. Auf die Chronologie wird zwar noch irgendwie geachtet, aber sie spielt keine architektonische Rolle mehr. Manche Geschichten könnten ohne weiteres in ihrer zeitlichen Plazierung untereinander ausgetauscht werden, einige sind zeitlich unbestimmbar angesiedelt, wie zum Beispiel das Buch Hiob. Der Held hat gelebt. Lassen wir ihn schnell und leise sterben!

Dennoch: Es fällt mir schwer, mich von Moses zu verabschieden. Es ist ja nicht nur seine Geschichte. Bald hätte ich gesagt, es fällt mir schwer, mich von Gott zu verabschieden. Da bin ich erschrocken. Wer erzogen ist wie ich, der schreckt sogar davor zurück, zu sagen: Bald hätte ich gesagt ...

Aber es ist ja wahr. Diesen Gott, wie er mir beim Schreiben der beiden Bücher über die Geschichten von der Bibel begegnet ist, diesen Gott kannte ich vorher nicht. Natürlich nicht, wird man mir antworten, es ist ja auch nicht der Gott der Thora. Diesen Gott hast du dir erfunden! Und ich kann nicht einmal widersprechen. Ich kann nur sagen: Er hat sich mir so erzählt beim Nacherzählen der biblischen Geschichten. Und ich weiß ja nicht, ob er sich noch einmal bei mir meldet. Wer immer er ist, ich bitte ihn um Nachsicht.

Register

SERIE PIPER

Michael Köhlmeier

Geschichten von der Bibel

Von der Erschaffung der Welt bis Josef in Ägypten
268 Seiten. SP 3162

Die Bibel ist nicht nur das Wort Gottes, sondern auch ein grandioses Geschichtenreservoir der Menschheit. Am Anfang steht die Schöpfung, und damit beginnt Michael Köhlmeier seine Geschichten von der Bibel, die er ursprünglich frei im Rundfunk erzählt hat. Am sechsten Tag bringt Gott mit Adam und Eva die Menschen in die Welt, die sich nach der Vertreibung aus dem Paradies schon bald in Mord und Totschlag üben, wenn Kain seinen Bruder Abel umbringt. Mit der Sintflut setzt der noch sehr unberechenbare Gott ein grausames Zeichen, bis mit dem Turmbau zu Babel die biblische Urgeschichte endet und die Menschheit in alle Winde zerstreut ist. Köhlmeier erzählt weiter von Abraham, Sarah, Isaak und Jakob und schildert schließlich, wie Josef zum zweitmächtigsten Mann in Ägypten wird.

Michael Köhlmeier

Der Menschensohn

Die Geschichte vom Leiden Jesu.
140 Seiten. SP 3312

Jesus Christus, Sohn Gottes und Erlöser, trat als Mensch auf, sammelte um sich Anhänger, predigte Liebe und Vergebung, bewirkte Wunder und wurde am Kreuz hingerichtet. Die Passion, die Geschichte vom Leiden Jesu und seiner Auferstehung, ist nicht nur das eindrucksvollste Glaubenszeugnis der christlichen Urkirche, sondern auch ein Mythos, eine Sage, die Michael Köhlmeier herausforderte, sie auf seine eigene Art frei zu erzählen. Ihn interessieren nicht die theologische Deutung oder die historische Beweisführung. Vielmehr reizt ihn die zeitlose Gegenwart, die in den Bildern und Zeichen der überlieferten Geschichten steckt. In den Mittelpunkt stellt er nicht Jesus, sondern einen der zwölf Apostel, der das Geschehen miterlebt hat: den ungläubigen Thomas, Baumeister im Dienst des römischen Statthalters, den Zweifler und Skeptiker.